高等职业教育课程改革规划精品教材

经济法基础教程

（第2版）

主　编　王学梅

副主编　慕　宇　滑锡林

经济科学出版社

图书在版编目（CIP）数据

经济法基础教程/王学梅主编.—2版.—北京：
经济科学出版社，2014.1
高等职业教育课程改革规划精品教材
ISBN 978-7-5141-4193-1

Ⅰ.①经… Ⅱ.①王… Ⅲ.①经济法-中国-高等
职业教育-教材 Ⅳ.①D922.29

中国版本图书馆 CIP 数据核字（2013）第313868号

责任编辑：杜 鹏
责任校对：王肖楠
版式设计：齐 杰
责任印制：邱 天

经济法基础教程
（第2版）

主 编 王学梅
副主编 慕 宇 滑锡林

经济科学出版社出版、发行 新华书店经销
社址：北京市海淀区阜成路甲28号 邮编：100142
总编部电话：010-88191217 发行部电话：010-88191522

网址：www.esp.com.cn
电子邮件：esp-bj@163.com
天猫网店：经济科学出版社旗舰店
网址：http://jjkxcbs.tmall.com

北京万友印刷有限公司印装
710×1000 16开 14.75印张 310000字
2014年3月第1版 2014年3月第1次印刷
印数：0001—4000册
ISBN 978-7-5141-4193-1 定价：28.00元

前　言

　　经济法是经济管理类各专业必设的专业基础课。由于这类专业的学生一般没有进行过法律专业基础理论的系统学习，该课程的总课时较少，教师授课时间有限，学生参与法学实践的机会少，感性认识不足，因此，学生熟练掌握本门课程的难度很大。为了使学生通过本门课程的学习能够掌握一定的法律理论知识，并且能够运用所学知识来解决实际问题，提高教学质量，我们组织多年来从事经济法一线教学的教师编写了本教材。

　　本教材于2005年7月出版以后，受到高校师生的普遍认可和欢迎。为了使该教材更加适合高等职业教育教学的需要，突出高职人才培养目标，我们对该教材进行了修订。在修订过程中，我们根据教学的需要，大胆地对课程内容进行压缩，突出与高职经济类、管理类、财经类等专业相关的法律、法规，强调提炼本门课程的重点内容。在每章具体内容的阐述中，尽量做到通俗易懂，注重实用性。在编写体例上，力求新颖、实用。

　　1. 体例的创新性。本教材每章开始都有"导入案例"，正文部分结合"导入案例"中涉及的法律问题对"导入案例"进行点评分析。每章正文后有"相关热点问题的咨询"，帮助学生了解与每章内容相关的热点问题、热点案例。为帮助学生了解每章的重点内容，每章后还做了"本章小结"。为方便教师教学，引发学生进一步讨论、思考所学内容，每章的最后都设计了一些难度适中的"思考题"，重点章节还附有讨论案例，培养学生分析问题、解决问题的能力。本教材还根据高职学生的特点增加了"实训题"，既可以巩固学生所学的理论知识，又可以使学生获得实践知识和管理知识，培养学生的实际工作能力，增强学生的职业道德意识、团队合作精神等育人功能，从而实现该课程的实践教学目标。

2. 强调理论的够用、实用性。在编写过程中，避开了较为复杂的经济法理论的陈述，以理论够用为原则。另外，理论内容兼顾教材体系的完整性、学生未来岗位的相关性以及职业资格等相关考试的关联性等，体现了该教材的实用性。

3. 理论实践的前沿性。本教材吸收了最新的经济立法的新领域、新动态和新成果，将最新出台的司法解释等相关规定写入教材，将最新发生的新情况、新问题在"相关热点问题的咨询"中予以分析、研究，反映了理论、实践的前沿成果。

本教材由王学梅担任主编，由慕宇、滑锡林担任副主编。各章参编人员及分工如下：第一章经济法概述由王学梅编写；第二章公司法律制度由滑锡林、王学梅、王平编写；第三章个人独资企业和合伙企业法律制度由李冬雪、李闫岩编写；第四章外商投资企业法律制度由王学梅、慕宇编写；第五章合同法由王学梅、牛增辉编写；第六章商标法律制度由王学梅、慕宇编写；第七章产品质量法由王学梅、张丽云编写；第八章消费者权益保障法由谭治宇、汤先编写；第九章反不正当竞争法和反垄断法由张洁编写；第十章劳动法律制度由梁海冰编写；第十一章经济纠纷的解决途径由王学梅、滑锡林、慕宇编写。

本教材在编写过程中参考和借鉴了大量的国内外同类著作、文献以及报刊资料，值此出版之际，特向这些作者表示诚挚的感谢！

由于作者水平有限，教材中错误与疏漏之处在所难免，敬请有关专家、学者和广大读者批评指正，以便再版时予以完善和纠正。

编　者
2014 年 1 月

目　　录

第一章

经济法概述

【导入案例】2010 年 2 月，某服装加工公司采取伪造、变造会计凭证和会计账簿的手段，少缴应纳税款 5 万元，某县税务局对其处以 10 万元的罚款。

问题：服装公司和税务局之间是否形成了法律关系？形成该法律关系应当具备的条件是什么？

第一节 经济法的概念和调整对象

一、经济法的概念

关于"经济法"一词的语源，经济法专家普遍认为，是法国空想共产主义者摩莱里在 1755 年出版的《自然法典》一书中首先提出来的。以后，法国空想共产主义者德萨米在 1842 年出版的《公有法典》中也使用了这一概念。他们都认为经济法是"分配法"。蒲鲁东也曾经在其著作中提到"经济法"的概念。但他们所谈到的经济法与现代法学意义上的经济法还是有一定区别的。

进入 20 世纪以后，"经济法"一词的使用更加普遍，其含义也在不断地发展变化。一个世纪以来，专家学者对"经济法"概念的研究一直没有停止过，但到目前为止，对经济法概念的认识，无论是国外还是国内并没有形成完全一致的认识。在我国，理论界对经济法概念的争议较大。曾经出现过"社会公共性说"、"需要国家干预说"、"国家调节说"、"协调经济关系说"、"管理经营说"、"宏观调控说"等。

一般认为，经济法是调整一定范围的经济关系的法律规范的总称，主要是国家为了克服市场调节的盲目性和局限性而制定的调整全局性的、社会公共性的、需要由国家干预的经济关系的法律规范的总称。简单地说，经济法是调整因国家对经济活动的管理所产生的社会经济关系的法律规范的总称。

二、经济法的调整对象

与经济法的概念相联系，经济法的调整对象是国家在对经济活动进行干预的过程中所发生的法律关系。经济法调整的经济关系主要有以下四类。

（一）市场主体调控关系

市场主体调控关系是指国家对市场主体的活动进行管理以及市场主体在自身运行过程中所发生的经济关系。所谓市场主体，主要是指市场经济活动的参与者和财产责任的承担者，包括经济组织和个人。建立社会主义市场经济，必须构建活跃的各种各样的市场主体。国家对于市场主体应进行必要的干预。例如，对经济主体的设立、变更和终止以及企业破产，对企业内部必要机构的设置及其职权等，都应当进行必要和适度的干预。

（二）市场运行调控关系

市场运行调控关系即国家为了建立市场经济秩序以及维护国家、市场经营者和消费者的合法权益而干预市场所发生的经济关系。要发展社会主义市场经济，就必须建立统一、开放的市场体系。培育市场体系，要求各种生产要素自由流动，打破条条块块的分割、封锁和垄断，充分发挥竞争机制的作用。比如，垄断和不正当竞争会约束市场功能的实现，妨碍资源配置的优化，扰乱市场经济秩序。而市场本身又无力消除垄断和不正当竞争，所以需要国家干预，需要由经济法进行调整。

（三）宏观经济调控关系

宏观经济调控关系是指国家从长远和社会公共利益出发，对关系国计民生的重大因素，在实行全局性的管理过程中，与其他社会组织之间发生的具有隶属性或指导性的社会经济关系。宏观调控关系应当由经济法来调整。市场调节是自发性调节，但有些调节是市场调节不了或调节不好的，如经济和社会发展目标的选择、经济总量的平衡、重大经济结构和布局的调整、收入分配中公平与效率的兼顾、市场效率的保证以及资源和环境的保护等，这些都需要国家宏观调控。宏观经济调控关系主要包括产业调节和计划、国有资产管理、投资、金融、交通、电信、能源、自然资源、环境保护以及科学技术等方面的关系。

（四）劳动社会保障关系

要实行社会主义市场经济，必须建立多层次的劳动社会保障体系，以保证社会成员的基本生活保障，但是，市场本身无法解决这一问题，这就需要由国家进行干预，需要由经济法进行调整。如关于劳动报酬、财政税收、社会保障等方面的法律关系。

第二节　经济法律关系

一、经济法律关系的概念

要弄清什么是经济法律关系，首先要了解什么是法律关系。法律关系是法律规范所确认的当事人之间的具有权利义务内容的社会关系，法律关系是社会关系的一种，是社会关系被法律规范调整之后而形成的权利义务关系。

〖导入案例〗中，服装公司和税务局之间被税收征收管理法调整后，形成了税收法律关系。

经济法律关系是法律关系的一种，是指经济法主体根据经济法律规范产生的、经济法主体之间在国家干预与协调经济过程中形成的权利与义务关系。

二、经济法律关系的要素

经济法律关系的构成要素是指构成经济法律关系的必要条件。任何一种经济法律关系都是由主体、内容和客体三个要素组成的。缺少其中任何一个要素就不能形成经济法律关系，变动了任何一个要素就不再是原有的经济法律关系。

（一）经济法律关系主体

经济法律关系主体简称经济法主体，是指能以自己的名义参加经济法律关系，享有经济权利、承担经济义务的当事人。享有权利的一方称为权利主体，承担义务的一方称为义务主体。一般而言，各方主体既享有经济权利又承担经济义务，具有双重主体的身份。那么，经济法律关系中的主体如何取得主体的资格呢？目前哪些"人"能取得主体资格？

1. 经济法的主体资格。所谓主体资格，是指当事人参与经济法律关系，享有经济权利并承担经济义务的资格或能力。只有具备主体资格的当事人，才能参与经济法律关系，享有经济权利并承担经济义务。经济法主体资格通过以下两种方式取得：（1）法定取得，即依法律的规定而取得。凡是国家法律、法规规定，能够对社会经济生活实行干预或接受干预的社会组织、公民和其他具有生产经营资格的实体，都可以作为经济法律关系的主体。（2）授权取得，即依据有授权资格的机关的授权，从而取得的可以对社会经济生活必需品实施某种干预的资格。

2. 经济法的主体范围。依照我国法律规定，目前经济法的主体范围主要包括：

（1）国家机关。国家机关是行使国家职能的各种机关的总称，包括国家权力机关、国家行政机关、国家司法机关等。作为经济法主体的国家机关主要是指国家行政机关中的经济管理部门。经济管理机关可分为三类：一是综合性经济管理机关，如财政部、中国人民银行等；二是行业性经济管理部门，如交通部、农业部等；三是专门职能部门，如国家工商行政管理总局、国家税务总局、审计署等。某些情况下，国家也可作为主体参与经济法律关系，如发行国债、以政府名义与外国签订经济贸易协定等。

（2）经济组织和社会团体。经济组织包括企业法人和非法人经济组织。它是经济法律关系中最重要的主体。企业法人包括国有企业、集体企业、有限责任公司、股份有限公司、中外合资经营企业、具有法人资格的中外合作经营企业和外资企业等。非法人经济组织主要有合伙企业、个人独资企业、不具有法人资格的中外合作经营企业等。企业是经济法主体的基本组成部分。社会团体是指人民群众或组织依法组成的进行社会活动的组织，包括群众团体、公益组织、文化团体、学术团体、自律性组织等。

（3）经济组织的内部机构和有关人员。经济组织内部担负一定经济管理职能的分支机构和有关人员，在根据法律、法规的有关规定参加经济组织内部的经济管理法律关系时，则具有经济法律关系主体的资格。

（4）农村承包经营户、个体工商户和公民。此类为个人主体。他们通常情况下是民事法律关系的主体，但当他们参与经济法律关系，同国家经济管理机关或其他社会组织发生经济权利和义务关系时，就成为经济法律关系主体，如农户与农村集体经济组织发生承包关系、公民向税务机关纳税等。

（二）经济法律关系的内容

经济法律关系的内容是指经济法主体依法享有的经济权利和应当承担的经济义务。

1. 经济权利。经济权利是指经济法主体依法具有的自己为或不为一定行为和要求他人为或不为一定行为的资格。我国法律赋予经济法主体的经济权利是极其广泛的，概括起来主要有：

（1）经济职权，指国家机关及其工作人员在行使经济管理职能时依法享有的权利。经济职权具有隶属性和行政权力性。在国家机关及其工作人员依法行使经济职权时，其他经济法主体均应服从。经济职权对国家机关及其工作人员而言，既是权利又是义务，不得随意放弃或转让。国家机关的经济职权包括：宏观决策权，调节、协调权，行政命令权，许可权，批准权等。

（2）所有权，指所有权人依法对自己所有的财产享有的占有、使用、收益和处分的权利。这种权利具有排他性和绝对性。所有权人无须他人协助即可实现其权利。所有权是一种最完整的物权，具有四项权能，即占有权、使用权、收益权和处分权。所有权的四项权能可以在一定条件下与所有权人分离，这种分离是所有权人行使所有权的一种方式。

（3）法人财产权，指企业法人对企业所有者投资所设企业的全部财产在经营中所享有的占有、使用、收益和处分的权利。我国《公司法》规定，公司享有股东投资形成的全部法人财产权。

（4）经营管理权，指企业对所有人授予经营管理的财产所享有的占有、使用和依法处分的权利，以及由此产生的对企业机构设置、人事、劳动等方面的管理权。

（5）债权，指按照合同约定或法律规定，在当事人之间产生的特定权利。债权是一种请求权，其义务主体是特定的。

（6）知识产权，即专利权、商标权、著作权等，是智力成果的创造人依法享有的权利和生产经营活动中标记所有权人依法所享有的权利的总称。

2. 经济义务。经济义务是指经济法主体根据法律规定，或者为满足权利主体的要求，必须为或不为一定行为的责任。经济义务具有以下含义：一是义务主体必须依照法定范围作出一定行为，或不作出一定行为，以满足权利主体实现其权利，如纳税主体必须依法纳税就属于义务主体必须作出的行为，而国家机关不能滥用经济职权则属不作出一定行为的义务；二是当主体不履行义务时，应承担相应的法律责任，如支付违约金、赔偿金等。

经济权利与经济义务是辩证统一、相辅相成的。没有经济权利，就不会有经济义务。经济法主体不能只享有经济权利而不承担经济义务，也不能只承担经济义务而不享有经济权利。

（三）经济法律关系的客体

经济法律关系的客体是指经济法主体享有的权利和承担的义务所共同指向的对象。包括物、经济行为和非物质财富。

1. 物，是指现实存在，可以由人们所控制，具有一定经济价值的生产资料和消费资料。它是经济法律关系客体中最普遍、最主要的客体。物可以是自然物，如土地、矿藏、水流、森林；也可以是人造物，如建筑物、机器、各种产品等；还可以是货币及有价证券。

2. 经济行为，指经济法主体为达到一定目的所进行的经济活动。包括经济管理行为、提供劳务行为和完成工作行为，如运输法律关系中的客体就是运送的行为。

3. 非物质财富，指人们的脑力劳动所创造的精神产品，又称精神财富。包括知识产品和道德产品。知识产品又称智力成果，是指人们通过脑力劳动创造的能够带来经济价值的精神财富。如学术论文、著作、文艺作品、创造发明、商标等。它们可以成为著作权、商标权、发明权、专利权等法律关系的客体。智力成果本身不具有物质财富的内容，但可以转化为物质财富，如专利可转化为专利产品并带来一定的经济效益。道德产品是指人们在各种活动中所取得的非物化的道德价值，如荣誉称号、嘉奖表彰等，它们是公民、法人荣誉权的客体。

三、经济法律关系的产生、变更和终止

（一）经济法律关系产生、变更和终止的概念

经济法律关系的产生是指由经济法律规范所确认、调整，在经济法主体之间形成的经济权利和经济义务关系。如企业依照合同法的规定签订买卖合同，签订

合同双方就都享有一定的经济权利并承担一定的经济义务，从而使它们之间形成了买卖合同法律关系。

经济法律关系的变更是指经济法律关系主体、客体和内容这三者中任一条件变化所引起的有关主体之间经济权利和经济义务的变化。

经济法律关系的终止是指经济法律关系主体之间的权利和义务关系的消失。

（二）经济法律关系的产生、变更和终止的条件

经济法律关系的产生、变更和终止需要具备三个条件。

1. 以相应的经济法律规范的颁布和实施为依据。如果在某一经济领域国家没有颁布和实施经济法律、法规，则这一经济领域就不会有经济法律关系的产生，更不会有经济法律关系的变更和终止。

2. 要有经济法律关系的主体，这是法律权利义务的实际承担者。

3. 要有法律事实的出现。一般来说，经济法律规范并不能直接引起经济法律关系的变化，只有当经济法律规范规定的法律事实出现时，才会引起经济法律关系的产生、变更和终止。

〖导入案例〗中，税收法律关系的产生具备了三个条件：一是有法律规范依据，即税收征管法的规定；二是有经济法主体，即服装加工公司和税务局；三是有法律事实出现，即服装加工公司的违法行为。

（三）法律事实

1. 法律事实的概念。所谓法律事实，是指法律所规定的能够引起法律关系产生、变更和终止的客观现象。它是引起法律关系产生、变更和终止的直接原因。大多数情况下，只要有一个法律事实出现，就能引起法律关系的产生、变更和终止。但是，有时也需要有两个或两个以上的法律事实结合起来才能产生、变更和终止法律关系。我们将这种情况称为法律事实构成。以保险赔偿法律关系为例，首先，要有投保方和保险方签订保险合同的法律事实存在；其次，要有保险合同规定的引起保险财产损毁的法律事实出现，如自然灾害的发生，才能引起投保方与保险方之间的具体保险赔偿权利义务的形成。

2. 法律事实的分类。根据是否与经济法主体的意志有关，可将经济法律事实分为事件和行为两类。

（1）事件。事件是指与当事人意志无关的客观事实，包括自然现象和社会现象引起的事实。自然现象引起的事实称为绝对事件，如自然灾害等；由社会现象引起的事实又称相对事件，如战争导致合同无法履行等。

（2）行为。行为是指人们有意识的活动，或者说以人的主观意志为转移的客观事实。包括合法行为和违法行为两类。合法行为是符合法律、法规、政策规定，受到法律保护的行为，如经济管理行为、订立合同的行为、提供劳务的行为等。违法行为是指法律明文规定禁止的行为。如滥用经济权利、偷税等。合法行为和违法行为都可能会引起经济法律关系的产生、变更和终止。

第三节　经济法律责任

一、经济法律责任的概念

经济法律责任，即违反经济法的法律责任，是指由经济法律规范规定，在经济法主体违反法定义务时，必须承担的法律后果。

二、经济法律责任的种类

经济法律责任的分类说法不一。一般认为，违反经济法律、法规应当承担的法律责任可分为民事责任、行政责任和刑事责任三种，也有人认为经济法律责任包括民事责任和行政责任中的经济内容部分。本教材采用民事责任、行政责任、刑事责任的分类方法。

（一）民事责任

民事责任是指公民、法人违反民事义务所应承担的法律责任。承担民事责任的主要形式有：停止侵害；排除妨碍；返还财产；恢复原状；修理、重作、更换；赔偿损失；支付违约金；消除影响；恢复名誉；赔礼道歉等。

（二）行政责任

行政责任是指违反法律法规规定的单位和个人所应承受的由国家行政机关或国家授权单位对其依行政程序所给予的制裁。行政责任包括行政处分和行政处罚。对违反经济法的责任人通常给予的是行政处罚，种类有：（1）警告；（2）罚款；（3）没收违法所得、没收非法财物；（4）责令停产停业；（5）暂扣或者吊销许可证、暂扣或者吊销执照；（6）行政拘留；（7）法律、行政法规规定的其他行政处罚。对违反法律规定的国家机关工作人员或被授权、委托的执法人员所实施的行政处分有警告、记过、记大过、降级、降职、撤职、留用察看、开除等。

（三）刑事责任

刑事责任是指触犯国家刑法的犯罪人所应承受的由国家审判机关给予的制裁后果，即刑罚。刑罚分为主刑和附加刑两类。主刑是对犯罪分子适用的主要刑罚方法，有管制、拘役、有期徒刑、无期徒刑和死刑。附加刑是补充、辅助主刑适用的刑罚方法，有罚金、剥夺政治权利、没收财产、对犯罪的外国人可以独立适用或附加适用驱逐出境。

【相关问题的咨询】

1. 罚款与罚金都是对被处罚人进行金钱处罚的方式，两者在适用上有哪些区别？

咨询意见：罚金和罚款的区别在于，罚款是对违法行为人的行政处罚，属于行政处罚的一种；罚金是对犯罪人的刑事处罚，是刑罚中附加刑的一种。

2. "专利权只能作为经济法律关系的内容，不能作为经济法律关系的客体"，这种说法是否正确？

咨询意见：专利权属于经济权利，可以作为经济法律关系的内容（包括经济权利和经济义务）；但在专利权的转让合同中，专利权就成为经济法律关系的客体。也就是说，专利权既可以作为经济法律关系的内容也可以作为经济法律关系的客体。因此，上述说法不正确。

3. 小王与小张一起讨论经济法的概念。小王认为，经济法是调整所有经济关系的法律规范的总称。小张认为小王的说法不正确，可又说不出理由进行反驳，你能替小张说出反驳的理由吗？

咨询意见：经济法是调整一定范围的经济关系的法律规范的总称。经济法是调整因国家对经济活动的管理所产生的社会经济关系的法律规范的总称。例如，财产继承关系虽属经济关系，但不属于经济法律关系。因此，小王的说法是不正确的。

本 章 小 结

本章重点介绍了经济法的概念、经济法律关系以及经济法律责任等内容。经济法是调整一定范围的经济关系的法律规范的总称。具体地说，经济法是调整因国家对经济活动的管理所产生的社会经济关系的法律规范的总称。经济法律关系是法律关系的一种，是指经济法主体根据经济法律规范产生的、经济法主体之间在国家干预与协调经济过程中形成的权利义务关系。经济法律关系是由主体、内容和客体三个要素组成的。经济法律关系的主体包括：国家机关、经济组织和社会团体、经济组织的内部机构和有关人员、农村承包经营户、个体工商户和公民。经济法律关系的内容是指经济法主体依法享有的经济权利和应当承担的经济义务。经济法律关系的客体是指经济法主体享有的权利和承担的义务所共同指向的对象，包括物、经济行为和非物质财富。法律事实是指法律所规定的能够引起法律关系产生、变更和终止的客观现象。它是引起法律关系产生、变更和终止的直接原因。根据是否与经济法主体的意志有关，可将经济法律事实分为事件和行为两类。

思考题

1. 经济法的调整对象是什么？

2. 经济法律关系的构成要素是什么?

3. 什么是经济权利和经济义务? 我国法律赋予经济法主体哪些经济权利?

4. 经济法律关系产生、变更和终止的条件是什么?

5. 什么是法律事实? 行为和事件的区别是什么?

实训题

1. 实训项目:相关案例的讨论与分析。

2. 实训目的:通过实训,使学生加深对经济法律关系的三要素、法律事实等内容的理解。

3. 实训内容。

(1) 甲国有企业将某项生产任务承包给其内部的乙车间来完成,双方为此签订了承包责任书,约定乙车间可以使用甲国有企业的机器设备及原材料,但必须在规定期限内完成该项生产任务等事宜。请问在甲国有企业与乙车间之间是否形成了经济法律关系? 如果形成了经济法律关系,请分析该经济法律关系的主体、内容和客体。

(2) 甲科研单位与乙公司之间签订了买卖合同,向乙公司转让其专门为乙公司研发制造的一台仪器。但由于在合同履行前发生了地震,甲科研单位办公楼倒塌导致仪器被毁坏,不能按期履行合同。乙公司据此解除了双方的买卖合同。请指出引起双方经济法律关系终止的法律事实是什么? 该法律事实属于行为还是事件?

4. 实训考核:由教师组织全班同学讨论和交流,根据学生的表现作出评分。

第二章

公司法律制度

【导入案例一】J银行H省分行A信托投资公司邀请18家法人共同出资，发起设立H省某信托投资股份有限公司。9月，19家法人签订了《发起人协议书》。A信托投资公司作为发起人之一，支付了200万元股金以及筹备费5万元。但后来，H省工商局未对该股份有限公司注册，公司发起失败。信托投资股份有限公司的筹委会未退还A信托投资公司200万元的股金，后该资金由J行信托公司处理。此后，J行信托公司被撤销，其金融债权债务和非金融债权债务分别由J行H省分行以及某海星实业公司接管。A信托投资公司要求J行H省分行和某海星实业公司返还其投入的股金。

问题：

1. 何为发起人？发起人的责任有哪些？

2. 案中A信托投资公司的主张能获得支持吗？为什么？

【导入案例二】某公司股东兼董事许某，因为对涉及公司发展的有关问题与其他董事产生分歧，于是对厂房库存清点封存后，委托厂房出租人代为管理库存物品。后来许某又"跳槽"与他人注册成立了一家与原公司经营范围相同的公司，并从事相关的经营活动。原公司将该"跳槽"董事许某起诉到某市东城区人民法院，要求赔偿23万元。

问题：

1. 许某的行为是否违反《公司法》？为什么？

2. 该案应如何处理？

【导入案例三】3月16日，北京宏大会计师事务所有限责任公司召开股东大会，会议的召集人不是董事长杨某，而是王某。会议的议题是罢免董事长，杨某一气之下退出了会议。会议结束后，公司的董事和监事给杨某送来了股东大会决议书。在这份决议中9名股东有7人签字，就这样被罢免了。一个叫戴某的股东签的是反对意见。杨某与戴某在注册资本中占到了42%多点，股东大会的决议罢免董事长的人所有的股份，没有达到2/3的标准。

按照《公司法》的规定，根据出资比例行使表决权；按照公司章程，根据股东人数行使表决权。

　　双方争执：一人一票还是一股一票？

　　问题：你认为该案应该如何处理？

第一节　公司法概述

一、公司

（一）公司的概念

　　公司是指依照《中华人民共和国公司法》（以下简称《公司法》）的规定设立的，以营利为目的的企业法人。公司是企业的一种组织形式，具有企业所共有的属性。

　　企业是指从事商品生产、商品流通和提供服务性活动的经济组织。按其法律形态，企业可以划分为法人企业、非法人企业两大类。法人企业是指具有民事权利能力和民事行为能力，依法独立享有民事权利和承担民事责任的经济组织。法人企业必须是依法成立，有必要的财产或经费，有自己的名称、组织机构和场所，能够独立承担民事责任。非法人企业与法人企业最大的区别在于它不能独立承担民事责任。

　　公司作为企业的一种组织形式，除了具有企业所共有的属性外，还具有如下特征。

　　1. 公司是依照《公司法》设立的经济组织。公司要依照《公司法》设立，符合《公司法》规定的设立条件。《公司法》对公司的股东人数和组织机构的地位、性质以及职权等都作出了明确规定。公司的外部关系和内部关系都必须严格依照《公司法》的规定运作。

　　2. 公司是以营利为目的的经济组织。所谓以营利为目的，是指公司从事生产、经营或者提供服务都是为了获取利润，并向股东分配红利。这是公司成立、发展的根本目的所在。

　　3. 公司是具有法人资格的经济组织。依照我国《公司法》规定条件设立的公司，自成立之日起具有法人资格，具有民事权利能力和民事行为能力，依法独立享有民事权利和承担民事责任。

　　4. 以股东投资行为为基础设立。公司由股东的投资行为设立，股东投资行为形成的权利是股权。股权是一种独立的权利，不同于所有权，不同于经营权等物权，更不同于债权。《公司法》规定，公司股东依法享有受益、参与重大决策和选择管理者等权利。

（二）公司的分类

　　从世界各国公司法对公司分类的规定和有关公司法理论对公司类别的划分来

看，对公司一般可作如下分类。

1. 无限公司、有限责任公司、股份有限公司及两合公司。这是大陆法系国家的公司法根据股东对公司承担责任的不同对公司所作的法定分类。无限公司，是指全体股东对公司债务负连带无限责任的公司。有限责任公司，是指全体股东对公司债务仅以其出资额为限承担责任的公司。股份有限公司，是指公司资本划分为均等股份，全体股东对公司债务仅以其所持股份额为限承担责任的公司。两合公司，是指一部分股东对公司债务负无限责任，另一部分股东对公司债务仅以其出资额为限承担责任的公司。

2. 人合公司、资合公司和人合兼资合公司。这是大陆法系学者根据公司信用基础的不同对公司进行的学理分类。凡公司的信用基础在于股东个人而不取决于公司资本的，为人合公司，无限公司即为典型的人合公司。凡公司的信用基础在于公司资本数额而不考虑股东个人信用的，则为资合公司，股份有限公司为其典型。凡是公司的信用基础兼具股东个人信用和公司资本数额两方面的，是人合兼资合公司。

3. 母公司和子公司、本公司和分公司。这是以公司的组织关系为标准对公司所作的分类。在不同公司之间存在控制与依附关系时，处于控制地位的是母公司，处于依附地位的是子公司。根据公司法的规定，公司可以设立子公司，子公司具有法人资格，独立承担民事责任。分公司是公司依法设立的以分公司名义进行经营活动、其法律后果由本公司承受的分支机构。分公司没有独立的公司名称、章程，没有独立的财产，不具有法人资格，但可以领取营业执照，进行经营活动，其民事责任由公司承担。

4. 中国《公司法》划分的有限责任公司、股份有限公司。

（1）有限责任公司。有限责任公司是指由两个以上的股东共同出资，每个股东以其认缴的出资额为限对公司承担有限责任，公司以其全部资产为限对其债务承担责任的企业法人。有限责任公司中有一种特殊形态，即国有独资公司。有限责任公司具有如下法律特征：①股东以其认缴的出资额对公司承担有限责任，公司以其全部资产对其债务承担责任；②以出资证明书证明股东出资份额；③不能发行股票，不能公开募股；④股东出资不能随意转让。

（2）股份有限公司。股份有限公司是指由一定人数的股东组成，公司全部资本由等额股份构成并通过发行股票募集资本，股东以其所认购的股份对公司承担责任，公司以其全部资产对公司债务承担责任的企业法人。股份有限公司还可以分为上市公司和不上市公司。股份有限公司的法律特征为：①资本划分为等额股份；②通过发行股票筹集资本；③股东以其所认购的股份对公司承担责任，公司以其全部资产对公司债务承担责任；④财务、经营信息公开。

二、公司法的概念与适用范围

公司法是规定公司的设立、组织、活动、终止以及其他对内对外关系的法律规范的总称。组成公司法体系的规范性法律文件有《公司法》、《公司登记管理条例》、《公司登记管理若干规定》等。

其中，《公司法》作为公司法律制度的核心，于 1993 年 12 月 29 日第八届全国人大常委会第五次会议通过，自 1994 年 7 月 1 日起施行。1999 年、2004 年全国人大常委会对《公司法》进行了两次修改。2005 年 10 月 27 日，第十届全国人大常委会第十八次会议对《公司法》进行了较大规模的修订后重新颁布，自2006 年 1 月 1 日起施行。

我国《公司法》第 2 条规定，"本法所称公司是指依照本法在中国境内设立的有限责任公司和股份有限公司。"因此，凡在中国境内设立的有限责任公司和股份有限公司均适用我国的《公司法》。

另外，《公司法》第 218 条规定，外商投资的有限责任公司和股份有限公司适用该法；有关外商投资的法律另有规定的，适用其规定。因为这些公司也是中国的企业法人，在中国境内从事生产经营活动，理应适用我国的《公司法》。但是，为了维持我国多年来对外商投资企业政策的稳定性和连续性，有关外商投资的法律另有规定的，适用其特殊规定。

第二节　有限责任公司的设立和组织机构

一、有限责任公司的设立

（一）有限责任公司的设立条件

1. 股东符合法定人数。《公司法》规定，有限责任公司由 50 个以下股东出资设立。《公司法》对有限责任公司股东人数没有下限规定，即有限责任公司的股东人数可以是 1 个。

2. 股东出资达到法定资本最低限额。

（1）法定资本的最低限额。法定资本的最低限额是指国家规定的设立公司所需资本的最低限额。《公司法》规定，有限责任公司注册资本的最低限额为人民币 3 万元。法律、行政法规对有限责任公司注册资本的最低限额有较高规定的，从其规定。如《证券法》规定，设立综合证券公司，注册资本最低限额为人民币5 亿元；经纪类证券公司注册资本最低限额为人民币 5000 万元。

（2）股东出资额和出资时间。《公司法》规定，有限责任公司全体股东的首次出资不得低于注册资本的 20%，也不得低于法定的注册资本的最低限额，其余部分由股东从公司成立之日起 2 年内缴足。其中，投资可以在 5 年内缴足。

（3）股东出资方式。股东向有限责任公司出资的方式可以是货币，也可以是实物、知识产权、土地使用权等可以用货币估价并可以依法转让的非货币财产作价出资。但是，法律、行政法规规定不得作为出资的财产除外。另外，《公司法》规定，全体股东的货币出资额不得低于有限责任公司注册资本的 30%。如某公司注册资本是 100 万元，全体股东的货币出资额必须达到 30 万元，才能符合法定条件，其余的 70 万元则可以用实物、知识产权、土地使用权等非货币财产出资。

3. 股东共同制定公司章程。公司章程是关于公司组织及其活动的基本规则的法律文件。公司章程的记载事项包括：（1）公司名称和住所；（2）公司经营范围；（3）公司注册资本；（4）股东的姓名或名称；（5）股东的出资方式、出资额和出资时间；（6）公司的机构及产生办法、职权、议事规则；（7）公司的法定代表人；（8）股东会会议认为需要规定的其他事项。

制定公司章程，既是公司内部管理的需要，也是外部对公司监督管理以及对外交往的需要。制定公司章程是设立公司的必备条件和必经程序。有限责任公司的章程由股东共同制定，所有股东应当在公司章程上签名、盖章。公司章程对公司、股东、董事、监事、高级管理人员具有约束力。

4. 有公司名称，建立有符合有限责任公司要求的组织机构。公司名称是公司的标志，公司名称必须符合法律、法规的规定。必须在公司名称中标明"有限责任公司"字样。同时，有限责任公司必须建立与法律规定相一致的组织机构，设立股东会、董事会或执行董事、监事会或监事。

5. 有公司住所。设立公司必须有住所。公司以其主要办事机构所在地为住所。

（二）有限责任公司的设立程序

1. 制定公司章程。设立有限责任公司，必须依照《公司法》的规定制定公司章程。

2. 股东缴纳出资并验资。股东应当按期足额缴纳公司章程中规定的各自所认缴的出资额。股东以货币出资的，应当将货币出资足额存入有限责任公司在银行开设的账户；以非货币财产出资的，应当依法办理财产权的转移手续。股东以知识产权出资的，必须到专利管理机关办理权属变更手续。股东不按期缴纳出资的，除应当向公司足额缴纳以外，还应当向已经足额缴纳出资的股东承担违约责任。

3. 办理登记。有限责任公司股东的全部出资经法定验资机构验资后，由全体股东指定的代表或者共同委托的代理人向公司登记机关申请设立登记，提交公司登记申请书、公司章程、验资证明等文件。公司经核准登记后，领取公司营业执照，公司营业执照的签发日期是公司成立日期。

有限责任公司成立后，发现作为设立公司出资的非货币财产的实际价额显著低于公司章程所定价额的，应当由交付该出资的股东补足其差额；公司设立时的其他股东承担连带责任。

4. 签发出资证明书。公司登记注册后，应当向股东签发出资证明书，并由公司盖章。出资证明书是证明股东出资份额的书面凭证。出资证明书应当载明下列事项：公司名称，公司登记日期，公司注册资本，股东姓名或者名称，缴纳的出资份额和出资日期，出资证明书的编号和核发日期。

二、有限责任公司的组织机构

有限责任公司的组织机构主要包括股东会、董事会或执行董事、经理、监事会或监事。

（一）有限责任公司的股东会

1. 股东会的职权。有限责任公司的股东会由全体股东组成。股东是指公司的出资人。在我国，除国家有某些限制的特别规定外，有权代表国家投资的机构或政府部门、企业法人、具有法人资格的事业单位和社会团体、自然人均可以依法成为有限责任公司的股东。公司股东作为出资人，按投入公司的资本额享有所有者的资产收益、重大决策和选择管理者等权利。

根据《公司法》的规定，有限责任公司股东会是公司的权力机构，是公司的最高决策机构，对公司的重大问题进行决策。有限责任公司股东会行使下列职权：（1）决定公司的经营方针和投资计划；（2）选举和更换非由职工代表担任的董事、监事，决定有关董事、监事的报酬事项；（3）审议批准董事会的报告；（4）审议批准监事会或者监事的报告；（5）审议批准公司的年度财务预算方案、决算方案；（6）审议批准公司的利润分配方案和弥补亏损方案；（7）对公司增加或者减少注册资本作出决议；（8）对发行公司债券作出决议；（9）对公司合并、分立、变更公司形式、公司解散和清算等事项作出决议；（10）修改公司章程；（11）公司章程规定的其他职权。

2. 股东会的议事规则。有限责任公司股东会会议分为定期会议和临时会议。定期会议按照公司章程的规定按时召开。临时会议是在公司章程规定的会议时间以外召开的会议。代表1/10以上表决权的股东，1/3以上董事，监事会或者不设监事会的公司的监事提议召开临时会议的，应当召开临时会议。

有限责任公司股东会的首次会议由出资最多的股东召集和主持。以后的股东会会议，设立董事会的，由董事会召集，董事长主持；董事长不能履行职务或者不履行职务的，由副董事长主持；副董事长不能履行职务或者不履行职务的，由半数以上董事共同推举一名董事主持。有限责任公司不设董事会的，股东会会议由执行董事召集和主持。

董事会或者执行董事不能履行或者不履行召集股东会会议职责的，由监事会或者不设监事会的公司的监事召集和主持；监事会或者监事不召集和主持的，代表1/10以上表决权的股东可以自行召集和主持。

召开股东会会议，应当于会议召开15日前通知全体股东；但是，公司章程另有规定或者全体股东另有约定的除外。股东会应当对所议事项的决定作成会议记录，出席会议的股东应当在会议记录上签名。

股东会会议由股东按照出资比例行使表决权；但是，公司章程另有规定的除外。股东会的议事方式和表决程序，除《公司法》有规定的外，由公司章程规定。

股东会会议作出修改公司章程、增加或者减少注册资本的决议，以及公司合并、分立、解散或者变更公司形式的决议，必须经代表2/3以上表决权的股东通过。

【导入案例三】《公司法》第43条规定，股东会会议由股东按照出资比例行使表决权；但是，公司章程另有规定的除外。按照现行《公司法》应当一人一票行使表决权，法院应支持按照章程的规定。本案中，杨某的董事长身份被罢免符合《公司法》的规定。

（二）有限责任公司的董事会和经理

1. 董事会的设立及职权。有限责任公司的董事会是公司股东会的执行机构，向股东会负责。董事会由3～13人组成。两个以上的国有企业或者两个以上的国有投资主体投资设立的有限责任公司，其董事会成员中应当有公司职工代表；其他有限责任公司董事会成员中也可以有公司职工代表。董事会中的职工代表由公司职工民主选举产生。

董事会设董事长1人，可以设副董事长。董事长、副董事长的产生办法由公司章程规定。

董事任期由公司章程规定，但每届任期不得超过3年。董事任期届满，连选可以连任。董事任期届满未及时改选，或者董事在任期内辞职导致董事会成员低于法定人数的，在改选出的董事就任前，原董事仍应当依照法律、行政法规和公司章程的规定履行董事职务。

根据《公司法》的规定，董事会行使下列职权：（1）召集股东会，并向股东会报告工作；（2）执行股东会的决议；（3）决定公司的经营计划和投资方案；（4）制订公司的年度财务预算方案、决算方案；（5）制订公司的利润分配方案和弥补亏损方案；（6）制订公司增加或者减少注册资本以及发行公司债券的方案；（7）制订公司合并、分立、变更公司形式、解散的方案；（8）决定公司内部管理机构的设置；（9）决定聘任或者解聘公司经理及其报酬事项，并根据经理的提名决定聘任或者解聘公司副经理、财务负责人及其报酬事项；（10）制订公司的基本管理制度；（11）公司章程规定的其他职权。

股东人数较少或者规模较小的有限责任公司，可以设一名执行董事，不设董事会。执行董事可以兼任公司经理。执行董事的职权由公司章程规定。

2. 董事会的议事规则。董事会会议由董事长召集和主持；董事长不能履行职务或者不履行职务的，由副董事长召集和主持；副董事长不能履行职务或者不履行职务的，由半数以上董事共同推举一名董事召集和主持。董事会的议事方式和表决程序，除《公司法》另有规定外，由公司章程规定。董事会应当对所议事项的决定作成会议记录，出席会议的董事应当在会议记录上签名。董事会决议的表决，实行一人一票。

3. 经理的设立及职权。有限责任公司可以设经理，由董事会决定聘任或者解聘。经理对董事会负责，行使下列职权：（1）主持公司的生产经营管理工作，组织实施董事会决议；（2）组织实施公司年度经营计划和投资方案；（3）拟订公司内部管理机构设置方案；（4）拟订公司的基本管理制度；（5）制订公司的具体规章；（6）提请聘任或者解聘公司副经理、财务负责人；（7）决定聘任或者解聘除应由董事会决定聘任或者解聘以外的负责管理人员；（8）董事会授予的其他职权。公司章程对经理职权另有规定的，从其规定。

（三）有限责任公司的监事会或者监事

1. 监事会或者监事的设立。有限责任公司设监事会，其成员不得少于3人。股东人数较少或者规模较小的有限责任公司，可以设1~2名监事，不设监事会。

监事会应当包括股东代表和适当比例的公司职工代表，其中职工代表的比例不得低于1/3，具体比例由公司章程规定。监事会中的职工代表由公司职工通过职工代表大会、职工大会或者其他形式民主选举产生。

监事会设主席1人，由全体监事过半数选举产生。监事会主席召集和主持监事会会议；监事会主席不能履行职务或者不履行职务的，由半数以上监事共同推举1名监事召集和主持监事会会议。

董事、高级管理人员不得兼任监事。

监事的任期每届为3年。监事任期届满，连选可以连任。

监事任期届满未及时改选，或者监事在任期内辞职导致监事会成员低于法定人数的，在改选出的监事就任前，原监事仍应当依照法律、行政法规和公司章程的规定履行监事职务。

2. 监事会或者监事的职权。监事会、不设监事会的公司的监事行使下列职权：（1）检查公司财务；（2）对董事、高级管理人员执行公司职务的行为进行监督，对违反法律、行政法规、公司章程或者股东会决议的董事、高级管理人员提出罢免的建议；（3）当董事、高级管理人员的行为损害公司的利益时，要求董

事、高级管理人员予以纠正；（4）提议召开临时股东会会议，在董事会不履行
《公司法》规定的召集和主持股东会会议职责时召集和主持股东会会议；（5）向
股东会会议提出提案；（6）依照《公司法》的规定，对董事、高级管理人员提
起诉讼；（7）公司章程规定的其他职权。

监事可以列席董事会会议，并对董事会决议事项提出质询或者建议。监事
会、不设监事会的公司的监事发现公司经营情况异常，可以进行调查；必要时，
可以聘请会计师事务所等协助其工作，费用由公司承担。

监事会每年度至少召开一次会议，监事可以提议召开临时监事会会议。监事
会的议事方式和表决程序，除《公司法》有规定的外，由公司章程规定。监事会
决议应当经半数以上监事通过。监事会应当对所议事项的决定作成会议记录，出
席会议的监事应当在会议记录上签名。监事会、不设监事会的公司的监事行使职
权所必需的费用，由公司承担。

三、一人有限责任公司的特别规定

（一）一人有限责任公司的概念

一人有限责任公司，是指只有一个自然人股东或者一个法人股东的有限责任
公司。一人有限责任公司是有限责任公司的一种特殊表现形式。

一人有限责任公司与个人独资企业的区别如下。

1. 法律性质不同。一人有限责任公司需要满足《公司法》关于资本制度、
公司财务、会计、审计制度以及公司治理制度；而个人独资企业只适用《个人独
资企业法》，并受该法的调整和约束。

2. 承担的民事责任能力不同。一人有限责任公司是独立的企业法人，是有
限责任公司的特殊类型；而个人独资企业不是独立的企业法人，不能以其财产独
立承担民事责任，由投资者以其个人财产对企业债务承担无限责任。

3. 承担的税收义务不同。一人有限责任公司及其股东需要分别就其公司所
得和股东股利缴纳法人所得税与个人所得税；而个人独资企业自身不缴纳法人所
得税，只待投资者取得投资回报时缴纳个人所得税。

（二）一人有限责任公司的特别规定

《公司法》规定，一人有限责任公司的设立和组织机构适用特别规定，没有
特别规定的，适用有限责任公司的相关规定。这些特别规定，主要体现在以下六
个方面。

1. 一人有限责任公司的注册资本最低限额为人民币 10 万元。股东应当一次
足额缴纳公司章程规定的出资额。一个自然人只能投资设立一个一人有限责任公
司。该一人有限责任公司不能投资设立新的一人有限责任公司。

2. 一人有限责任公司应当在公司登记中注明自然人独资或者法人独资，并

在公司营业执照中载明。

3. 一人有限责任公司章程由股东制定。

4. 一人有限责任公司不设股东会。股东行使相应职权作出决定时，应当采用书面形式，并由股东签名后置备于公司。

5. 一人有限责任公司应当在每一会计年度终了时编制财务会计报告，并经会计师事务所审计。

6. 一人有限责任公司的股东不能证明公司财产独立于股东自己的财产的，应当对公司债务承担连带责任。

四、国有独资公司

（一）国有独资公司的概念

国有独资公司，是指国家单独出资、由国务院或者地方人民政府委托本级人民政府国有资产监督管理机构履行出资人职责的有限责任公司。

（二）国有独资公司的特别规定

《公司法》规定，国有独资公司的设立和组织机构适用特别规定，没有特别规定的，适用有限责任公司的相关规定。这些特别规定，具体包括以下六个方面。

1. 国有独资公司章程由国有资产监督管理机构制定，或者由董事会制定报国有资产监督管理机构批准。

2. 国有独资公司不设股东会，由国有资产监督管理机构行使股东会职权。国有资产监督管理机构可以授权公司董事会行使股东会的部分职权，决定公司的重大事项，但公司的合并、分立、解散、增加或者减少注册资本和发行公司债券必须由国有资产监督管理机构决定。其中，重要的国有独资公司合并、分立、解散、申请破产的，应当由国有资产监督管理机构审核后，报本级人民政府批准。上述所称重要的国有独资公司，按照国务院的规定确定。

3. 国有独资公司设董事会，依照法律规定的有限责任公司董事会的职权和国有资产监督管理机构的授权行使职权。董事每届任期不得超过 3 年。董事会成员中应当有公司职工代表。董事会成员由国有资产监督管理机构委派。但是，董事会成员中的职工代表由公司职工代表大会选举产生。董事会设董事长 1 人，可以设副董事长。董事长、副董事长由国有资产监督管理机构从董事会成员中指定。

4. 国有独资公司设经理，由董事会聘任或者解聘。国有独资公司经理的职权与一般有限责任公司经理的职权相同。经国有资产监督管理机构同意，董事会成员可以兼任经理。

5. 国有独资公司的董事长、副董事长、董事、高级管理人员，未经国有资产监督管理机构同意，不得在其他有限责任公司、股份有限公司或者其他经济组织兼职。

6. 国有独资公司设监事会，监事会成员不得少于 5 人，其中职工代表的比例不得低于 1/3，具体比例由公司章程规定。监事会成员由国有资产监督管理机构委派。但是，监事会成员中的职工代表由公司职工代表大会选举产生。监事会主席由国有资产监督管理机构从监事会成员中指定。

第三节　有限责任公司的股权转让

一、有限责任公司股东转让股权

有限责任公司股东转让股权，包括股东之间转让股权、股东向股东以外的人转让股权和人民法院强制转让股权等情形。

（一）股东之间转让股权

《公司法》规定，有限责任公司的股东之间可以相互转让其全部或者部分股权。《公司法》对股东之间转让股权没有任何限制。

（二）股东向股东以外的人转让股权

《公司法》规定，股东向股东以外的人转让股权，应当经其他股东过半数同意。股东应就其股权转让事项书面通知其他股东征求同意，其他股东自接到书面通知之日起满 30 日未答复的，视为同意转让。其他股东半数以上不同意转让的，不同意的股东应当购买该转让的股权；不购买的，视为同意转让。

经股东同意转让的股权，在同等条件下，其他股东有优先购买权。两个以上股东主张行使优先购买权的，协商确定各自的购买比例；协商不成的，按照转让时各自的出资比例行使优先购买权。

《公司法》规定，公司章程对股权转让另有规定的，从其规定。公司章程可以对股东之间的股权转让以及股东向股东以外的人转让股权作出与《公司法》不同的规定。一旦公司章程对股权转让作出了不同的规定，就应当依照公司章程的规定执行。

（三）人民法院强制转让股东股权

人民法院依照法律规定的强制执行程序转让股东的股权时，应当通知公司及全体股东，其他股东在同等条件下有优先购买权。其他股东自人民法院通知之日起满 20 日不行使优先购买权的，视为放弃优先购买权。

（四）履行股权转让手续

有限责任公司股东转让股权后，公司应当注销原股东的出资证明书，向新股东签发出资证明书，并相应地修改公司章程和股东名册中有关股东及其出资额的记载。对公司章程的该项修改不需再由股东会表决。

二、有限责任公司股东退出公司

（一）股东退出公司的法定条件

《公司法》规定，有下列情形之一的，对股东会该项决议投反对票的股东可以请求公司按照合理的价格收购其股权，退出公司：

（1）公司连续五年不向股东分配利润，而公司该五年连续盈利，并且符合《公司法》规定的分配利润条件的；

（2）公司合并、分立、转让主要财产的；

（3）公司章程规定的营业期限届满或者章程规定的其他解散事由出现，股东会会议通过决议修改章程使公司存续的。

根据上述规定，股东退出公司应当满足两个条件：一是具备上述三种情形之一；二是对股东会上述事项决议投了反对票，投赞成票的股东就不能以上述事项为由要求退出公司。

（二）股东退出公司的法定程序

1. 请求公司收购其股权。股东要求退出公司时，首先应当请求公司收购其股权。股东请求公司收购其股权时，其所要求的价格不应过高，而应当是合理的价格，这样才能够既满足股东的要求，保护要求退出公司的股东的权益，又不损害公司和其他股东的权益。

2. 依法向人民法院提起诉讼。股东请求公司收购其股权，应当尽量通过协商的方式解决。如果协商不成，既有可能影响请求收购的股东的权益，又可能影响公司的生产经营活动。《公司法》规定，自股东会会议决议通过之日起 60 日内，股东与公司不能达成股权收购协议的，股东可以自股东会会议决议通过之日起 90 日内向人民法院提起诉讼。自然人股东死亡后，其合法继承人可以继承股东资格；但是，公司章程另有规定的除外。

第四节　股份有限公司的设立和组织机构

一、股份有限公司的设立

（一）股份有限公司的设立条件

1. 发起人符合法定人数。《公司法》规定，设立股份有限公司应当有 2 人以上 200 人以下为发起人，其中须有半数以上的发起人在中国境内有住所。

2. 发起人认缴和募集的股本达到法定资本最低限额。法定资本最低限额是指法律规定的股份有限公司注册资本的最低限额。《公司法》规定，股份有限公司注册资本最低限额为人民币500万元。法律、行政法规对股份有限公司注册资本的最低限额有较高规定的，从其规定。

股份有限公司采取发起设立方式设立的，注册资本为在公司登记机关登记的全体发起人认购的股本总额。公司全体发起人的首次出资额不得低于注册资本的20%，其余部分由发起人自公司成立之日起2年内缴足，其中，投资公司可以在5年内缴足。在缴足前，不得向他人募集股份。

股份有限公司采取募集方式设立的，注册资本为在公司登记机关登记的实收股本总额。

3. 股份发行、筹办事项符合法律规定。股份有限公司的发起人必须按照《公司法》的规定认购其应认购的股份。以发起设立方式设立股份有限公司的，发起人应认购公司应发行的全部股份；以募集设立方式设立股份有限公司的，发起人认购的股份不得少于公司股份总数的35%。但是，法律、行政法规另有规定的，从其规定。

4. 发起人制定公司章程，采用募集方式设立的经创立大会通过。股份有限公司章程应当载明下列事项：（1）公司名称和住所；（2）公司经营范围；（3）公司设立方式；（4）公司股份总数、每股金额和注册资本；（5）发起人的姓名或者名称、认购的股份数、出资方式和出资时间；（6）董事会的组成、职权和议事规则；（7）公司法定代表人；（8）监事会的组成、职权和议事规则；（9）公司利润分配办法；（10）公司的解散事由与清算办法；（11）公司的通知和公告办法；（12）股东大会会议认为需要规定的其他事项。

5. 有公司名称，建立符合股份有限公司的组织机构。

6. 有公司住所。

（二）股份有限公司的设立方式

1. 发起设立。发起设立是指由发起人认购公司应发行的全部股份而设立公司的方式。

2. 募集设立。募集设立是指由发起人认购公司应发行股份的一部分，其余部分向社会公开募集而设立公司的方式。

（三）股份有限公司的设立程序

1. 发起设立的程序。

（1）发起人书面认足公司章程规定其认购的股份。

（2）缴纳出资。发起人以书面认足公司章程规定其认购的股份后，对于公司章程规定一次缴纳的，应缴纳全部出资；对于公司章程规定分期缴纳的，应缴纳首期出资。如果发起人不是以货币出资，而是以实物、知识产权、土地使用权等非货币财产出资，则应当依法进行评估作价，核实财产，办理财产权的转移手续。

（3）选举董事会和监事会。发起人首次缴纳出资后，应当选举董事会和监事会，建立公司的组织机构

（4）申请设立登记。由选举出的公司董事会向公司登记机关报送公司章程、验资证明等文件，申请设立登记。登记机关审查报送的登记材料，认为符合登记条件的，予以登记注册，向公司签发营业执照。营业执照的签发日期为公司的成立日期。

2. 募集设立的程序。

（1）发起人认购股份。发起人认购的股份不得少于公司发行股份的35%。但是，法律、行政法规另有规定的，从其规定。

（2）向社会公开募集股份。发起人向社会公开募集股份，必须公告招股说明书，并制作认股书。发起人向社会公开募集股份，应当由依法设立的证券公司承销，签订承销协议。

（3）召开创立大会。创立大会由包括发起人在内的所有认股人组成，是创立中的公司决策机构。发起股份的股款缴足后，必须经依法设立的验资机构验资并出具证明。发起人应当在股款缴足之日起30日内主持召开公司创立大会。发起人应在创立大会召开15日前将会议的日期通知各认股人或者予以公告。创立大会应有代表股份总数过半数发起人、认股人出席，方可举行。

创立大会的职权有：审议发起人关于公司筹办情况的报告；通过公司章程；选举董事会、监事会成员；对公司的设立费用进行审核；对发起人用于抵作股款的财产作价进行审核；发生不可抗力或者经营条件发生重大变化直接影响公司设立的，可以作出不设立公司的决议。创立大会作出上述决议，必须经出席会议的认股人所持表决权的过半数通过。

（4）申请登记。创立大会结束后30日内，由公司董事向登记机关报送有关文件，申请设立登记。公司营业执照签发日期为公司成立的日期。

股份有限公司成立后，发起人未按照公司章程的规定缴足出资的，应当补缴；其他发起人承担连带责任。

股份有限公司成立后，发现作为设立公司出资的非货币财产的实际价额显著低于公司章程所定价额的，应当由交付该出资的发起人补足其差额；其他发起人承担连带责任。

（四）股份有限公司发起人承担的责任

根据《公司法》的规定，股份有限公司的发起人应当承担下列责任：

1. 公司不能成立时，对设立行为所产生的债务和费用负连带责任；

2. 公司不能成立时，对认股人已缴纳的股款负返还股款并加算银行同期存款利息的连带责任；

3. 在公司设立过程中，由于发起人的过失致使公司利益受到损害的，应当

对公司承担赔偿责任。

〖导入案例一〗中，作为发起人的 A 信托投资公司，在某信托投资股份有限公司的设立过程中，应依法履行发起人的职责，并承担相应的法律责任。由于 H 省工商局未对该信托投资股份有限公司登记注册，该公司未能成立。19 个发起人应当作为一个整体对公司设立过程中的费用和债务承担清偿责任。A 信托投资公司作为发起人之一，应当以其所投入的股款对公司设立过程中的债务和费用承担连带责任。即使成立了设立某信托投资股份有限公司的筹委会，发起人也不能因此不承担其应负的责任，并要求返还股金。所以，A 信托投资公司的主张是得不到支持的。当然，如果在偿还债务、费用以及认股人的股款之后，发起人缴纳的股金还有剩余，则可以按照原投资比例进行分割。

（五）有限责任公司变更为股份有限公司

有限责任公司变更为股份有限公司时，折合的实收股本总额不得高于公司净资产额。有限责任公司变更为股份有限公司，为增加资本公开发行股份时，应当依法办理。

二、股份有限公司的组织机构

股份有限公司的组织机构包括股东大会、董事会、监事会等。

（一）股东大会

1. 股东大会的性质。股份有限公司股东大会是由公司全体股东共同组成的权力机构，是对公司重大事项行使最终决策权的机构。

2. 股东大会的职权。根据《公司法》的规定，有限责任公司股东会职权的规定，适用于股份有限公司股东大会。

3. 股东大会的形式。股份有限公司股东大会的形式分为年会和临时会议两种。年会即每年按时召开一次的大会。我国《公司法》规定，有下列情形之一的，应当在 2 个月内召开临时股东大会：（1）董事人数不足《公司法》规定的人数或者公司章程所规定人数的 2/3 时；（2）公司未弥补的亏损达实收股本总额 1/3 时；（3）单独或者合计持有公司股份 10% 以上股东请求时；（4）董事会认为必要时；（5）监事会提议召开时；（6）公司章程规定的其他情形。

4. 股东大会的召开。股东大会会议由董事会召集，董事长主持；董事长不能履行职务或者不履行职务的，由副董事长主持；副董事长不能履行职务或者不履行职务的，由半数以上董事共同推举一名董事主持。

董事会不能履行或者不履行召集股东大会会议职责的，监事会应当及时召集和主持；监事会不召集和主持的，连续 90 日以上单独或者合计持有公司 10% 以上股份的股东可以自行召集和主持。

召开股东大会会议，应当将会议召开的时间、地点和审议的事项于会议召开

20 日前通知各股东；临时股东大会应当于会议召开 15 日前通知各股东；发行无记名股票的，应当于会议召开 30 日前公告会议召开的时间、地点和审议事项。

单独或者合计持有公司 3% 以上股份的股东，可以在股东大会召开 10 日前提出临时提案并书面提交董事会；董事会应当在收到提案后 2 日内通知其他股东，并将该临时提案提交股东大会审议。临时提案的内容应当属于股东大会职权范围，并有明确议题和具体决议事项。股东大会不得对上述通知中未列明的事项作出决议。

无记名股票持有人出席股东大会会议的，应当于会议召开 5 日前至股东大会闭会时将股票交存于公司。

5. 股东大会的决议。股东出席股东大会会议，所持每一股份有一表决权。但是，公司持有的本公司股份没有表决权。

股东大会作出决议，必须经出席会议的股东所持表决权过半数通过。但是，股东大会作出修改公司章程、增加或者减少注册资本的决议，以及公司合并、分立、解散或者变更公司形式的决议，必须经出席会议的股东所持表决权的 2/3 以上通过。

《公司法》和公司章程规定公司转让、受让重大资产或者对外提供担保等事项必须经股东大会作出决议的，董事会应当及时召集股东大会会议，由股东大会就上述事项进行表决。公司转让、受让重大资产是指股份有限公司与他人之间按照重大资产转让、受让协议出售、购买重大资产的行为。所谓重大资产，通常是指公司转让、受让的资产总额、资产净额、主营业务收入三项指标中的任意一项指标，占公司最近一个会计年度经审计的合并报表的相对应指标的 50% 以上的资产。

股东大会选举董事、监事，可以依照公司章程的规定或者股东大会的决议，实行累积投票制。所谓累积投票制，是指股东大会选举董事或者监事时，每一股份拥有与应选董事或者监事人数相同的表决权，股东拥有的表决权可以集中使用。

股东可以委托代理人出席股东大会会议，代理人应当向公司提交股东授权委托书，并在授权范围内行使表决权。股东大会应当对所议事项的决定作成会议记录，主持人、出席会议的董事应当在会议记录上签名。会议记录应当与出席股东的签名册及代理人出席的委托书一并保存。

（二）股份有限公司的董事会和经理

1. 董事会的性质和组成。股份有限公司的董事会是公司股东大会的执行机构，对公司股东大会负责。董事会由 5～19 人组成。董事会成员中可以有公司职工代表。董事会中的职工代表由公司职工通过职工代表大会、职工大会或者其他形式民主选举产生。

2. 董事会的职权。董事会行使《公司法》和公司章程规定的职权，股份有限公司董事会行使的法定职权与有限责任公司董事会行使的职权相同。

3. 董事会会议。根据《公司法》的规定，董事会设董事长一人，可以设副董事长。董事长和副董事长由董事会以全体董事的过半数选举产生。董事长召集和主持董事会会议，检查董事会决议的实施情况。副董事长协助董事长工作，董事长不能履行职务或者不履行职务的，由副董事长履行职务；副董事长不能履行职务或者不履行职务的，由半数以上董事共同推举一名董事履行职务。

董事会每年度至少召开两次会议，每次会议应当于会议召开10日前通知全体董事和监事。代表1/10以上表决权的股东、1/3以上董事或者监事会，可以提议召开董事会临时会议。董事长应当自接到提议后10日内，召集和主持董事会会议。董事会召开临时会议，可以另定召集董事会的通知方式和通知时限。

董事会会议应有过半数的董事出席方可举行。董事会作出决议，必须经全体董事的过半数通过。董事会决议的表决，实行一人一票。

董事会会议，应由董事本人出席；董事因故不能出席，可以书面委托其他董事代为出席，委托书中应载明授权范围。董事会应当对会议所议事项的决定作成会议记录，出席会议的董事应当在会议记录上签名。董事应当对董事会的决议承担责任。董事会的决议违反法律、行政法规或者公司章程、股东大会决议，致使公司遭受严重损失的，参与决议的董事对公司负赔偿责任。但经证明在表决时曾表明异议并记载于会议记录的，该董事可以免除责任。例如，某股份有限公司的董事会由11名董事组成。2012年7月9日，公司董事长召集董事会。拟亲自出席的董事有4名，还有2名董事打算委托他人出席，其中，一人书面委托另一名董事出席，一人口头委托一名非董事股东出席。根据《公司法》的规定，书面委托其他董事出席的为有效委托，口头委托非董事股东出席的为无效委托，本案中能出席董事会的董事总共只有5名，不足董事会成员11名的1/2，故这次董事会不能召开。

4. 经理。股份有限公司的经理由董事会聘任或者解聘。股份有限公司经理与有限责任公司经理行使的职权基本相同。

公司董事会可以决定由董事会成员兼任经理。公司不得直接或者通过子公司向董事、监事、高级管理人员提供借款。公司应当定期向股东披露董事、监事、高级管理人员从公司获得报酬的情况。

（三）股份有限公司的监事会

股份有限公司设监事会，其成员不得少于3人。监事会应当包括股东代表和适当比例的公司职工代表，其中职工代表的比例不得低于1/3，具体比例由公司章程规定。监事会中的职工代表由公司职工通过职工代表大会、职工大会或者其他形式民主选举产生。

监事会设主席一人，可以设副主席。监事会主席和副主席由全体监事过半数选举产生。监事会主席召集和主持监事会会议；监事会主席不能履行职务或者不履行职务的，由监事会副主席召集和主持监事会会议；监事会副主席不能履行职务或者不履行职务的，由半数以上监事共同推举一名监事召集和主持监事会会议。

董事、高级管理人员不得兼任监事。有限责任公司监事任期的规定，适用于股份有限公司监事。有限责任公司监事会职权的规定，适用于股份有限公司监事会。监事会行使职权所必需的费用，由公司承担。

监事会每6个月至少召开一次会议。监事可以提议召开临时监事会会议。监事会的议事方式和表决程序，除《公司法》另有规定外，由公司章程规定。监事会决议应当经半数以上监事通过。监事会应当对所议事项的决定作成会议记录，出席会议的监事应当在会议记录上签名。

三、上市公司组织机构的特别规定

上市公司，是指其股票在证券交易所上市交易的股份有限公司。《公司法》对上市公司组织及活动原则的特别规定，主要包括以下三个方面。

1. 增加股东大会特别决议事项。上市公司在1年内购买、出售重大资产或者担保金额超过公司资产总额30%的，应当由股东大会作出决议，并经出席会议的股东所持表决权的2/3以上通过。

2. 上市公司设立独立董事和董事会秘书。独立董事，是指既不是公司股东，又不在公司担任除董事外的其他职务，并与其受聘的上市公司及主要股东不存在可能妨碍其进行独立客观判断的关系的董事。《公司法》规定，上市公司设立独立董事，具体办法由国务院规定。

董事会秘书是指掌管董事会文件并协助董事会成员处理日常事务的人员。《公司法》规定，上市公司设董事会秘书，负责公司股东大会和董事会会议的筹备、文件保管以及公司股东资料的管理，办理信息披露事务等事宜。董事会秘书是董事会设置的服务席位，既不能代表董事会，也不能代表董事长。上市公司董事会秘书是公司的高级管理人员。承担法律行政法规以及公司章程对公司高级管理人员所要求的义务，享有相应的工作职权，获得相应的报酬。

3. 增设关联关系董事的表决权排除制度。上市公司董事与董事会会议决议事项所涉及的企业有关联关系的，不得对该项决议行使表决权，也不得代理其他董事行使表决权。该董事会会议由过半数的无关联关系董事出席即可举行，董事会会议所作决议须经无关联关系董事过半数通过。出席董事会的无关联关系董事人数不足3人的，应将该事项提交上市公司股东大会审议。这里所称关联关系是指上市公司的董事与董事会决议事项所涉及的企业之间存在直接或间接的利益关系。

第五节　股份有限公司的股份发行和转让

一、股份发行

（一）股份与股票

1. 股份。股份是表示股份有限公司权益的计算单位，是公司资本的组成部分。股份一般划分为均等的份额，股份有限公司股东权利义务的范围及大小取决于其持有股份的性质和数量。股份具有平等性、不可分性、自由转让和流通性、证券性的特征。

股份可作如下分类。

（1）记名股和无记名股。记名股是将股东的姓名或名称记载于股票的股份。记名股的权利只能由股东本人享有，非股东即使持有股票也不能享有股权。记名股发行时，要将股东记载于股东名册，转让股权时，股东名册要作相应变更。无记名股是股票票面不记载股东姓名的股份。无记名股东的合法持有人即为公司股东，股份转让时，交付股票即可。《公司法》规定，公司向发起人、法人发行的股票，应当为记名股票，并应当记载该发起人、法人的名称或者姓名，不得另立户名或者以代表人姓名记名。

（2）普通股与特别股。普通股是指法律和公司章程对股东权利不作特殊规定的股份。特别股又称优先股，是指股东的权利由法律和公司章程作出区别于普通股股权的股份，其优先权主要体现在股息和红利分配、剩余财产分配等方面，但持有特别股股权的股东往往不享有表决权。

（3）面额股与无面额股。面额股，又称金额股，即在股票票面上表示一定金额的股份。无面额股又称比例股或部分股，在股票票面不表示一定金额，而只表示其占公司资本总额一定比例的股份。我国《公司法》禁止发行无面额股。

2. 股票。股票是股份资本的表现形式，是体现股份所有权的凭证和有价证券。

我国《公司法》规定，股份有限公司的资本划分为股份，每一股的金额相等，以股票的方式表现。股票采用纸面形式或国务院证券监督管理机构规定的其他形式。股票应当载明公司名称、公司成立日期、股票种类、票面金额及代表的股份数、股票的编号等事项。发起人的股票，应当标明"发起人股票"字样。

（二）股份的发行

股份发行是指股份有限公司为设立公司或者筹集资金，依照法律规定发售股份的行为。按照股份发行目的的不同，股份发行分为为设立公司而发行股份（设立发行）和为增加公司资本而发行股份（增资发行或新股发行）两种类型。

（1）股份发行的原则。我国股份有限公司股份的发行实行公开、公平、公正的原则，同股同权，同股同利。其中，公开原则是股份发行的核心原则，旨在最大限度地保护社会公众的利益，保障投资者在掌握充分和可信信息的情况下作出投资决策。公平和公正原则是对公开原则的重要补充，旨在平等地保护投资者的利益。

（2）股份发行的一般规则。股份有限公司发行股份，无论是设立发行还是新股发行，除应符合法定条件并履行法定程序外，还应当遵守下列规定。

一是不得折价发行股份。按照股份发行价格与股票票面金额的关系，股份发行价格有平价发行、溢价发行和折价发行三种。平价发行也称面额发行，是指按照股票的票面金额发行股份；溢价发行是指按照高于股票票面金额的价格发行股份；折价发行是指按照低于股票票面金额的价格发行股份。我国《公司法》规定，股票发行价格可以按票面金额，也可以超过票面金额，但不得低于票面金额。

二是股份发行必须同股同价发行。所谓同股同价发行，是指同次发行的股份，其每股发行条件和价格应当相同，不得在股份的同次发行中采用不同的发行价格和条件。任何单位和个人所认购的股份，每股应当支付相同的价额。

二、股份有限公司的股份转让

（一）股份转让的概念

股份转让是指股份有限公司的股份持有人依法定条件和程序将其持有的股份让与他人，从而使他人成为公司股东的行为。股份有限公司的股份依法可以转让。

（二）股份转让的法律规定

我国《公司法》对股份有限公司的股份转让作了以下规定。

1. 股东转让其股份，应当在依法设立的证券交易场所进行或者按照国务院规定的其他方式进行。

2. 记名股票，由股东以背书方式或者法律、行政法规规定的其他方式转让；转让后由公司将受让人的姓名或者名称及住所记载于股东名册。股东大会召开前20日内或者公司决定分配股利的基准日前5日内，不得进行上述规定的股东名册的变更登记。但是，法律对上市公司股东名册变更登记另有规定的，从其规定。无记名股票的转让，由股东将该股票交付给受让人后即发生转让的效力。

3. 发起人持有的本公司股份，自公司成立之日起1年内不得转让。公司公开发行股份前已发行的股份，自公司股票在证券交易所上市交易之日起1年内不得转让。公司董事、监事、高级管理人员应当向公司申报所持有的本公司股份及其变动情况，在任职期间每年转让的股份不得超过其所持有本公司股份总数的25%；所持本公司股份自公司股票上市交易之日起1年内不得转让。上述人员离职后半年内，不得转让其所持有的公司股份。公司章程可以对公司董事、监事、高级管理人员转让其所持有的公司股份作出其他限制性规定。

4. 公司不得收购本公司股份。但是，有下列情形之一的除外：（1）减少公司注册资本；（2）与持有本公司股份的其他公司合并；（3）将股份奖励给本公司职工；（4）股东因对股东大会作出的公司合并、分立决议持异议，要求公司收购其股份的。公司因上述第一项至第三项的原因收购本公司股份的，应当经股东大会决议。公司依照上述规定收购本公司股份后，属于第一项情形的，应当自收购之日起10日内注销；属于第二项、第四项情形的，应当在6个月内转让或者注销。公司依照第三项规定收购的本公司股份，不得超过本公司已发行股份总额的5%；用于收购的资金应当从公司的税后利润中支出；所收购的股份应当在1年内转让给职工。

5. 公司不得接受本公司的股票作为质押权的标的。

6. 记名股票被盗、遗失或者灭失，股东可以依照公示催告程序，请求人民法院宣告该股票失效。人民法院宣告该股票失效后，股东可以向公司申请补发股票。

7. 上市公司的股票，依照有关法律、行政法规及证券交易所交易规则上市交易。

8. 上市公司必须依照法律、行政法规的规定，公开其财务状况、经营情况及重大诉讼，在每会计年度内半年公布一次财务会计报告。

第六节　公司董事、监事、高级管理人员的资格和义务

一、公司董事、监事、高级管理人员的资格

公司的董事、监事、高级管理人员在公司中处于重要的地位，具有法定的职权。为保证其具有正确履行职责的能力和条件，《公司法》对其任职资格作了强制性的规定。

《公司法》规定，有下列情形之一的，不得担任公司的董事、监事、高级管理人员：

（1）无民事行为能力或者限制民事行为能力；

（2）因贪污、贿赂、侵占财产、挪用财产或者破坏社会主义市场经济秩序，被判处刑罚，执行期满未逾5年，或者因犯罪被剥夺政治权利，执行期满未逾5年；

（3）担任破产清算的公司、企业的董事或者厂长、经理，对该公司、企业的破产负有个人责任的，自该公司、企业破产清算完结之日起未逾3年；

（4）担任因违法被吊销营业执照、责令关闭的公司、企业的法定代表人，并负有个人责任的，自该公司、企业被吊销营业执照之日起未逾3年；

（5）个人所负数额较大的债务到期未清偿。

公司违反上述规定选举、委派董事、监事或者聘任高级管理人员的，该选举、委派或者聘任无效。

董事、监事、高级管理人员在任职期间出现上述所列情形的，公司应当解除其职务。

二、公司董事、监事、高级管理人员的义务

董事、监事、高级管理人员应当遵守法律、行政法规和公司章程，对公司负有忠实义务和勤勉义务。董事、监事、高级管理人员不得利用职权收受贿赂或者其他非法收入，不得侵占公司的财产。

《公司法》规定，董事、高级管理人员不得有下列行为：

（1）挪用公司资金；

（2）将公司资金以其个人名义或者以其他个人名义开立账户存储；

（3）违反公司章程的规定，未经股东会、股东大会或者董事会同意，将公司资金借贷给他人或者以公司财产为他人提供担保；

（4）违反公司章程的规定或者未经股东会、股东大会同意，与本公司订立合同或者进行交易；

（5）未经股东会或者股东大会同意，利用职务便利为自己或者他人谋取属于公司的商业机会，自营或者为他人经营与所任职公司同类的业务；

（6）接受他人与公司交易的佣金归为己有；

（7）擅自披露公司秘密；

（8）违反对公司忠实义务的其他行为。

董事、高级管理人员违反上述规定所得的收入应当归公司所有。

董事、监事、高级管理人员执行公司职务时违反法律、行政法规或者公司章程的规定，给公司造成损失的，应当承担赔偿责任。

〖导入案例二〗中，原公司董事许某违反了该规定，根据《公司法》的规定，法院可以判决将许某从事损害公司利益的收益归原公司所有。公司还可以对许某进行处分。

股东会或者股东大会要求董事、监事、高级管理人员列席会议的，董事、监事、高级管理人员应当列席并接受股东的质询。董事、高级管理人员应当如实向监事会或者不设监事会的有限责任公司的监事提供有关情况和资料，不得妨碍监事会或者监事行使职权。

三、股东诉讼

（一）股东代表诉讼

股东代表诉讼，也称股东间接诉讼，是指当董事、监事、高级管理人员或者

他人违反法律、行政法规或者公司章程的行为给公司造成损失，公司拒绝或者怠于向该违法行为人请求损害赔偿时，具备法定资格的股东有权代表其他股东、代表公司提起诉讼，请求违法行为人赔偿公司损失的行为。股东代表诉讼的目的是保护公司利益和股东整体利益。

1. 股东对公司董事、监事、高级管理人员给公司造成损失的行为提起诉讼的程序。

（1）股东通过监事会或者监事提起诉讼。董事、高级管理人员执行公司职务时违反法律、行政法规或者公司章程的规定，给公司造成损失的，有限责任公司的股东、股份有限公司连续 180 日以上单独或者合计持有公司 1% 以上股份的股东，可以书面请求监事会或者不设监事会的有限责任公司的监事向人民法院提起诉讼。

（2）股东通过董事会或董事提起诉讼。监事执行公司职务时违反法律、行政法规或者公司章程的规定，给公司造成损失的，有限责任公司的股东、股份有限公司连续 180 日以上单独或者合计持有公司 1% 以上股份的股东，可以书面请求董事会或者不设董事会的有限责任公司的执行董事向人民法院提起诉讼。

（3）股东直接提起诉讼。监事会、不设监事会的有限责任公司的监事，或者董事会、执行董事，收到股东书面请求后拒绝提起诉讼，或者自收到请求之日起 30 日内未提起诉讼，或者情况紧急、不立即提起诉讼将会使公司利益受到难以弥补的损害的，有限责任公司的股东、股份有限公司连续 180 日以上单独或者合计持有公司 1% 以上股份的股东有权为了公司的利益以自己的名义直接向人民法院提起诉讼。

2. 股东对他人给公司造成损失的行为提起诉讼的程序。公司董事、监事、高级管理人员以外的他人侵犯公司合法权益，给公司造成损失的，有限责任公司的股东、股份有限公司连续 180 日以上单独或者合计持有公司 1% 以上股份的股东可以通过监事会或监事、董事会或者董事向人民法院提起诉讼，或者直接向人民法院提起诉讼。

（二）股东直接诉讼

董事、高级管理人员违反法律、行政法规或者公司章程的规定，损害股东利益的，股东可以直接向人民法院提起诉讼。

第七节　公 司 债 券

一、公司债券的概念和种类

（一）公司债券的概念

公司债券是指公司依照法定条件和程序发行的约定在一定期限还本付息的有

价证券。

公司债券与公司股票有不同的法律特征，具体表现在：公司债券表示发行者与投资者之间的债权债务关系，公司股票表示投资者对发行股票的公司拥有股东的一系列权利；公司债券的本息到期退还，公司股票所代表的股金则一般不予退还；持有公司债券的收益即利息是固定的，而公司股票的收益可能较高或较低，股票风险比债券风险大；公司债券具有优先偿还权，持有人在公司解散或者破产的情况下优先于公司股票得到债务清偿。

（二）公司债券的种类

依照不同的标准，对公司债券可以进行不同的分类。

1. 记名公司债券和无记名公司债券。记名公司债券是指在公司债券上记载债权人姓名或者名称的债券。无记名公司债券是指在公司债券上不记载债权人姓名或者名称的债券。区分记名公司债券和无记名公司债券的法律意义在于两者转让的要求不同。记名公司债券的转让，转让人需要在债券上背书；而无记名公司债券的转让，转让人交付债券时，转让即发生法律效力。

2. 可转换公司债券与不可转换公司债券。可转换公司债券是指可以转换成公司股票的公司债券。这种公司债券在发行时规定了转换为公司股票的条件与办法，当条件具备时，债券持有人拥有将公司债券转换为公司股份的选择权。不可转换公司债券是指不能转换为公司股票的公司债券。凡在发行债券时未作出转换约定的，均为不可转换公司债券。

二、公司债券的发行

（一）公司债券发行的条件

为筹集生产经营资金，公司可以依照《公司法》的规定发行公司债券。发行公司债券必须符合下列条件：

1. 股份有限公司的净资产额不低于人民币 3000 万元，有限责任公司的净资产额不低于人民币 6000 万元；

2. 累计债券总额不超过公司净资产额的 40%（累计债券总额是指公司成立以来发行的所有债券尚未偿还的部分）；

3. 最近 3 年平均可分配利润足以支付公司债券 1 年的利息（可分配利润是指公司缴纳各种税款、弥补亏损、提足法定公积金和法定公益金后所余的利润）；

4. 筹集的资金投向符合国家产业政策；

5. 债券的利率不得超过国务院限定的利率水平；

6. 国务院规定的其他条件。

对于再次发行债券，《公司法》规定不得再次发行公司债券的情形有：（1）前一次发行的公司债券尚未募足的；（2）对已发行的公司债券或者其债务有违约或者延迟支付本息的事实，且仍处于继续状态的；（3）违反规定，改变公开发行公司债券所募资金的用途。

（二）公司债券发行的程序

1. 由公司的权力机构作出决议。股份有限公司、有限责任公司发行公司债券，应由公司董事会制定方案，经股东大会或者股东会作出决议。国有独资公司发行公司债券，应由国家授权投资的机构或者同家授权的部门作出决定。

2. 报有关部门或者机构审批。公司对发行公司债券作出决议或者决定后，应当向国务院授权的部门或者国务院证券监督管理机构报送下列文件：（1）公司营业执照；（2）公司章程；（3）公司债券募集办法；（4）资产评估报告和验资报告；（5）国务院授权的部门或者国家证券监督管理机构规定的其他文件。

国务院授权的部门对公司提交的公司债券发行申请文件，应自受理之日起 3 个月内作出审批决定。对已作出审批决定，如果发现不符合《公司法》规定的，应予撤销。尚未发行公司债券的，应停止发行；已经发行公司债券的，公司债券持有人可以按发行价加算银行同期存款利息要求公司返还。

3. 公告公司债券募集办法。发行公司债券的申请经国务院授权的部门核准后，应当公告公司债券募集办法。公司债券募集办法中应当载明下列主要事项：（1）公司名称；（2）债券募集资金的用途；（3）债券总额和债券的票面金额；（4）债券利率的确定方式；（5）还本付息的期限和方式；（6）债券担保情况；（7）债券的发行价格、发行的起止日期；（8）公司净资产额；（9）已发行的尚未到期的公司债券总额；（10）公司债券的承销机构。

4. 置备公司债券存根簿。公司债券，可以为记名债券，也可以为无记名债券。公司发行公司债券应当置备公司债券存根簿。

发行记名公司债券的，应当在公司债券存根簿上载明下列事项：（1）债券持有人的姓名或者名称及住所；（2）债券持有人取得债券的日期及债券的编号；（3）债券总额，债券的票面金额、利率、还本付息的期限和方式；（4）债券的发行日期。

发行无记名公司债券的，应当在公司债券存根簿上载明债券总额、利率、偿还期限和方式、发行日期及债券的编号。

三、公司债券的转让

《公司法》规定，公司债券可以转让，转让价格由转让人与受让人约定。公司债券在证券交易所上市交易的，按照证券交易所的交易规则转让。

根据公司债券种类的不同，公司债券的转让有两种不同的方式。记名公司债券，由债券持有人以背书方式或者法律、行政法规规定的其他方式转让；转让后由公司将受让人的姓名或者名称及住所记载于公司债券存根簿。无记名公司债券的转让，由债券持有人将该债券交付给受让人后即发生转让的效力。

发行可转换为股票的公司债券的，公司应当按照其转换办法向债券持有人换发股票，但债券持有人对转换股票或者不转换股票有选择权。

第八节　公司财务、会计

一、公司财务、会计的基本要求

公司财务、会计是公司经营活动中的一项基础工作。根据《公司法》的规定，公司应当依照法律、行政法规和国务院财政部门的规定建立本公司的财务、会计制度。

公司的财务会计报告是公司重要的会计资料。公司的财务会计报告包括：资产负债表、利润表、现金流量表等报表及附注。公司应当在每一会计年度终了时编制财务会计报告，并依法经会计师事务所审计。财务会计报告应当依照法律、行政法规和国务院财政部门的规定制作。有限责任公司应当依照公司章程规定的期限将财务会计报告送交各股东。股份有限公司的财务会计报告应当在召开股东大会年会的 20 日前置备于本公司，供股东查阅；公开发行股票的股份有限公司必须公告其财务会计报告。

二、公司的利润分配

（一）利润分配的顺序

公司利润是指公司在一定时期（1 年）内从事经营活动的财务成果，包括营业利润、投资净收益以及营业外收支净额。

公司应当按如下顺序进行利润分配：（1）弥补以前年度的亏损，但不得超过税法规定的弥补期限；（2）缴纳所得税；（3）弥补在税前利润弥补亏损之后仍存在的亏损；（4）依法提取法定公积金；（5）提取任意公积金；（6）向股东分配利润。

股东会或者董事会违反规定，在弥补亏损和提取法定公积金之前向股东分配利润的，必须将违反规定分配的利润退还公司。

（二）公积金的使用

公积金分为盈余公积金和资本公积金两类。盈余公积金是从公司税后利润中提取的公积金，分为法定公积金和任意公积金两种。公司分配当年税后利润时，应当提取利润的 10% 列入公司法定公积金。公司法定公积金累计额为公司注册资本的 50% 以上的，可以不再提取。任意公积金按照股东会或者股东大会决议，从税后利润中提取。

资本公积金是直接由资本原因等形成的公积金。根据《公司法》的规定，股份有限公司以超过股票票面金额的发行价格发行股份所得的溢价款以及国务院财政部门规定列入资本公积金的其他收入，应当列为公司资本公积金。

公司的公积金应当按照规定的用途使用。公司公积金主要有三个方面用途：（1）弥补亏损。公司的亏损按照国家税法规定可以用缴纳所得税前的利润弥补，超过用所得税前利润弥补期限仍未补足的亏损，可以用公司税后利润抵补；发生特大亏损，税后利润仍不足抵补的，可以用公司的公积金抵补。但是，资本公积金不得用于弥补公司的亏损。（2）扩大公司生产经营。公司可以根据生产经营的需要，用公司的公积金来扩大公司的生产经营规模，增强公司实力。（3）转增公司资本。公司为了实现增加资本的目的，可以将公积金的一部分转为资本。对用任意公积金转增资本的，法律没有限制，但用法定公积金转增资本的，《公司法》规定，公司所留存该项公积金不得少于转增前注册资本的25%。

第九节　公司的合并、分立、增资、减资

一、公司合并

（一）公司合并的形式

公司合并，是指两个或者两个以上的公司依照法定程序变更为一个公司的法律行为。公司合并可以采取吸收合并和新设合并两种形式。一个公司吸收其他公司为吸收合并，被吸收的公司解散。两个以上公司合并设立一个新的公司为新设合并，合并各方解散。

（二）公司合并的程序

1. 公司合并或分立，应当签订合并或分立协议。

2. 编制资产负债表及财产清单。

3. 作出合并决议。有限责任公司的股东会在对公司合并或分立作出决议时，必须经代表2/3以上表决权的股东通过，合并或分立才能有效；股份有限公司的股东大会在对公司合并或分立作出决议时，必须经出席会议的股东所持表决权的2/3以上通过，合并或分立决议才有效。国有独资公司的合并决议，由国有资产监督管理机构决定。其中，重要的国有独资公司的合并，应当由国有资产监督管理机构审核后，报本级人民政府批准。

4. 通知债权人。公司应当自作出合并决议之日起10日内通知债权人，并于30日内在报纸上公告。债权人自接到通知书之日起30日内，未接到通知书的自公告之日起45日内，可以要求公司清偿债务或者提供相应的担保。

5. 依法进行登记。公司合并后，登记事项发生变更的，应当依法向公司登

记机关办理变更登记；公司解散的，应当依法办理注销登记；设立新公司的，应当依法办理公司设立登记。

(三) 公司合并各方的债权、债务

公司合并时，合并各方的债权、债务应当由合并后存续的公司或者新设的公司承继。

二、公司分立

(一) 公司分立的形式

公司分立是指一个公司依照法定程序分为两个或者两个以上公司的法律行为。公司分立有新设分立和派生分立两种。新设分立是指一个公司分为两个或者两个以上公司，原公司消灭。派生分立是指一个公司分为两个或者两个以上的公司，原公司继续存在。

(二) 公司分立的程序

公司分立，其财产作相应的分割。公司分立，应当编制资产负债表及财产清单。公司应当自作出分立决议之日起 10 日内通知债权人，并于 30 日内在报纸上公告。

(三) 公司分立前的债务

公司分立前的债务由分立后的公司承担连带责任。但是，公司在分立前与债权人就债务清偿达成的书面协议另有约定的除外。

三、公司注册资本的增减

(一) 增加注册资本

有限责任公司增加注册资本时，股东认缴新增资本的出资，按照《公司法》设立有限责任公司缴纳出资的有关规定执行。股份有限公司为增加注册资本发行新股时，股东认购新股，应当按照《公司法》设立股份有限公司缴纳股款的有关规定执行。

公司增加注册资本，应当依法向公司登记机关办理变更登记。

(二) 减少注册资本

公司需要减少注册资本时，必须编制资产负债表及财产清单。公司应当自作出减少注册资本决议之日起 10 日内通知债权人，并于 30 日内在报纸上至少公告三次。债权人自接到通知书之日起 30 日内，未接到通知书的自公告之日起 45 日内，有权要求公司清偿债务或者提供相应的担保。公司减少注册资本后的注册资本不得低于法定的最低限额。

公司减少注册资本，应当依法向公司登记机关办理变更登记。

第十节　公司解散和清算

一、公司解散的原因

《公司法》规定，公司解散的原因主要有以下五种情形：（1）公司章程规定的营业期限届满或者公司章程规定的其他解散事由出现；（2）股东会或者股东大会决议解散；（3）因公司合并或者分立需要解散；（4）被依法吊销营业执照、责令关闭或者被撤销；（5）人民法院依法予以解散。

公司有上述第一项情形的，可以通过修改公司章程而存续。公司依照规定修改公司章程的，有限责任公司须持有 2/3 以上表决权的股东通过，股份有限公司须经出席股东大会会议的股东所持表决权的 2/3 以上通过。

公司经营管理发生严重困难，继续存续会使股东利益受到重大损失，通过其他途径不能解决的，持有公司全部股东表决权 10% 以上的股东，可以请求人民法院解散公司。

二、公司解散时的清算

（一）清算组的成立

公司发生以下情形，应当在解散事由出现之日起 15 日内成立清算组，开始清算：（1）公司章程规定的营业期限届满或者公司章程规定的其他解散事由出现；（2）股东会或者股东大会决议解散；（3）依法被吊销营业执照责令关闭或者被撤销；（4）公司经营管理发生严重困难，继续存续会使股东利益受到重大损失，通过其他途径不能解决的，持有公司全部股东表决权 10% 以上的股东，请求人民法院解散公司，法院予以解散的。有限责任公司的清算组由股东组成，股份有限公司的清算组由董事或者股东大会确定的人员组成。逾期不成立清算组进行清算的，债权人可以申请人民法院指定有关人员组成清算组进行清算。人民法院应当受理该申请，并及时组织清算组进行清算。

（二）清算组的职权

清算组在清算期间行使下列职权：（1）清理公司财产，分别编制资产负债表和财产清单；（2）通知、公告债权人；（3）处理与清算有关的公司未了结的业务；（4）清缴所欠税款以及清算过程中产生的税款；（5）清理债权、债务；（6）处理公司清偿债务后的剩余财产；（7）代表公司参与民事诉讼活动。

（三）债权通知和债权的申报与登记

清算组应当自成立之日起 10 日内通知债权人，并于 60 日内在报纸上公告。债权人应当自接到通知书之日起 30 日内，未接到通知书的自公告之日起 45 日内，向清算组申报其债权。

债权人申报债权，应当说明债权的有关事项，并提供证明材料。清算组应当对债权进行登记。

在申报债权期间，清算组不得对债权人进行清偿。

（四）公司财产的清算

清算组在清理公司财产、编制资产负债表和财产清单后，应当制定清算方案，并报股东会、股东大会或者人民法院确认。

公司财产在分别支付清算费用、职工的工资、社会保险费用和法定补偿金，缴纳所欠税款，清偿公司债务后的剩余财产，有限责任公司按照股东的出资比例分配，股份有限公司按照股东持有的股份比例分配。

清算期间，公司存续，但不得开展与清算无关的经营活动。公司财产在未依照上述规定清偿前，不得分配给股东。

清算组在清理公司财产、编制资产负债表和财产清单后，发现公司财产不足清偿债务的，应当依法向人民法院申请宣告破产。

公司经人民法院裁定宣告破产后，清算组应当将清算事务移交给人民法院。

（五）公司注销的公告与登记

公司清算结束后，清算组应当制作清算报告，报股东会、股东大会或者人民法院确认，并报送公司登记机关，申请注销公司登记，公告公司终止。

【有关热点问题咨询】

1. 公司章程具有对抗善意第三人的法律效力吗？

咨询意见：A公司的章程规定，董事会决定其下属分公司经理的任免。该公司总经理未经董事会决定，擅自以公司的名义任命李某为分公司经理。李某持有该分公司的营业执照、空白发票等有效凭证与B公司签订了购买铝制品的合同。后来，由于市场上铝价下降，李某不愿意以合同价格继续买入铝制品，遂拒绝付款。B公司要求A公司偿还剩余货款，A公司以李某的任命不符合公司章程为由，拒绝付款。双方发生争议。

对公司而言，公司章程是有关公司组织与活动基本规则的法律文件，根据《公司法》第11条的规定，公司章程对公司、股东、董事、监事、经理具有约束力。可见，公司章程一般仅具有内部约束力，不得对抗善意第三人。本案中，A公司总经理未经公司董事会决定任命分公司经理违反了公司章程的规定，但不得以此为由，否认李某签订的合同效力并拒绝承担债务责任。

2. 子公司与分公司承担的责任一样吗？

咨询意见：甲集团公司是一家大型棉毛织品公司，有两个"下属公司"：A制衣有限责任公司和B制衣有限责任公司，前者是甲公司的全资子公司，后者是甲公司的分公司。甲公司董事长王某与乙公司签订了两份合同，均是从乙公司购买棉布，其中一份是以甲公司和B公司为共同需方，另一份是以A公司为需方的（A公司认可合同效力）。后来，乙公司依约分别向几家公司发货，合同约定货到后1个月内付款。3个月过去了，A、B两公司都找种种借口拒不付款。乙公司将甲公司起诉到法院，要求其承担下属公司的法律责任。

本案涉及子公司和分公司的法律资格问题。根据《公司法》的规定，公司可以设立分公司，但分公司不是独立的公司，不具有法人资格，不能独立承担民事责任。而公司的子公司则具有独立的法人资格，以自己的名义从事经营活动、对外独立承担民事责任。A公司作为甲公司的全资子公司，应独立承担责任；B公司为甲公司的分公司，其民事责任由甲公司承担。

3. 违反《公司法》第四十二条，能否认定股东会决议无效？

咨询意见：《公司法》第四十二条规定："（有限责任公司）召开股东会议，应当于会议召开十五日以前通知全体股东。"但对违反该条款的行为所产生的法律后果未予规定。该条款的性质是管理性的还是禁止性的，都不明确。例如，一个公司共有15名股东，公司要召开股东大会，对公司增加注册资本进行表决。董事会在会议召开前15日通知了13名股东，这13名股东在会议上对增加注册资本进行了表决，有11名股东同意。会后，有1名未接到通知的股东主张此次股东大会决议无效。这名股东的主张应该得到支持，原因为：第一，根据股东平等原则，公司应就其各股东基于股东资格对公司享有权利、负担义务均予以平等对待，不能以牺牲少数股东的利益来维护多数股东的利益。第二，根据《公司法》的规定，股东享有的法定权有收益权、表决权、知情权、转让权、诉讼权、优先权等，这些权利属于自益权和共益权。未通知股东参加股东会会议，侵犯了股东的自益权和共益权，侵害了股东的最基本权利，使股东丧失了行使股东权的机会。第三，合法的股东会决议应当包括决议形式合法、内容合法。案中股东会决议的内容合法，但根据《公司法》第四十四条的规定精神，未通知股东参加股东会是公司法不允许的，形成的股东会决议是有瑕疵的决议。因此，如果有股东主张决议无效，应该获得支持。

4. 某娱乐公司自成立以来，多次向原告于某购买啤酒，所进啤酒经被告公司仓库负责人乐某签收入库。从2008年5月10日开始，原告于某多次持乐某签收的三张啤酒《入库单》收据联找股东邹某、王某结账，均被邹某、王某以各种理由敷衍。现被告公司宣布解散，邹某、王某对于某的债权请求置之不理，故于某诉至法院请求邹某、王某偿还公司所欠货款。你认为该案应该如何处理？

咨询意见：《公司法》第三条第二款规定："有限责任公司的股东以其认缴的出资额为限对公司承担责任；股份有限公司的股东以其认购的股份为限对公司

承担责任"。由此可知，股东本身并不直接对公司的债务承担清偿责任，但当公司解散或者破产时，有限责任公司股东在其认缴的出资额范围内承担有限责任。

本案中，被告娱乐公司非正常程序解散，股东邹某、王某理应在自己的认缴的出资额范围内承担对债权人的清算责任。另外，股东邹某、王某并无法律上可免责的不履行清算义务的理由，也非因他们的过错导致公司无法清算，则可以推定被告公司财产已由股东邹某、王某接收，虽然股东不提供公司账册或没有账册，无法判断其占有资产的具体形态和数额，但根据"有证据证明持有证据的一方当事人无正当理由拒不提供，如果对方当事人主张证据的内容不利于证据持有人，可以推定该主张成立"的证据规则来推定股东接受的资产大于或者等于债权。公司解散后未经清算，本应作为清偿债务的原公司责任财产转由股东占有，此情况下股东对公司财产的占有，其性质与投资不实、抽逃资金一样，同属侵害债权人利益，危害交易安全的行为。因此，对股东不履行清算义务所应承担的民事责任应与投资不实、抽逃资金的民事责任在处理原则及方式上具备一致性，即股东应在占有原公司财产的范围内承担赔偿或返还责任。

故综上所述，股东邹某、王某应在公司注册资金范围内对公司的债权人于某承担因侵权而引发的赔偿责任。同时，《公司法》第一百九十条第三款有规定："清算组成员因故意或者重大过失给公司或者债权人造成损失的，应当承担赔偿责任"。另外，我国《侵权责任法》第二条规定："侵害民事权益，应当依照本法承担侵权责任"。因此，于某可以依法向法院起诉，要求判决邹某、王某在公司注册资本范围内承担偿还货款的责任。

5. A公司由甲乙两股东各投资40万元设立，经营一年后，甲股东欲向丙出让自己在A公司50%的股权。2009年3月5日，甲向乙发函："我欲转让在A公司持有的50%的股权，你享有优先购买权。如要行使优先购买权，请于收到函告之日起三日内与我联系洽谈购买股权事宜，一周之内如你未表态，我视你放弃行使优先购买权"。乙在二天后收到此函告，未作任何表示。2009年4月24日，甲与丙签订《股权转让协议》，将其在A公司50%的股权以100万元的价格转让给丙。丙支付80万元后，便以甲的委托代理人的身份进入到A公司行使股东权利、承担股东义务，但一直没有办理工商变更登记。甲于2009年6月15日、19日又向乙发函，告知乙其欲以120万元的价格将股权转让，询问乙是否要行使优先购买权，乙仍未作任何表示。后甲多次向丙催要20万元余款未果，于2010年4月向法院起诉，请求法院判令丙补足余款；丙遂提起反诉，主张《股权转让协议》因侵害乙股东的优先购买权而无效，要求甲返还其80万元并承担相应损失。乙作为无独立请求权的第三人参加了诉讼，其表示，丙一直以甲的委托代理人身份参与A公司的经营管理，从不知道丙是甲的股权受让人，也从未表示过要放弃行使优先购买权。只因甲在第二、第三次函告中明确的价格为120万元，其认为价格过高而未表态，如甲在第一次函告中就明确价格为 100 万元则愿意购买甲的股权。

关于该案的处理，存在两种意见。一种意见认为《股权转让协议》无效，应根据无效合同返还原则由甲向丙返还 80 万元；另一种意见认为《股权转让协议》有效，丙应向甲补足余款 20 万元。请分析此案？

咨询意见：根据《公司法》第七十二条的规定，股东向股东以外的人转让股权，应当经其他股东过半数同意。股东应就其股权转让事项书面通知其他股东征求同意，其他股东自接到书面通知之日起满三十日未答复的，视为同意转让。其他股东半数以上不同意转让的，不同意的股东应当购买该转让的股权；不购买的，视为同意转让。经股东同意转让的股权，在同等条件下，其他股东有优先购买权。

本案中，甲于 2009 年 3 月 5 日第一次发函给乙，虽未明确股权转让的价格，但其欲转让股权的意思表示明确，并告知乙享有优先购买权，乙在接到该函告起三十日内，从未就函告内容向甲进行过答复，或就股权转让的相关事宜与甲进行过交涉。2009 年 4 月 24 日，甲与丙签订《股权转让协议书》之时，已超出法律规定的三十日期限。甲于 2009 年 6 月 15 日、19 日再次发给乙的函告中记载的股权价格与实际价格不一致，但距离第一次发函已时隔半年，在此期间，乙同样无任何意思表示，因此，应视为乙放弃优先购买权，支持甲的本诉请求，驳回丙的反诉请求。本案中乙实际已放弃了行使优先购买权，甲将自己在 A 公司 50% 的股权转让给丙并未侵害乙的权利，双方签订的《股权转让协议》有效，丙应向甲补足余款 20 万元。

本 章 小 结

公司是指依照《公司法》的规定设立的以营利为目的的企业法人。按照不同的标准，公司有不同的分类。我国《公司法》规定，在我国只能设立有限责任公司和股份有限公司。有限责任公司具有股东责任的有限性、设立程序的简便性和股东人数的相对稳定性等特点。有限责任公司的设立必须符合法律规定的条件和程序。有限责任公司的组织机构为股东会、董事会和经理、监事会，并分别行使其法定的职权。规模较小、股东人数较少的有限责任公司可以不设董事会和监事会。国有独资公司不设股东会，股东会的部分职权由董事会行使。有限责任公司的董事、监事每届任期为 3 年，连选可以连任。但是，公司的董事、经理和财务负责人不得兼任监事。一人有限公司是有限责任公司的一种特殊形式。它具有自己的特点，例如股东单一，不设股东会，一个自然人只能投资设立一个一人有限责任公司等。

股份有限公司具有股东责任有限性、股东人数广泛性、股份的等额性、设立程序的复杂性等特征。股份有限公司的设立也必须符合法定的条件和程序。股份有限公司的设立可采取发起设立和募集设立两种方式，公司必须设立股东大会、董事会、经理和监事会，并分别行使法定职权。根据《公司法》的规定，股份有限公司可以发行股票来设立公司或者增加公司的资本，符合条件的，股份有限公司的股票可以上市交易。股份有限公司、国有独资公司、两个以上的国有企业或者其他两个以上的国有投资主体投资设立的有限责任公司，为筹集生产经营资金，可以发行公司债券。上市公司的债券可以转换成股票。

无论是有限责任公司还是股份有限公司，都必须实行严格的财务制度，按规定报送公司财务会计报告、提取法定公积金公司在生产经营中发生合并、分立、解散、破产等，都必须严格遵守法律规定，进行相应的公告、清算、登记等。公司的发起人、股东在公司设立和公司经营过程中应该遵守法律规定，否则，要承担相应的法律责任。此外，公司，公司的董事、经理和监事，与公司有关的一些主管部门、中介机构及其工作人员等，如果有违反《公司法》的行为，也应承担相应的法律责任。

思考题

一、简答题

1. 公司的概念和特征分别是什么？
2. 试分析有限责任公司与股份有限公司的异同。
3. 设立有限责任公司应当具备哪些条件？
4. 简述股份有限公司的设立方式与条件。
5. 简述股份与股票的关系。
6. 简述公司董事、经理和监事的任职资格与义务。

二、案例分析

1. 某公司是一家老字号食品企业，后改制成为某食品股份有限公司，某饮料有限公司是其股东之一。2009 年 6 月，该公司的董事长张某为饮料有限公司向该市工商银行支行的 200 万元贷款作连带保证。2013 年 6 月，借款期满，饮料有限公司由于破产无法偿还贷款本息。该工商银行支行根据保证合同的约定，从食品股份有限公司的账上直接划扣贷款本金 200 万元以及利息 9 万元。该食品股份有限公司的股东王某以董事长张某违法对饮料有限公司提供担保并对食品股份有限公司造成损害为由，向人民法院提起了对张某的诉讼，要求张某向食品股份有限公司承担损害赔偿责任。

问题：

（1）作为公司股东的王某能否起诉张某？为什么？

（2）本案应如何判决？

2. 某公司注册资本为 5000 万元，2012 年度该公司税后利润为 7000 万元，法定公积金累计为 2000 万元。

问题：

（1）简述公司利润的分配顺序。

（2）该公司至少需再提取多少万元法定公积金后，就可不再提取法定公积金了？

3. 2008年5月，江苏省某日化公司与浙江省某县汽车改装厂签订了汽车购销合同，但由于经营状况不佳，日化公司没能按期支付货款。2009年8月，日化公司股东会作出决议，决议将原公司分为三家公司，即甲公司、乙公司和丙公司。新成立的三家公司对债务分割达成了协议，由甲公司对汽车改装厂负偿还责任。但由于甲公司的资产不足以支付欠款，汽车改装厂对乙和丙提起了诉讼，要求这两家公司共同偿还欠款。

问题：

（1）日化公司的分立是否有效？

（2）汽车改装厂能否起诉乙公司和丙公司？为什么？

4. 2006年，某航空公司受A公司委托，多次发运货物给该公司的母公司——B公司，运费共计800多万元。后A公司一直拖欠运费，经航空公司多次催讨，A公司于2007年3月和5月共支付了100万元。此后，A公司一直拒绝支付其余款项。2007年7月，A公司申请宣告破产，致使航空公司无法得到足额偿还。航空公司认为，A公司与B公司的法定代表人为同一人黄某，其同时行使两个公司的经营决策权。A公司自2006年以来经济效益就一直不佳，黄某明知A公司的这种状况，却仍以A公司的名义使其母公司B公司无偿获取航空公司发运的多批货物，其意图在于转移财产、逃避债务。黄某以A公司名义所为的行为，应当视为B公司的行为，因此，B公司应当承担偿还运费的责任。

问题：航空公司的主张有无法律依据？本案应如何解决？

5. 老张与老伴离婚，将自己经营的厂子改组为有限责任公司，公司股权的30%、20%、20%、30%分别划归老张、儿子、女儿、老伴的名下。但老张设定了一个条件：自己做公司的法定代表人，控制公司的财产权。后经同意，老伴的股权转让给了另外的人。

在后来的经营过程中，因为有矛盾，老张将儿子、女儿先后赶出了公司，儿女遂联合另一股东（占30%的股权），召开股东大会，免去老张的法定代表人资格，任命老张的儿子做法定代表人。老张主张上述决议无效，因为在先有赠与合同约定，只有老张做公司的法定代表人。

问题：请分析此案，谈谈你对该案的看法。

实训题

1. 实训项目：根据案例资料写一份公司章程。

2. 实训目的：通过实训，加深学生对公司法条文的理解和应用，掌握对公司章程的写作，了解公司章程在公司设立、运行、解散等方面的重要性。

3. 实训内容：

根据《公司法》及下面的公司创办资料、《章程》样本，要求学生制定公司《章程》，为创办公司做准备。公司创办资料：

（1）拟公司名称：北京啸雨日用百货有限责任公司（公司名称已经过工商部门名称预登记）。

（2）注册地址：北京市通州区芦家庄商业一条街1号；邮编：100000

（3）公司投资人及拟注册资本：

张晓雨：出资额　　　　　　4 万元

王　佳：出资额　　　　　　2 万元

刘志英：出资额　　　　　　2 万元

丁　瑶：出资额　　　　　　1 万元

赵　祥：出资额　　　　　　1 万元

注册资本　　　　　　　　　10 万元

（4）出资方式均为现金，均为一次交付。

（5）经营范围：服装鞋帽；日用百货；体育用品；文化用品；化妆品；礼品。

（6）公司设 1 名执行董事，1 名监事。（执行董事、监事首届任期 2 年）

第三章

个人独资企业和合伙企业法律制度

【导入案例一】2011 年 1 月 10 日，张某投资设立了新地个人独资企业。张某聘请王某管理企业事务，双方约定，合同标的额超过 1 万元的，必须经过张某同意。2 月 15 日，王某未经张某同意，以新地企业的名义向善意第三人钱某购进价值 3 万元的货物。

2011 年 12 月，新地企业亏损，不能支付发达有限公司的到期债务，张某决定解散该企业并同时决定自行清算。经查，新地企业和张某的资产及债权债务情况如下：

（1）欠缴税款 2000 元，欠王某工资 5000 元，欠社会保险费用 5000 元，欠发达公司 10 万元。

（2）新地企业的银行存款 1 万元，实物折价 8 万元。

（3）张某在 G 合伙企业出资 6 万元，占 50% 的出资额，该合伙企业每年可向合伙人分配利润。

（4）张某个人其他可执行财产价值 2 万元。

问题：

（1）王某的行为是否有效？

（2）试述新地企业的财产清偿顺序。

（3）发达公司如何实现自己的债权？

（4）张某自行清算是否合法？

【导入案例二】甲、乙、丙、丁共同投资设立了 A 有限合伙企业（以下简称 A 企业）。合伙协议约定：甲、乙为普通合伙人，分别出资 10 万元；丙、丁为有限合伙人，分别出资 15 万元；甲执行合伙企业事务，对外代表 A 企业。2006 年 A 企业发生下列事实：

2 月，甲以 A 企业的名义与 B 公司签订了一份 12 万元的买卖合同。乙获知后，认为该买卖合同损害了 A 企业的利益，且甲的行为违反了 A 企业内部规定的甲无权单独与第三人签订超过 10 万元合同的限制，遂要求各合伙人作出决议，撤销甲代表 A 企业签订合同的资格。

4月，乙、丙分别征得甲的同意后，以自己在 A 企业中的财产份额出质，为自己向银行借款提供质押担保。丁对上述事项均不知情，乙、丙之间也对质押担保事项互不知情。

8月，丁退伙，并从 A 企业取得退伙结算财产 12 万元。

9月，A 企业吸收庚作为普通合伙人入伙，庚出资 8 万元。

10月，A 企业的债权人 C 公司要求 A 企业偿还 6 月份所欠款项 50 万元。

11月，丙因所设个人独资企业发生严重亏损不能清偿 D 公司到期债务，D 公司申请人民法院强制执行丙在 A 企业中的财产份额用于清偿其债务。人民法院强制执行丙在 A 企业中的全部财产份额后，甲、乙、庚决定 A 企业以现有企业组织形式继续经营。

经查：A 企业内部约定，甲无权单独与第三人签订超过 10 万元的合同，B 公司与 A 企业签订买卖合同时，不知 A 企业该内部约定。合伙协议未对合伙人以财产份额出质事项进行约定。

问题：

(1) 甲以 A 企业的名义与 B 公司签订的买卖合同是否有效？请说明理由。

(2) 合伙人对撤销甲代表 A 企业签订合同的资格事项作出决议，在合伙协议未约定表决办法的情况下，应当如何表决？

(3) 乙、丙的质押担保行为是否有效？请分别说明理由。

(4) 如果 A 企业的全部财产不足清偿 C 公司的债务，对不足清偿的部分，哪些合伙人应当承担清偿责任？如何承担清偿责任？

(5) 人民法院强制执行丙在 A 企业中的全部财产份额后，甲、乙、庚决定 A 企业以现有企业组织形式继续经营是否合法？请说明理由。

第一节　个人独资企业法

一、个人独资企业法概述

(一) 个人独资企业的概念和特征

1. 个人独资企业的概念。个人独资企业是指由一个自然人投资，财产为投资人个人所有，投资人以其个人财产对企业债务承担无限责任的经营实体。需要注意的是，由于一个自然人既可以投资设立外商独资企业也可以投资设立个人独资企业，因此，设立个人独资企业的自然人必须是中国公民，只有一个中国公民设立的企业才是个人独资企业，否则，其设立的企业就是外商独资企业。

2. 个人独资企业的法律特征。

(1) 投资人为一个自然人。根据《个人独资企业法》的规定，设立个人独资企业只能是一个自然人，国家机关、国家授权投资的机构或者国家授权的部门、企业、事业单位等都不能作为个人独资企业的设立人。因此，个人独资企业一般属于中小企业，且财产为投资人个人所有，投资人对企业具有完全控制权。这也是与合伙企业的主要区别之一。

（2）个人独资企业的财产为投资人个人所有。这是个人独资企业在产权关系和组织管理方面的特征。投资人对个人独资企业的财产依法享有所有权，因此，个人独资企业自身不是一个独立的财产权主体，这种产权关系是个人独资企业区别于其他企业形态的重要特点之一。由于"独资"，投资人对个人独资企业具有完全的控制权，而且，法律没有强制规定企业所有权与企业经营权分离的机制，投资人可以视企业情况自主选择经营管理方式。因此，个人独资企业的内部机构设置简单，经营管理方式灵活。个人独资企业的投资人，既是企业的所有者，又是企业的经营者。

（3）个人独资企业的投资人承担无限责任。这是个人独资企业在责任承担方面的特征。投资人以其个人的全部财产对企业的债务承担无限责任，即当企业的资产不足以清偿到期债务时，投资人应以自己个人的全部财产用于清偿，这实际上将企业的责任与投资人的责任连为一体。因此，个人独资企业债权人债权的实现在很大程度上依赖于投资人的信用和偿债能力。也正是因为这个原因，《个人独资企业法》对个人独资企业的注册资本没有作出任何强制性的规定。但是，在我国尚未建立起有效的个人财产监控制度之前，债权人的风险仍然很大。

（4）个人独资企业是非法人企业。这是个人独资企业在法律地位上的特征。个人独资企业是自然人从事商业经营的一种组织形式，但这种组织形式本身却未成为完全独立的法律主体。尽管个人独资企业是以一个企业的名义参与市场经济活动，但其并非一个独立的责任主体，没有自己的法律人格。因此，在财产关系上，个人独资企业所使用的财产是投资人一人投资，也由其一人所有，企业本身没有所有权；在经营管理上，投资人享有决定企业一切事务、管理企业业务的权力；在利润分配上，企业盈利由投资人独自享有和自由处分；在财产责任上，企业负债等于投资人个人负债，并由其个人承担偿债责任，如出现资不抵债情况，投资人应以其个人的全部财产而不是仅以其投资于该企业的财产对债务负责，这就是无限责任，其中也包括对其雇员在执行职务过程中发生的损害责任。需要注意的是，个人独资企业虽然不具有法人资格，但却是独立的民事主体，可以以自己的名义从事民事活动。

（5）设立程序简单。我国对成立个人独资企业的注册资金没有法定最低数额的要求，只要符合个人独资企业成立要件即可登记领取营业执照。

（二）个人独资企业法的概念及适用范围

1. 个人独资企业法的概念。个人独资企业法有广义和狭义之分。广义的个人独资企业法是指调整个人独资企业在设立、生产经营、解散、清算活动中发生的各种社会关系的法律规范的总称，包括所有规范个人独资企业的宪法规范、民法规范、经济法规范、行政法规范等。狭义的个人独资企业法是指 1999 年 8 月 30 日第九届全国人民代表大会常务委员会第十一次会议通过、自 2000 年 1 月 1 日起施行的《中华人民共和国个人独资企业法》（以下简称《个人独资企业法》），共 6 章、48 条，主要规定了个人独资企业的含义、立法目的、个人独资企业的设立、个人独资企业的投资人及事务管理、个人独资企业的解散和清算以及法律责任等内容。对规范个人独资企业的行为，保护投资人和债权人的合法权益、维护社会经济秩序、促进我国社会主义市场经济的发展具有十分重要的意义。

2. 个人独资企业法的适用范围。《个人独资企业法》只适用于一个自然人投资设立的独资企业，即个人独资企业。外国企业、其他经济组织和个人在我国境内举办的独资企业属于外商独资企业，不适用该法。

二、个人独资企业的设立

（一）设立条件

1. 投资人为具有中国国籍的自然人。根据《个人独资企业法》的规定，个人独资企业的投资人为具有中国国籍的自然人，但法律、行政法规规定，禁止从事营利性活动的人不得作为投资人投资设立个人独资企业。

2. 有合法的企业名称。企业名称是一个企业区别于其他企业的标志，企业的名称权是企业人身权的一种，具有多方面的价值，所以企业必须有自己的名称。个人独资企业的名称必须符合国家的有关规定，要与自身的性质、经营范围相一致，可以叫厂、店、部、中心、工作室等，不得使用"有限"、"有限责任"和"公司"等字样。

3. 有投资人申报的出资。任何企业都要有一定的资本，作为自身存续和经营的物质基础，个人独资企业也不例外。按照鼓励发展、方便设立的原则，法律对个人独资企业没有规定最低注册资本的数额，仅要求有投资人申报的出资。设立个人独资企业，可以用货币出资，也可以用实物、土地使用权、知识产权或者其他财产权利出资。采取实物、土地使用权、知识产权或者其他财产权利出资的，应将其折算成货币数额。

4. 有固定的生产经营场所和必要的生产经营条件。任何经济组织对外开展经营活动，都要有固定的生产经营场所和必要的生产经营条件。个人独资企业的生产经营场所及条件的规模、数量等，要根据企业的经营业务内容等具体情况来确定，自有、租赁均可。

5. 有必要的从业人员。企业是人和物两要素的有机结合，个人独资企业当然也不例外，所有生产经营活动都需要人去完成，所以成立个人独资企业要有必要的从业人员。

（二）设立程序

1. 设立申请。个人独资企业的设立申请，可以由投资人自己提出，也可以由投资人委托代理人代为提出。委托代理人申请设立登记时，应当出具投资人的委托书和代理人的合法证明。个人独资企业所在地的工商行政管理机关为受理申请的登记机关。

申请人应当向登记机关提交设立申请书、投资人身份证明、生产经营场所使用证明等文件。设立申请书应当载明：（1）企业的名称和住所；（2）投资人的姓名和居所；（3）投资人的出资额和出资方式；（4）经营范围。

个人独资企业不得从事法律、行政法规禁止经营的业务，如军工、金融业等。从事法律、行政法规规定须报经有关部门审批业务的，申请设立登记时应当提交有关部门的批准文件。

2. 设立登记。登记机关应当在收到设立申请文件之日起 15 日内，对符合法律规定条件的，予以登记，发给营业执照。个人独资企业的营业执照的签发日期，为个人独资企业成立日期。在领取个人独资企业营业执照前，投资人不得以个人独资企业名义从事经营活动。

登记机关对于不符合法律规定条件的设立申请，不予登记，并应当给予书面答复，说明理由。

3. 设立分支机构。个人独资企业设立分支机构，应当由投资人或者其委托的代理人向分支机构所在地的工商行政管理机关申请登记，领取营业执照。分支机构经核准登记后，应将登记情况报该分支机构隶属的个人独资企业的登记机关备案。分支机构的民事责任由设立该分支机构的个人独资企业承担。

4. 变更登记。个人独资企业存续期间登记事项发生变更的，应当在作出变更决定之日起 15 日内依法向登记机关申请办理变更登记。

三、个人独资企业的投资人及事务管理

（一）投资人

1. 投资人条件。

（1）投资人只能是一人，而不能是多人。

（2）投资人只能是自然人，不能是法人或其他社会组织。

（3）根据《个人独资企业法》的规定，法律、行政法规禁止从事营利性活动的人，不得作为投资人申请设立个人独资企业。下列人员不得成为个人独资企业的投资人：①国家公务员；②人民警察；③法官；④检察官；⑤属于竞业禁止范围内的董事、经理。

2. 投资人的权利和义务。投资人对个人独资企业的财产依法享有所有权，

其有关权利可以依法进行转让和继承。个人独资企业的资本由投资人的出资构成，个人独资企业的财产归投资人所有，投资人对企业的财产依法享有处分权，可以依法转让其对企业的有关权利，个人独资企业的投资人死亡时，其继承人可以依法对个人独资企业行使继承权。

投资人在对个人独资企业享有权利的同时，要承担相应的责任。个人独资企业投资人在申请企业设立登记时明确以其家庭共有财产作为个人出资的，应当依法以家庭共有财产对企业债务承担无限责任。个人投资企业从事各种经营活动必须遵守法律、行政法规的规定，遵守诚实信用的原则，依法履行纳税义务。

(二) 个人独资企业的事务管理

1. 管理方式。个人独资企业投资人可以自行管理企业事务，也可以委托或者聘用其他具有完全民事行为能力的人负责管理企业事务。投资人委托或者聘用他人管理个人独资企业事务，应当与受托人或者被聘用的人签订书面合同，明确委托的具体内容和授予的权利范围。受托人或者被聘用的人员应当履行诚信、勤勉义务，按照与投资人签订的合同负责个人独资企业的事务管理。投资人对受托人或者被聘用的人员职权的限制，不得对抗善意第三人。

【导入案例一】中，王某未经张某同意，以新地企业的名义向善意第三人钱某购进价值 3 万元货物的行为有效。根据《个人独资企业法》的规定，投资人对受托人或者被聘用人员职权的限制，不得对抗善意第三人。

2. 受托人或被聘用的管理人员的义务。

(1) 诚信、勤勉义务。受托人或者被聘用的人员应当履行诚信、勤勉义务，按照与投资人签订的合同负责个人独资企业的事务管理。受托人或被聘用的人必须尽其努力管理企业事务，积极地保障、维护企业的利益，不得从事任何可能损害企业利益的活动。

(2) 禁止从事的活动。投资人委托或者聘用的管理个人独资企业事务的人员不得有下列行为：①利用职务上的便利，索取或者收受贿赂；②利用职务或者工作上的便利侵占企业财产；③挪用企业的资金归个人使用或者借贷给他人；④擅自将企业资金以个人名义或者以他人名义开立账户储存；⑤私自以企业财产提供担保；⑥未经投资人同意，从事与本企业相竞争的业务；⑦未经投资人同意，同本企业订立合同或者进行交易；⑧未经投资人同意，擅自将企业商标或其他知识产权转让给他人使用；⑨泄露本企业的商业秘密；⑩法律、行政法规禁止的其他行为。

3. 会计、劳动管理和社会保险。

(1) 会计事务管理。个人独资企业应当依法设置会计账簿，进行会计核算。根据《会计法》的规定，各单位应当按照国家统一会计制度的规定和会计业务的需要设置会计账簿；必须根据实际发生的经济业务事项进行会计核算，填制会计凭证，登记会计账簿，编制财务会计报告。任何单位不得以虚假的经济业务事项或者资料进行会计核算。企业发生的下列经济业务事项，应当办理会计手续，进行会计核算：①款项和有价证券的收付；②财务的收发、增减和使用；③债权、债务的发生和结算；④资本、基金的增减；⑤收入、支出、费用、成本的计算；⑥财务成果的计算和处理；⑦需要办理会计手续、进行会计核算的其他事项。

（2）用工管理事务。个人独资企业招用职工的，应当依法与职工签订劳动合同，保障职工的劳动安全，按时、足额发放职工工资。个人独资企业应当严格依照劳动法及有关规定招用职工。企业招用职工应当与职工签订劳动合同，劳动合同必须遵循平等自愿、协商一致的原则，并不得违反国家法律法规和有关政策的规定。

（3）社会保险事务。个人独资企业应当按照国家规定参加社会保险，为职工缴纳社会保险费。社会保险是指职工在年老、患病、丧失劳动能力、失业、工伤、生育等情况下有权获得物质帮助，其基本生活能得到保障的一种制度。社会保险基金由国家、企业和职工三者共同负担。

四、个人独资企业的权利、义务

（一）个人独资企业的权利

1. 依法申请贷款权。个人独资企业可以根据《商业银行法》、《合同法》和中国人民银行发布的《贷款通则》等一系列法律法规的规定申请贷款，以供企业生产经营之用。

2. 依法取得土地使用权。个人独资企业可以根据《土地管理法》、《土地管理法实施条例》和《城镇国有土地使用权出让和转让暂行条例》等规定取得土地使用权。

3. 拒绝摊派权。摊派是指在法律、法规的规定之外，以任何方式要求企业提供财力、物力和人力的行为。摊派是一种违法行为，国家禁止任何国家机关、人民团体、部队、企业、事业单位和其他社会组织向企业摊派。《个人独资企业法》规定："任何单位和个人不得违反法律、行政法规的规定，以任何方式强制个人独资企业提供财力、物力、人力；对于违法强制提供财力、物力、人力的行为，个人独资企业有权拒绝。"

4. 法律、行政法规规定的其他权利。个人独资企业除享有上述权利外，还依法享有十分广泛的权利，例如，根据《专利法》的规定，企业可以取得专利保护；根据《商标法》的规定，企业可以取得商标专用权等。

（二）个人独资企业的义务

1. 个人独资企业从事经营活动必须守法，不得损害社会公共利益。个人独资企业从事经营活动必须遵守法律、行政法规，这是每个企业应尽的义务，企业只有遵守法律、法规才能保证生产经营活动的有序进行；个人独资企业应当遵守诚实信用原则，这是我国民事活动的基本原则。个人独资企业在经营活动中还必须遵守社会公德，不得滥用权力，不得损害社会公共利益。

2. 个人独资企业应当依法进行经济核算。个人独资企业应当依法设置会计账簿，进行经济核算。在有关会计的专门法律中对企业设置账簿、进行会计核算等事项已经作出了具体规定，个人独资企业会计管理应当严格地依法办事。

3. 个人独资企业应当依法纳税。个人独资企业应当依法履行纳税义务。依法纳税是每个公民和企业应尽的义务。因此，个人独资企业在经营活动中应当依法缴纳国家税收法律、行政法规及规章规定的各项税款。

4. 个人独资企业应当严格遵守国家有关劳动、保险法律的规定。个人独资企业应当严格依照我国劳动合同法及有关规定招用职工。

5. 个人独资企业负有保障职工合法权益的义务。个人独资企业应与职工在自愿的基础上，经过充分协商签订劳动合同，保障职工合理的休息权、获取劳动报酬权、接受职业技能培训权、享受保险福利权等《劳动法》和其他有关法律规定的权利不受侵犯。个人独资企业职工依法建立工会，工会依法开展活动，个人独资企业应当给予工会必要的支持。

五、个人独资企业的解散和清算

（一）解散的原因

个人独资企业有下列情形之一时，应当解散。

1. 投资人决定解散。个人独资企业的投资人对个人独资企业的一切事务有完全的决定控制权，在不违反法律规定的情况下，投资人可以决定解散个人独资企业来终止生产经营活动。

2. 投资人死亡或者被宣告死亡，无继承人或者继承人决定放弃继承。个人独资企业投资人对企业的权利，可以依法继承。如果投资人没有继承人或者继承人决定放弃继承，则投资人对个人独资企业的所有权就没有合法的权利继承者和财产经营者，个人独资企业就失去了必要的经营条件，企业应当解散。

3. 被依法吊销营业执照。当个人独资企业严重违反法律、行政法规的规定时，政府有关主管机关可依法吊销企业的营业执照。个人独资企业被依法吊销营业执照，则企业的民事主体资格归于消灭，应予以解散。

4. 法律、行政法规规定的其他情形。

（二）清算程序

1. 清算通知、公告及债权申报。个人独资企业解散，由投资人自行清算或者由债权人申请人民法院指定清算人清算。投资人自行清算的，应当在清算前15日内书面通知债权人，无法通知的，应当予以公告。债权人应当在接到通知之日起 30 日内，未接到通知的应当在公告之日起 60 日内，向投资人申报其债权。

2. 债务清偿。个人独资企业解散后，原投资人对个人独资企业存续期间的债务应承担偿还责任，但债权人在 5 年内未向债务人提出偿债请求的，该责任消灭。个人独资企业解散的，财产应当按下列顺序清偿：（1）所欠职工工资和社会保险费用；（2）所欠税款；（3）其他债务。

清算期间，个人独资企业不得开展与清算目的无关的经营活动。在清偿债务前，投资人不得转移、隐匿财产。个人独资企业财产不足以清偿债务的，投资人应当以其个人的其他财产予以清偿。

〖导入案例一〗中，新地企业的财产清偿顺序为：第一，职工工资和社会保险费用；第二，税款；第三，其他债务。万达公司的债权，可以通过以下方式实现：首先，用新地企业的银行存款和实物折价共计 9 万元清偿所欠工资、社会保险、税款后，剩余 78000 元用于清偿所欠发达公司的债务；其次，新地企业剩余财产全部用于清偿后，仍欠发达公司 22000 元；再次，用张某的个人财产清偿时，可用张某个人的可执行财产 2 万元清偿，不足部分，可用张某在 G 合伙企业分取的收益予以清偿或者由发达公司请求人民法院强制执行张某在 G 企业的财产份额用于清偿。根据《个人独资企业法》的规定，个人独资企业解散，由投资人自行清算或者由债权人申请人民法院指定的清算人进行清算。张某自行清算是合法的。

3. 注销登记。个人独资企业清算结束后，投资人或者人民法院指定的清算人应当编制清算报告，并于 15 日内到登记机关办理注销登记。

第二节　合伙企业法

一、合伙企业法概述

（一）合伙企业的概念和特征

1. 合伙企业的概念。合伙企业，是指自然人、法人和其他组织依照《中华人民共和国合伙企业法》在中国境内设立的，由两个或两个以上的合伙人订立合伙协议，为经营共同事业，共同出资、合伙经营、共享收益、共担风险的营利性组织。其包括普通合伙企业和有限合伙企业。

普通合伙企业由普通合伙人组成，合伙人对合伙企业债务承担无限连带责任。《中华人民共和国合伙企业法》对普通合伙人承担责任的形式有特别规定的，从其规定。

有限合伙企业由普通合伙人和有限合伙人组成，普通合伙人对合伙企业债务承担无限连带责任,有限合伙人以其认缴的出资额为限对合伙企业债务承担责任。

2. 合伙企业的法律特征。

(1) 合伙企业责任的无限性。合伙组织作为一个整体对债权人承担无限责任。按照合伙人对合伙企业的责任,合伙企业可分为普通合伙和有限合伙。普通合伙的合伙人均为普通合伙人,对合伙企业的债务承担无限连带责任。有限合伙企业由一个或几个普通合伙人和一个或几个责任有限的合伙人组成,即合伙人中至少有一个人要对企业的经营活动负无限责任,其他合伙人只能以出资额为限对债务承担偿债责任,这类合伙人一般不直接参与企业经营管理活动。

(2) 合伙人之间相互代理关系。合伙企业的经营活动由合伙人共同决定,合伙人有执行和监督的权利。合伙人可以推举负责人。合伙负责人和其他人员的经营活动由全体合伙人承担民事责任。换言之,每个合伙人代表合伙企业所发生的经济行为对所有合伙人均有约束力。

(3) 合伙企业财产的共有性。合伙人投入的财产,由合伙人统一管理和使用,不经其他合伙人同意,任何一位合伙人不得将合伙财产移为他用。

(4) 合伙企业收益的共享性。合伙企业在生产经营活动中所取得、积累的财产归合伙人共有。如有亏损,则亦由合伙人共同承担。

(二) 合伙企业法及其适用范围

1. 合伙企业法的概念。合伙企业法有广义和狭义之分。狭义的合伙企业法是指由国家最高立法机关制定的、规范合伙企业合伙关系的专门法律,即《中华人民共和国合伙企业法》(以下简称《合伙企业法》)。该法由中华人民共和国第十届全国人民代表大会常务委员会第二十三次会议于 2006 年 8 月 27 日修订通过,自 2007 年 6 月 1 日起施行。广义的合伙企业法是指国家立法机关或者其他有权机关依法制定的调整合伙企业合伙关系的各种法律规范的总称。由此,除了《合伙企业法》外,国家有关法律、行政法规和规章中关于合伙企业的法律规范都属于合伙企业法的范畴。

2. 合伙企业法的适用范围。《合伙企业法》第 2 条明确规定,合伙企业是指自然人、法人和其他组织依照该法在中国境内设立的普通合伙企业和有限合伙企业。合伙企业中的合伙人分为两类:普通合伙人和有限合伙人。

二、普通合伙企业

(一) 合伙企业的设立

1. 设立条件。

(1) 有 2 个以上合伙人,并且都是承担无限责任者。合伙企业合伙人至少为 2 人以上,合伙企业人数没有上限限制。合伙人可以是自然人,也可以是法人或其他组织。合伙人为自然人的，应当具有完全民事行为能力。法律、行政法规禁止从事营利性活动的人，不得成为合伙企业的合伙人，具体包括国家公务员、法官、检察官及警察等。国有独资公司、国有企业、上市公司以及公益性的事业单位、社会团体不得成为普通合伙人。

（2）有书面合伙协议。合伙协议是各合伙人就设立合伙企业及合伙企业生产经营、利润分配、亏损承担以及入伙、退伙、合伙企业解散与清算等事项达成一致的书面文件。合伙协议由全体合伙人协商一致并签名、盖章后生效。合伙人依照合伙协议享有权利、承担义务。经全体合伙人协商一致，可以修改或补充合伙协议。合伙协议应载明以下事项：

①合伙企业的名称和主要经营场所的地点；

②合伙目的和合伙企业的经营范围；

③合伙人的姓名或者名称、住所；

④合伙人出资的方式、数额和缴付出资的期限；

⑤利润分配和亏损分担方式；

⑥合伙事务的执行；

⑦入伙与退伙；

⑧争议解决办法；

⑨合伙企业的解散与清算；

⑩违约责任。

合伙协议未约定或约定不明确的事项由合伙人协商决定；协商不成的，依照法律法规处理。

（3）有各合伙人认缴或实际缴付的出资。各合伙人应当按照合伙协议约定的出资方式、数额和缴付出资的期限，履行出资义务。合伙人可以用货币、实物、土地使用权、知识产权或者其他财产权利出资，合伙人也可以用劳务出资，其评估办法由全体合伙人协商确定，并在合伙协议中载明。

（4）有合伙企业的名称和生产经营场所。合伙企业必须有自己的名称。合伙企业的名称中应当标明"普通合伙"字样，不得使用"有限"或者"有限责任"字样。合伙企业进行生产经营，必须要在一定的场所、空间内进行，因而必然要求有与合伙经营相适应的条件。

（5）法律行政法规规定的其他条件。

2. 设立程序。设立合伙企业，应当向工商行政管理部门提交登记申请书、合伙协议书、合伙人身份证明等文件。法律、行政法规规定须报经有关部门审批的，应当在申请设立登记时提交批准文件。企业登记机关对符合规定条件的，予以登记，发给营业执照；对不符合规定条件的，不予登记，并应当给予书面答复，说明理由。

合伙企业的营业执照签发日期，为合伙企业成立日期。合伙企业领取营业执照前，合伙人不得以合伙企业名义从事经营活动。

合伙企业设立分支机构，应当向分支机构所在地的企业登记机关申请登记，领取营业执照。

（二）合伙企业的财产

1. 合伙企业财产的性质。合伙企业的财产归合伙企业而非合伙人所有。合伙企业的财产由三部分组成：一是各合伙人的出资；二是所有以合伙企业名义取得的收益；三是依法取得的其他财产。合伙企业财产由全体合伙人共同管理和使用。对合伙企业的占有、使用、收益和处分，均应依据全体合伙人的共同意志进行。

2. 合伙企业财产的分割。合伙企业进行清算前，合伙人不得请求分割合伙企业的财产，但《合伙企业法》另有规定的除外（如发生退伙情形）。合伙人在合伙企业清算前私自转移或者处分合伙企业财产的，合伙企业不得以此对抗不知情的善意第三人，即善意第三人的利益依法受到保护，合伙企业因此受到的损失只能向为私自转移或处分行为的合伙人追索。

3. 合伙企业财产的转让。合伙企业存续期间，除合伙协议另有约定外，经其他合伙人一致同意，合伙人可以向合伙人以外的人转让其在合伙企业中的全部或者部分财产份额。如全体合伙人均表示同意，则受让人成为新的合伙人。如果是在合伙人内部相互转让，则无须征得其他合伙人同意，仅需通知其他合伙人即可。合伙人依法向合伙人以外的人转让其在合伙企业中的财产份额的，在同等条件下，其他合伙人有优先受让的权利。

合伙人以其在企业中的财产份额出质的，须经其他合伙人一致同意；否则，其行为无效，由此给善良第三人造成损失的，由行为人依法承担赔偿责任。

（三）合伙企业的事务执行

1. 合伙企业事务的执行。

（1）合伙企业的事务可以采取由全体合伙人共同执行和由合伙协议约定或者全体合伙人决定，委托一名或者数名合伙人执行的方式执行。作为合伙人的法人、其他组织执行合伙事务的，由其委派的代表执行。全体合伙人共同执行合伙事务的，则对合伙企业事务的处理决定由全体合伙人共同协商，各合伙人之间有相互监督权。委托一名或数名合伙人执行合伙企业事务的，其他合伙人不再执行合伙企业事务，但有权监督执行事务的合伙人，检查其执行合伙企业事务的情况。被委托执行合伙企业事务的合伙人不按照合伙协议或者全体合伙人的决定执行事务的，其他合伙人可以撤销委托。受托执行合伙企业事务的合伙人对外代表合伙企业，其代表合伙企业作出的决定对全体合伙人产生效力，即受益归全体合伙人，亏损或民事责任由全体合伙人承担。

（2）合伙协议约定或者经全体合伙人决定，合伙人分别执行合伙企业事务时，合伙人可以对其他合伙人执行的事务提出异议。提出异议时应暂停该项事务的执行。如果发生争议，按照合伙协议约定的表决办法办理。合伙协议未约定或者约定不明确的，实行合伙人一人一票并经全体合伙人过半数通过的表决办法。

〖导入案例二〗中，合伙人对撤销甲代表 A 企业签订合同的资格事项作出决议，在合伙协议未约定表决办法的情况下，实行合伙人一人一票并经全体合伙人过半数通过的表决方式。

（3）合伙人须遵守竞业禁止的规定，不得自营或者同他人合作经营与本合伙企业相竞争的业务。合伙人不得从事损害本合伙企业利益的活动。除合伙协议另有约定或经全体合伙人同意，合伙人不得同本企业进行交易。

（4）合伙人依照合伙协议约定的比例分配利润、分担亏损。合伙协议未规定或者约定不明确的由各合伙人协商确定；协商不成的，由各合伙人按照实缴出资比例分配、分担；无法确定出资比例的，由各合伙人平均分配和分担。合伙协议不得约定将全部利润分配给部分合伙人或由部分合伙人承担全部亏损。

2. 合伙事务的决议。合伙人对合伙企业有关事项作出决议，按照合伙协议约定的表决办法办理。合伙协议未约定或者约定不明确的，实行合伙人一人一票并经全体合伙人过半数通过的表决办法。除合伙协议另有约定外，合伙企业的下列事项应当经全体合伙人一致同意：（1）改变合伙企业的名称；（2）改变合伙企业的经营范围、主要经营场所的地点；（3）处分合伙企业的不动产；（4）转让或者处分合伙企业的知识产权和其他财产权利；（5）以合伙企业名义为他人提供担保；（6）聘任合伙人以外的人担任合伙企业的经营管理人员。

（四）入伙与退伙

1. 入伙。入伙是指在合伙企业存续期间，不具有合伙人身份的自然人取得合伙人身份的法律行为。根据《合伙企业法》的规定，新合伙人入伙时，除合伙协议另有约定外，应当经全体合伙人同意，并依法订立书面入伙协议。新合伙人与原合伙人享有同等权利，承担同等责任。入伙协议另有约定的，从其约定。新合伙人对入伙前合伙企业的债务承担连带责任。

2. 退伙。退伙是指在合伙企业存续期间，具有合伙人身份的自然人退出合伙企业，失去合伙人身份的法律行为。依发生原因的不同，可将退伙分为三类：自愿退伙、当然退伙和除名退伙。

（1）自愿退伙。合伙协议约定合伙企业的经营期限的，有下列情形之一时，合伙人可以退伙：①合伙协议约定的退伙事由出现；②经全体合伙人同意退伙；③发生合伙人难以继续参加合伙的事由；④其他合伙人严重违反合伙协议约定的义务。合伙协议未约定合伙企业的经营期限的，合伙人在不给合伙企业事务执行造成不利影响的情况下，可以退伙，但应当提前 30 日通知其他合伙人。

（2）当然退伙。合伙人有下列情形之一的，当然退伙：①作为合伙人的自然人死亡或者被依法宣告死亡；②个人丧失偿债能力；③作为合伙人的法人或其他组织依法被吊销营业执照责令关闭、撤销，或者被宣告破产；④法律规定或合伙协议约定合伙人必须具有相关资格而丧失该资格的；⑤被人民法院强制执行在合伙企业中的全部财产份额。以上事由实际发生之日为退伙生效日。

（3）除名退伙，是指经其他合伙人一致同意，将符合法律规定的除名条件的合伙人强制清除出合伙企业而发生的退伙。除名退伙的事由有：①合伙人未履行出资义务；②因故意或者重大过失给合伙企业造成损失；③执行合伙事务时有不正当行为；④合伙协议约定的其他事由。对合伙人除名应作出决议并书面通知被除名人。自被除名人接到除名通知之日起，除名生效，被除名人退伙。被除名人对除名决议有异议的，可以在接到除名通知之日起 30 日内向人民法院起诉。

（4）退伙后的法律后果。合伙人退伙的，其他合伙人应当与该退伙人按照退伙时的合伙企业的财产状况进行结算，退还退伙人的财产份额。退伙时有未了结的合伙企业事务的，待了结后进行结算。退还办法，由合伙协议约定或者由全体合伙人决定，可以退还货币，也可以退还实物。

退伙人对基于退伙前的原因发生的合伙企业债务承担无限连带责任。合伙人退伙时合伙企业财产少于合伙企业债务的，退伙人应当按照规定分担亏损。

合伙人死亡或者被依法宣告死亡的，对该合伙人在合伙企业中的财产份额享有合法继承权的继承人，依照合伙协议的约定或者经全体合伙人同意，从继承开始之日起，即取得该合伙企业的合伙人资格。有例情形之一的，合伙企业应当向合伙人的继承人退还被继承合伙人的财产份额：①继承人不愿意成为合伙人；②法律规定或合伙协议约定合伙人必须具有相关资格，而该继承人未取得该资格；③合伙协议约定不能成为合伙人的其他情形，合伙人的继承人为无民事行为能力人或限制民事行为能力人的，经全体合伙人一致同意，可以依法成为有限合伙人，普通合伙企业依法转为有限合伙企业全体合伙人，未能一致同意的，合伙企业应当将被继承合伙人的财产份额退还该继承人。

（五）合伙企业和合伙人的债务清偿

1. 合伙企业债务的清偿。

（1）合伙人的连带清偿责任。合伙人对外承担无限连带清偿责任，即合伙人在合伙企业的财产不足清偿合伙债务时，须以其在合伙企业出资以外的财产承担清偿责任。

（2）合伙人之间的债务分担和追偿。合伙企业的债务首先应以合伙企业的财产清偿，不足部分由各合伙人按合伙协议约定的比例以其出资以外的财产清偿，未约定比例的由合伙人平均清偿。合伙人之间的分担比例对债权人没有约束力。债权人可以根据自己的清偿利益，请求全体合伙人中的一人或数人承担全部清偿责任，也可以按照自己确定的比例向各合伙人分别追索。任何一个合伙人有义务向债权人承担全部清偿责任。合伙人所清偿数额超过其应当承担的数额时，有权向其他合伙人追偿。

2. 合伙人个人债务的清偿。

（1）合伙人个人负有债务，其个人财产不足以清偿的，该合伙人只能以其从合伙企业中分取的收益用于清偿；债权人也可以依法请求人民法院强制执行该合伙人在合伙企业中的财产份额用于清偿。

（2）合伙人发生与合伙企业无关的债务，相关债权人不得以其债权抵销其对合伙企业的债务。

（3）合伙人个人负有债务，其债权人不得代位行使该合伙人在合伙企业中的权利。

（六）合伙企业与第三人的关系

合伙企业对合伙人执行合伙企业事务以及对外代表合伙企业权利的限制，不得对抗不知情的善意第三人，即合伙企业应当承担合伙执行人超越权利限制所为行为的后果，也就是说，合伙企业不得以合伙执行人超越授权范围与善意第三人签订合同为由主张该合同无效。

【导入案例二】中，甲以 A 企业的名义与 B 公司签订的买卖合同有效。根据《合伙企业法》的规定，合伙企业对合伙人执行合伙企业事务以及对外代表合伙企业权利的限制不得对抗善意第三人。B 公司属于不知情的善意第三人，因此，买卖合同有效。

（七）特殊的普通合伙企业

1. 特殊的普通合伙企业的概念。特殊的普通合伙企业，是一种特殊的合伙形式，一般是以专业知识和专门技能为客户提供有偿服务的专业服务机构，这种合伙企业的责任分担形式不同于一般的普通合伙。特殊的普通合伙企业名称中应当注明"特殊普通合伙"字样。

2. 特殊普通合伙企业的责任形式。《合伙企业法》规定，一个合伙人或者数个合伙人在执业活动中因故意或者重大过失造成合伙企业债务的，应当承担无限责任或者无限连带责任，其他合伙人以其在合伙企业中的财产份额为限承担责任。合伙人在执业活动中非因故意或者重大过失造成的合伙企业债务以及合伙企业的其他债务，由全体合伙人承担无限连带责任。

三、有限合伙企业

（一）有限合伙企业的概念和法律适用

1. 有限合伙企业的概念。有限合伙企业，是指由有限合伙人和普通合伙人共同组成，普通合伙人对合伙企业债务承担无限连带责任、有限合伙人以其认缴的出资额为限对合伙企业债务承担责任的合伙组织。有限合伙企业的优越性表现在其引入有限责任制度，有利于调动各方的投资热情，实现投资人与创业人的最佳结合。

2. 有限合伙企业的法律适用。普通合伙企业与有限合伙企业之间最大的差别在于合伙企业的内部构造。有限合伙企业的成员被划分为两部分，即有限合伙人与普通合伙人。因此，在法律适用上，凡是《合伙企业法》中对有限合伙企业有特殊规定的，应当适用有关《合伙企业法》中对有限合伙企业的特殊规定；无特殊规定的，适用有关普通合伙企业及其合伙人的一般法律规定。

（二）有限合伙企业的特殊规定

1. 有限合伙企业设立的特殊规定。

（1）合伙人。根据《合伙企业法》的规定，除法律另有规定外，有限合伙企业由 2 个以上 50 个以下合伙人设立。有限合伙企业由普通合伙人和有限合伙人组成，且至少应当有 1 个有限合伙人。按照规定，自然人、法人和其他组织可以依照法律规定设立有限合伙企业，但国有投资公司、国有企业、上市公司以及公益性的事业单位、社会团体不得成为有限合伙企业的普通合伙人。另外，根据《合伙企业法》的规定，有限合伙企业仅剩有限合伙人的，应当解散；有限合伙企业仅剩普通合伙人的，应当转为普通合伙企业。

〖导入案例二〗中，甲、乙、庚决定 A 企业以现有企业组织形式继续经营不合法。根据《合伙企业法》的规定，有限合伙企业仅剩普通合伙人的，应当转为普通合伙企业。人民法院强制执行丙在 A 企业中的全部财产份额后，有限合伙人丙当然退伙，A 企业中仅剩下普通合伙人，A 企业应当转为普通合伙企业。

（2）合伙协议。设立有限合伙企业的合伙协议除了具备设立普通合伙企业的合伙协议应当载明的事项外，还应当载明下列事项：①普通合伙人和有限合伙人的姓名或者名称、住所；②执行事务合伙人应具备的条件和选择程序；③执行事务合伙人权限与违约处理办法；④执行事务合伙人的除名条件和更换程序；⑤有限合伙人入伙、退伙的条件、程序以及相关责任；⑥有限合伙人和普通合伙人相互转变程序。

（3）有合伙企业的名称。有限合伙企业名称是有限合伙企业区别于其他企业的重要标志。根据《合伙企业法》第 62 条的规定，有限合伙企业应当在其名称中标明"有限合伙"字样。

（4）有限合伙企业的登记事项。有限合伙企业登记事项中应当载明有限合伙人的姓名或者名称以及认缴的出资数额。

2. 有限合伙人出资的特殊规定。有限合伙人可以用货币、实物、知识产权、土地使用权或者其他财产权利作价出资。《合伙企业法》允许普通合伙人以劳务出资，但是，根据《合伙企业法》第 64 条的规定，有限合伙人不得以劳务出资。

3. 有限合伙企业事务执行的特殊规定。有限合伙企业由普通合伙人执行合伙事务。执行事务合伙人可以要求在合伙协议中确定执行事务的报酬及报酬提取方式。

有限合伙人不执行合伙事务，不得对外代表有限合伙企业。有限合伙人的下列行为不视为执行合伙事务：（1）参与决定普通合伙人入伙、退伙；（2）对企业的经营管理提出建议；（3）参与选择承办有限合伙企业审计业务的会计师事务所；（4）获取经审计的有限合伙企业财务会计报告；（5）对涉及自身利益的情况，查阅有限合伙企业财务会计账簿等财务资料；（6）在有限合伙企业中的利益受到侵害时，向有责任的合伙人主张权利或者提起诉讼；（7）执行事务合伙人怠于行使权利时，督促其行使权利或者为了本企业的利益以自己的名义提起诉讼；（8）依法为本企业提供担保。

另外，根据《合伙企业法》的规定，第三人有理由相信有限合伙人为普通合伙人并与其交易的，该有限合伙人对该笔交易承担与普通合伙人同样的责任。有限合伙人未经授权以有限合伙企业名义与他人进行交易，给有限合伙企业或者其他合伙人造成损失的，该有限合伙人应当承担赔偿责任。

4. 有限合伙企业交易、出质、合伙财产转让、债务清偿的特殊规定。

（1）有限合伙人可以同本企业进行交易。第一，有限合伙人并不参与有限合伙企业事务的执行，对有限合伙企业的对外交易行为无控制权，因此，有限合伙人与本企业进行交易时，一般不会造成本有限合伙企业利益损害的发生。第二，有限合伙协议可以对有限合伙人与本企业之间的交易进行限定。如果有限合伙企业协议有约定，则必须按照协议约定的要求进行。普通合伙人如果禁止有限合伙人同本企业进行交易，应当在合伙协议中作出约定。

（2）有限合伙人可以经营与本企业相竞争的业务。与普通合伙人不同，有限合伙人一般不承担竞业禁止的义务。《合伙企业法》规定，有限合伙人可以自营或者同他人合营与本有限合伙企业相竞争的业务，但是，合伙协议另有约定的除外。普通合伙人如果禁止有限合伙人自营或者同他人合营与本有限合伙企业相竞争的业务，应当在合伙协议中作出约定。

（3）有限合伙人财产份额出质。有限合伙人可以以其在有限合伙企业中的财产份额出质，但是，合伙协议另有规定的除外。

〔导入案例二〕中，乙的质押行为无效。根据《合伙企业法》的规定，普通合伙人以其在合伙企业中的财产份额出质的，须经其他合伙人一致同意；未经其他合伙人一致同意，其行为无效，由此给善意第三人造成损失的，由行为人依法承担赔偿责任。在本案例中，普通合伙人乙的质押行为未经其他合伙人一致同意，因此，质押行为无效。丙的质押行为有效。根据《合伙企业法》的规定，有限合伙人可以将其在有限合伙企业中的财产份额出质，但是，合伙协议另有约定的除外。在本案例中，由于合伙协议未对合伙人以财产份额出质事项进行约定，因此，有效合伙人丙的质押行为有效。

（4）有限合伙人财产份额转让。有限合伙人可以按照合伙协议的约定向合伙人以外的人转让其在合伙企业中的财产份额，但应当提前 30 日通知其他合伙人。有限合伙人对外转让其在有限合伙企业的财产份额时，有限合伙企业的其他合伙人有优先购买权。

（5）有限合伙人的债务清偿。有限合伙人的自有财产不足清偿其与合伙企业无关的债务的，该合伙人可以以其从有限合伙企业中分取的收益用于清偿；债权人也可以依法请求人民法院强制执行该合伙人在有限合伙企业中的财产份额用于清偿。人民法院在强制执行有限合伙人的财产份额时，应当通知全体合伙人。同等条件下，其他合伙人有优先购买权。

5. 有限合伙企业入伙和退伙的特殊规定。

（1）入伙。有限合伙人的入伙遵守《合伙企业法》对于入伙的规定，另外，新入伙的有限合伙人对入伙前有限合伙企业的债务以其认缴的出资额为限承担责任。

（2）退伙。①作为有限合伙人的自然人在有限合伙企业存续期间丧失民事行为能力的，其他合伙人不得因此要求其退伙。②作为有限合伙人的自然人死亡、被依法宣告死亡或者作为有限合伙人的法人及其他组织终止时，其继承人或者权利承受人可以依法取得该有限合伙人在有限合伙企业中的资格。③有限合伙人出现下列情形之一时当然退伙：作为合伙人的自然人死亡或者被依法宣告死亡；作为合伙人的法人或者其他组织依法被吊销营业执照、责令关闭、撤销，或者被宣告破产；法律规定或者合伙协议约定合伙人必须具有相关资格而丧失该资格；合伙人在合伙企业中的全部财产份额被人民法院强制执行。

有限合伙人退伙以后，对基于其退伙前的原因发生的有限合伙企业债务，以其退伙时从有限合伙企业中取回的财产承担责任。

〖导入案例二〗中，普通合伙人甲、乙、庚应承担无限连带责任；有限合伙人丙以出资额为限承担有限责任；退伙的有限合伙人丁以其退伙时从 A 企业分回的 12 万元财产为限承担有限责任。

6. 合伙人性质转变的特殊规定。除合伙协议另有约定外，普通合伙人转变为有限合伙人，或者有限合伙人转变为普通合伙人，应当经全体合伙人一致同意。有限合伙人转变为普通合伙人的，对其作为有限合伙人期间有限合伙企业发生的债务承担无限连带责任。普通合伙人转变为有限合伙人的，对其作为普通合伙人期间合伙企业发生的债务承担无限连带责任。

四、合伙企业的解散与清算

1. 合伙企业的解散。有下列情形之一的，合伙企业应当解散：

（1）合伙协议约定的经营期限届满，合伙人不愿继续经营的；

（2）合伙协议约定的解散事由出现；

（3）全体合伙人决定解散；

（4）合伙人已不具备法定人数满30天；

（5）合伙协议约定的合伙目的已经实现或者无法实现；

（6）被依法吊销营业执照、责令关闭或者被撤销；

（7）法律、行政法规规定的其他原因。

2. 合伙企业的清算。

（1）清算人及其职责。合伙企业解散时应进行清算，并通知和公告债权人。清算人一般由全体合伙人担任，也可经全体合伙人过半数同意，在合伙企业解散后15日内指定一名或者数名合伙人，或者委托第三人担任。如果15日内未能确定清算人，合伙人或者其他利害关系人可以申请人民法院指定清算人。

清算人在清算期间执行下列事务：

①清理合伙企业财产，分别编制资产负债表和财产清单；

②处理与清算有关的合伙企业未了结的事务；

③清缴所欠税款；

④清理债权、债务；

⑤处理合伙企业清偿债务后的剩余财产；

⑥代表合伙企业参加诉讼或者仲裁活动。

（2）合伙企业财产的处理。合伙企业财产在支付清算费用后，按下列顺序清偿：

①合伙企业所欠招用的职工工资和社会保险费用、法定补偿金；

②合伙企业所欠税款；

③合伙企业的债务。

合伙企业财产按上述顺序清偿后仍有剩余的，由各合伙人按照合伙协议约定的比例分配；合伙协议未约定比例或约定不明确的，由各合伙人协商决定；协商不成的，由各合伙人按照实缴出资比例分配；无法确定出资比例的，由各合伙人平均分配。

〔导入案例一〕中，各合伙人同意解散合伙企业，方可变卖合伙企业的财产，该财产应先偿还所欠受害人的赔偿款，剩余的由周某、王某、孙某的继承人按合伙协议的约定分配。

【热点问题咨询】

1. 请问如何理解在实践中有人将个人独资企业和合伙企业称为"一元钱企业"？

咨询意见：《个人独资企业法》和《合伙企业法》对成立个人独资企业和合伙企业没有规定注册资金最低数额要求，只要符合法律规定的设立条件就可向工商局申请核准登记，领取营业执照。

2. 合伙企业、个人独资企业与第三人的关系应如何理解？

咨询意见：个人独资企业的投资人对受托人或被聘用人员的职权的限制不得对抗善意第三人。合伙企业对合伙人执行合伙企业事务以及对外代表合伙企业权利的限制，不得对抗不知情的善意第三人。受托人或被聘用的人员、合伙人超出限制与善意第三人的有关业务交往应当有效。

3. 什么是善意第三人？

咨询意见：善意第三人是指在有关业务往来中，没有从事与对外代表企业、执行企业事务的人串通，故意损害投资人利益的人。善意第三人对企业内部职权的限制并不知情。

4. 为什么财政部要大力推进大中型会计师事务所采用特殊普通合伙形式？其必要性体现在哪里？

财政部 2010 年第 12 号文和 2011 年第 7 号文分别对推动大中型会计师事务所采用特殊普通合伙组织形式进行了规范并制定了实施细则。其必要性体现在以下两个方面：

（1）有限责任制日益成为制约会计师事务所做大做强的制度"瓶颈"。随着我国注册会计师行业的快速发展，有限责任制的决策机制不适应注册会计师行业的"人合"特性。有限责任制对股东人数的限制不利于会计师事务所做大做强，对股东人数 50 人的高额限制无疑与事务所的发展要求严重脱节；有限责任制不利于会计师事务所提升质量控制。与"合伙制"相比，"有限责任制"以其股东在会计师事务所中的出资额为限承担执业责任，淡化了股东的风险约束和赔偿责任，导致少数会计师事务所及其注册会计师忽视执业风险，弱化质量控制，片面追求经济效益。另外，有限责任制"双重纳税"不利于会计师事务所加大投入加快发展。

（2）特殊的普通合伙制是我国会计师事务所做大做强的必然选择。与普通合伙制相比，"特殊的普通合伙制"是一个重大进步，其最大的变化和优势是实现了合伙人法律责任的适度分离，避免了无过错合伙人为其他合伙人的违法行为或重大过失"埋单"，有利于大中型会计师事务所在强化质量控制的前提下稳步扩张，不断做大做强。

总之，与有限责任制相比，"特殊的普通合伙制"更为注重质量管控和责任约束，同时打破了股东人数 50 人的限制，并且有效解决了"双重纳税"问题，因此，"特殊的普通合伙制"必将成为有志于做大做强的大中型会计师事务所的理性选择。

5. 朱某与甲、乙两人商议合伙开办一小食品加工厂，三人商定各出资 2 万元，并订立了书面协议。经过筹备，发现资金仍然不够，朱某动员胞弟朱丙支持他们 2 万元。朱丙表示出资可以，但要参加合伙的盈余分配。经朱某与甲、乙两合伙人商议，对朱丙参加盈余分配表示同意，但约定朱丙不得参与合伙的经营活动。小食品加工厂成立半年后，朱丙从侧面了解到该厂经营情况不景气，就以结婚缺钱为由，要求抽回他的 2 万元。朱某不答应。某日，朱某外出，朱丙遂找到甲、乙两位合伙人，以同样理由要求还钱并声称朱某已经同意，碍于朱某与朱丙的关系，两合伙人便将该小食品加工厂当时仅有的 12000 元现金交给了朱丙。朱某回来后对此表示十分不满。又过 3 个月，朱某告知朱丙，小食品加工厂现已累计亏损 32000 元（有账可查），朱丙的 8000 元应当用来还债，不予归还。且小食品加工厂所负债务的债权人正在追讨之中。请分析：

（1）朱某找其胞弟朱丙支持他们时，该合伙企业是否已经成立？为什么？

（2）朱丙的出资行为能否视为新加入合伙企业？为什么？

（3）对朱丙抽走 12000 元的行为应如何认定？他是否有权再要求抽回剩下的 8000 元？请分别简述其理由。

（4）朱丙对小食品加工厂的债务承担什么责任？为什么？

咨询意见：

（1）朱某找其胞弟朱丙支持他们时，该合伙企业已经成立。朱某三人已经商定各出资 2 万元，并且订立了书面协议，合伙企业已经具备了成立的条件。当然，还要进行登记。

（2）朱丙的出资行为可以视为新加入合伙企业。

根据《合伙企业法》的规定，新合伙人入伙时，应当经全体合伙人同意，并依法订立书面入伙协议。订立入伙协议时，原合伙人应当向新合伙人告知原合伙企业的经营状况和财务状况。本案中，他们有书面协议，朱丙参加盈余分配，不参与合伙的经营活动，可以认为是新人入伙。同时，有关约定也不违反法律规定。另外，《合伙企业法》规定，各合伙人对执行合伙企业事务享有同等的权利，可以由全体合伙人共同执行合伙企业事务，也可以由合伙协议约定或者全体合伙人决定，委托一名或者数名合伙人执行合伙企业事务。执行合伙企业事务的合伙人，对外代表合伙企业。委托一名或者数名合伙人执行合伙企业事务的，其他合伙人不再执行合伙企业事务。不参加执行事务的合伙人有权监督执行事务的合伙人，检查其执行合伙企业事务的情况。

（3）朱丙抽走 12000 元的行为违法。他无权再要求抽回剩下的 8000 元。

根据《合伙企业法》的规定，合伙企业存续期间，合伙人的出资和所有以合伙企业名义取得的收益均为合伙企业的财产。合伙企业的财产由全体合伙人共同管理和使用。合伙企业进行清算前，合伙人不得请求分割合伙企业的财产，但法律另有规定的除外。本案中，合伙企业的财产是共有财产的性质，个别共有人不能任意处置。

同时，《合伙企业法》规定，合伙协议约定合伙企业的经营期限的，有下列情形之一时，合伙人可以退伙：①合伙协议约定的退伙事由出现；②经全体合伙人同意退伙；③发生合伙人难以继续参加合伙企业的事由；④其他合伙人严重违反合伙协议约定的义务。其中，第二项规定意思是，在合伙协议有约定经营期限的情况下，合伙人未经其他合伙人一致同意，不得以单方通知退伙。

（4）朱丙对小食品加工厂的债务承担连带责任。朱丙是合伙人，当然应该对小食品加工厂的债务承担连带责任。根据《合伙企业法》的规定，合伙企业对其债务应先以其全部财产进行清偿。合伙企业财产不足清偿到期债务的，各合伙人应当承担无限连带清偿责任。

本 章 小 结

本章重点介绍了个人独资企业及合伙企业的概念、设立条件、事务的管理、债务清偿以及解散等规定。个人独资企业是指由一个中国自然人投资，财产为投资人个人所有，投资人以其个人财产对企业债务承担无限责任的经营实体。个人独资企业是非法人企业，投资人对企业债务承担无限责任。合伙企业是指自然人、法人和其他组织依照《中华人民共和国合伙企业法》在中国境内设立的，由两个或两个以上的合伙人订立合伙协议，为经营共同事业，共同出资、合伙经营、共享收益、共担风险的营利性组织。其包括普通合伙企业和有限合伙企业。普通合伙企业由普通合伙人组成，合伙人对合伙企业债务承担无限连带责任。有限合伙企业，是指由有限合伙人和普通合伙人共同组成，普通合伙人对合伙企业债务承担无限连带责任、有限合伙人以其认缴的出资额为限对合伙企业债务承担责任的合伙组织。普通合伙人与有限合伙人在出资方式、对外转让、出质、竞业禁止、交易禁止、丧失偿债能力以后的处理等方面存在较大的差异。

思考题

一、简答题

1. 个人独资企业的概念、特征是什么？
2. 个人独资企业与合伙企业的设立条件是什么？
3. 合伙企业的概念、特征是什么？
4. 如何理解合伙企业的债务清偿与合伙人个人债务清偿的关系？
5. 简述合伙企业入伙、退伙的条件及其法律后果。
6. 试分析普通合伙企业与有限合伙企业的区别。

二、案例分析题

1. 江某是一合伙企业的合伙事务执行人，欠罗某个人债务 7 万元，罗某在交易中又欠合伙企业 7 万元。后合伙企业解散。清算中，罗某要求以其对江某的债权抵销其所欠合伙企业的债务，各合伙人对罗某这一要求产生了分歧。

问题：根据《合伙企业法》的规定如何解决？

2. 刘某是某高校的在职研究生，经济上独立于其家庭。2000 年 8 月在工商行政管理机关注册成立了一家主营信息咨询的个人独资企业，取名为"远大信息咨询有限公司"，注册资本为人民币 1 元。营业形势看好，收益甚丰。于是后来黄某与刘某协议参加该个人独资企业的投资经营，并注入投资 5 万元人民币。经营过程中先后共聘用工作人员 10 名，对此刘某认为自己开办的是私人企业，并不需要为职工办理社会保险，因此，没有给职工缴纳社会保险费，也没有与职工签订劳动合同。后来该独资企业经营不善导致负债 10 万元。刘某决定于 2001 年 10 月自行解散企业，但因为企业财产不足清偿而被债权人、企业职工诉诸人民法院。法院审理后认为刘某与黄某形成事实上的合伙关系，判决责令刘、黄补充办理职工的社会保险并缴纳保险费，由刘某与黄某对该企业的债务承担无限连带责任。

问题：

（1）该企业的设立是否合法？

（2）刘某允许另一公司参加投资、共同经营的行为是否合法？

（3）刘某的理由是否成立？

（4）该企业的债权人要求是否成立？

（5）刘某是否解散企业？

（6）黄某是否承担责任？

3. 甲、乙、丙、丁四人投资设立一合伙企业，由甲执行合伙企业事务，对外代表合伙企业。2012 年该企业发生以下事项：（1）5 月，甲以合伙企业的名义与善意第三人 A 公司订立了代销合同，乙获知后，认为该合同不符合合伙企业利益，经与丙、丁达成一致意见对该合同不予承认。（2）8 月，甲为了改善企业经营管理，独自决定聘任合伙人以外的 B 担任合伙企业的经营管理人员，并以合伙企业名义为 H 公司提供担保。（3）10 月，乙在与 G 公司的买卖合同中，无法清偿 G 公司的到期债务 8 万元，G 公司向人民法院提起诉讼，人民法院判决 G 公司胜诉。G 公司于 12 月向人民法院申请强制执行乙在合伙企业中的全部财产份额。

问题：

（1）甲与 A 公司签订的代销合同是否有效？说明理由。

（2）甲聘任 B 担任经营管理人员是否合法？

（3）甲为 H 公司提供担保的行为是否合法？说明理由。

（4）乙被法院强制执行全部财产份额后，决定对乙除名，合伙企业的做法是否合法？说明理由。

实训题

实训目的：通过合伙企业法的学习，使学生对普通合伙企业和有限合伙企业的设立条件、设立程序、合伙协议的书写、合伙企业的运行等知识点在理解的基础上能够在实际生活中运用，培养学生运用理论知识解决实际问题的能力。

实训要求：某市公民李军（男，30 岁）早就想辞职办一家自己的企业从事餐饮，他觉得现在大环境已具备，于是李军与他的两个朋友王宏（男，32 岁）、吴玲（女，27 岁）商量办一家合伙企业。关于如何合伙，他们经讨论形成了以下四种初步方案。

第一种方案，由三人共同出资。李军作为负责人，承担无限责任；王宏和吴玲分别以各自的出资为限承担企业的债务，但是，企业若发生债务危机时应尽他们所能帮助企业渡过难关（如无息借钱给企业）。

第二种方案，由李军出资，王宏和吴玲为企业工作，拿固定工资。李军再想办法找一家公司投资，以弥补资本的不足。年终若有利润，出资者按出资比例分成，王宏和吴玲可以拿到奖金。

第三种方案，由三人共同出资、共同参与经营管理，对合伙企业的债务承担无限连带责任。第四种方案，由三人共同出资。但是，王宏因为在国家机关里有一定职务且待遇不错，不想辞职，更不想让单位知道自己在外面合伙办企业，所以他要求不公开自己的姓名，他也不参加企业的经营管理，当然他对企业债务也只承担有限责任。

问题：他们讨论的几种方案是否都符合我国《合伙企业法》的规定，能否实际去实行？

请根据《合伙企业法》的规定，选择你认为最合适的方案，并为该企业撰写一份合伙协议。

第四章

外商投资企业法律制度

【导入案例】北京某公司和美国某公司在北京成立合资企业，在签订的合资企业合同中约定，投资总额为 1000 万美元，注册资金为 400 万美元，其中美方以技术出资 50 万美元。双方还约定，如在履行合同中发生争议，可先协商，协商不成则诉讼，诉讼地可选择中国或美国。

问题：该协议有无违法之处？

第一节　外商投资企业法律制度概述

一、外商投资企业的概念

外商投资企业，是指外国投资者经中国政府批准，在中国境内举办的企业。该类企业具有以下特征：外商投资企业是外商直接投资兴办的企业；外商投资企业是吸引外国私人投资兴办的企业；外商投资企业是依照中国的法律和行政法规，经中国政府批准，在中国境内设立的企业。

二、外商投资企业的种类

（一）中外合资经营企业

中外合资经营企业也称股权式企业。它是由外国公司、企业和其他经济组织或者个人同中国的公司、企业或者其他经济组织，依照中国的法律和行政法规，经中国政府批准，设在中国境内的，由双方共同投资、共同经营，按照各自的出资比例共担风险、共负盈亏的企业。

（二）中外合作经营企业

中外合作经营企业也称契约式合营企业。它是由外国公司、企业和其他经济组织或者个人同中国的公司、企业或者其他经济组织，依照中国的法律和行政法规，经中国政府批准，设在中国境内的，由双方通过合作经营企业合同约定各自的权利和义务的企业。这种企业形式的特点是合作方式灵活，中方投资者可以以无形资产等要素作为合作条件，解决了我国企业投资资金缺乏的问题；允许外方投资者先行回收投资，对外国投资者有较大的吸引力。

（三）外资企业

外资企业也称外商独资企业。它是由外国的公司、企业和其他经济组织或者个人，依照中国的法律和行政法规，经中国政府批准，设在中国境内的，全部资本由外国投资者投资的企业。但不包括外国公司、企业和其他经济组织在中国境内设立的分支机构。

（四）中外合资股份有限公司

中外合资股份有限公司是指外国的公司、企业和其他经济组织或者个人同中国的公司、企业或者其他经济组织，依照中国的法律和行政法规，在中国境内设立的，全部资本由等额股份构成，股东以其所认购的股份对公司承担责任，公司以其全部财产对公司债务承担责任，中外股东共同持有公司股份的企业法人。

第二节　中外合资经营企业法

一、中外合资经营企业的设立

（一）设立条件

在中国境内设立中外合资经营企业，应当符合国家指导外商投资方向的规定及外商投资产业指导目录的规定。申请设立合营企业有下列情况之一的，不予批准：（1）有损国家主权的；（2）违反中国法律的；（3）不符合中国国民经济发展要求的；（4）造成环境污染的；（5）签订的协议、合同、章程显属不公平，损害合营一方权益的。

（二）设立程序

1. 由中外合营者共同向审批机关报送有关文件。申请设立合营企业，中外合营者共同向审批机关报送下列文件：设立合营企业的申请书；合营各方共同编制的可行性研究报告；由合营各方授权代表签署的合营企业协议、合同和章程；由合营各方委派的合营企业董事长、副董事长、董事人选名单；审批机关规定的其他文件。

2. 审批机关审批。审批机关应当在收到全部文件之日起 3 个月内决定批准或者不批准。审批机关如发现报送的文件有不当之处，应当要求限期修改，否则不予批准。合营企业经批准后由审批机关发给批准证书。

3. 办理工商登记。领取批准证书后，合营企业应在 1 个月内凭此批准证书向合营企业所在地的工商行政管理部门办理登记手续，领取营业执照。营业执照签发日期即为合营企业成立日期。

二、中外合资经营企业的注册资本与投资总额

合营企业的资本由两部分构成，即注册资本和借入资本，两者之和为投资总额。投资总额实际为按合营企业的合同、章程所确定的生产规模需要投入的基本建设资金和流动资金的总和。

合营企业的注册资本是指记载在合营企业合同、章程中并经有关主管机关核准登记的合营各方认缴的出资额之和。注册资本是企业进行生产经营活动的基础，是企业承担财产责任的限度，是股权和利润分配的法律依据。

合营企业的借入资本是指合营企业在注册资本达不到投资总额需要的情况下，以合营企业名义借入的资金。合营企业根据生产经营业务的实际需要可以向金融机构申请贷款。

合营企业为有限责任公司，因而其资本构成应以自有资本为主，其注册资本与投资总额之间应保持适当比例，不能过分加大借入资本和减少注册资本。

根据规定，合营企业的注册资本与投资总额之间应当保持一个适当合理的比例。具体规定如下：

（1）合营企业的投资总额在 300 万美元以下（含 300 万美元）的，其注册资本至少应占投资总额的 7/10。

（2）投资总额在 300 万至 1000 万美元（含 1000 万美元）的，其注册资本至少应占投资总额的 1/2。其中，投资总额在 420 万美元以下的，注册资本不得低于 210 万美元。

（3）投资总额在 1000 万至 3000 万美元（含 3000 万美元）的，其注册资本至少应占投资总额的 2/5。其中，投资总额在 1250 万美元以下的，其注册资本不得低于 500 万美元。

（4）投资总额在 3000 万美元以上的，其注册资本至少应占投资总额的 1/3。其中，投资总额在 3600 万美元以下的，注册资本不得低于 1200 万美元。

〖导入案例〗中，投资总额为 1000 万美元，其注册资本至少应占投资总额的 2/5，不得低于 500 万美元，因此，应追加注册资金 100 万美元。

合营企业成立后增加投资的，其追加的注册资本与投资总额的比例也应按上述规定执行。

在合营企业注册资本中，外方合营者的投资比例一般不得低于 25%，对上限无规定。合营企业在合营期内不得减少其注册资本，但因投资总额和生产经营规模等发生变化确需减少注册资本的，须经审批机构批准。对合营企业在合营期限内增加注册资本，法律没有禁止。合营企业注册资本的增加、减少，应当由董事会会议通过，并报审批机构批准，向原工商行政管理机关办理变更登记手续。

合营一方向第三者转让其全部或者部分出资时，须经合营他方同意，报审批

机构批准，向登记机关办理变更登记手续。合营一方转让其全部或者部分出资时，合营他方有优先购买权；合营一方向第三者转让其出资额的条件，不得比向合营他方转让的条件优惠。违反上述规定的，转让无效。

三、合营企业合营各方的出资方式、出资期限

（一）合营企业合营各方的出资方式

合营企业合营各方可以用货币出资，也可以用建筑物、厂房、机器设备或者其他物料、工业产权、专有技术、场地使用权等作价出资。但无论何种出资方式，合营者认缴的出资都必须是合营者自己的或自己独立支配的，因此，在以实物、工业产权、专有技术出资作价时，出资者应当提供拥有所有权和处分权的有效证明。任何一方不得以靠合营企业名义取得的贷款、租赁的设备或者取得的其他财产出资，不得以合营者以外的他人财产出资。

1. 货币投资。外国合营者以货币出资时，只能以外币缴付，不能以人民币缴付出资。货币出资的数额法律并未具体规定，由合营各方在合同中约定。

2. 实物投资。这一般指机器、设备、厂房、物资等。外国合营者作为投资的机器设备及其他物料应符合下列条件：为合营企业生产所必需的，且出资的机器设备或者其他物料的作价不得高于同类机器设备或其他物料当时的国际市场价格。实物作价由合营各方按照公平合理的原则协商确定，或者由合营各方同意的第三者评定。外国合营者作为出资的机器设备和其他物料，应当报审批机构批准。

3. 工业产权、专有技术投资。外国合营者作为出资的工业产权或专有技术，必须符合下列条件之一：（1）能显著改进现有产品的性能、质量，提高生产效率的；（2）能显著节约原材料、燃料、动力的。

外国合营者以工业产权、专有技术出资的，应提交工业产权、专有技术的有关资料，包括专利证书、商标注册证书的复制件、有效状况及其技术特性、实用价值、作价的计算依据、与中国合营者签订的作价协议等有关文件，作为合营合同的附件。外国合营者作为出资的工业产权或专有技术，应当报审批机构批准。

4. 场地使用权投资。中国合营者可以以场地使用权作为投资。其作价金额应与同类场地使用权应缴纳的使用费相同。

（二）合营企业合营各方的出资期限

合营各方应按合同规定的期限缴清各自的出资额。出资期限的规定如下：

1. 合营企业合同约定一次缴清出资的，各方应当在营业执照签发之日起6个月内缴清；

2. 合营企业合同约定分次缴付出资的，各方的第一期出资不得低于各自认

缴出资额的 15% ，并在营业执照签发之日起 3 个月内缴清；

3. 合营各方未能在规定期限内交付出资的，视同合营企业自动解散，合营企业批准证书自动失效。

合营一方未按合同规定如期缴付或缴清其出资的，既构成违约。守约方应催告违约方在 1 个月内履约，逾期未履约的，视同违约方放弃在合同中的一切权利，自动退出合资企业。守约方可向原审批机关申请解散合资企业或另找合营者承担违约方在合同中的权利义务。

通过收购国内企业资产或者股权设立合营企业的外国投资者，应自合营企业营业执照颁发之日起 3 个月内支付全部购买金。因特殊情况需要延长支付者，经审批机关批准后，应自营业执照颁发之日起 6 个月内支付购买总金额的 60% 以上，在 1 年内付清全部购买金，并按实际缴付的出资额比例分配收益。控股投资者在付清全部购买金额之前，不能取得企业决策权，不得将其在企业中的权益、资产以合并报表的方式纳入该投资者的财务报表。

合营企业合同经审批后，如确因特殊情况需要超过合同规定的缴资期限延长缴资的，应报原审批机关批准和登记机关备案，并办理相关手续。合营企业的投资者均须按合同规定的比例和期限同步缴付认缴的出资额。因特殊情况不能同步缴付的，应报原审批机关批准，并按实际缴付的出资额比例分配收益。对合营企业中控股的投资者，在实际缴付的投资额未达到其认缴的全部出资额之前，不能取得企业决策权，不得将其在企业中的权益、资产以合并报表的方式纳入该投资者的财务报表。

四、中外合资经营企业出资额的转让

（一）合营企业出资额的转让条件

1. 合营企业出资额的转让须经合营各方同意。
2. 合营企业出资额的转让须经董事会会议通过后，报原审批机关批准。
3. 合营企业一方转让其全部或部分出资额时，合营他方有优先购买权。

（二）合营企业出资额的转让程序

1. 申请出资额转让。当合营一方提出转让出资额要求时，合营他方应作出明确表示，告知其同意或不同意转让。如同意转让，合营他方应考虑是否购买部分或者全部转让的出资额，如决定不买，应及时通知对方寻找第三者。

2. 董事会审查决定。

3. 报审批机关批准。合营企业出资额转让经董事会审查通过后，应报原审批机关批准。审批机关受理后，应当在 3 个月内作出批准或不批准的决定。

4. 办理变更登记手续。转让出资额经审批机关批准后，合营企业应向原登记机关办理变更登记手续。

五、中外合资经营企业的组织形式和组织机构

(一) 合营企业的组织形式

合营企业的组织形式为有限责任公司。合营企业合营各方以各自认缴的出资额为限对合营企业承担责任，合营企业以其全部资产为限对合营企业的债务承担责任。

(二) 合营企业的组织机构

1. 合营企业设立董事会，它是合营企业的最高权力机构，决定合营企业一切重大问题。中外合营各方均可担任董事长。正副董事长由中外双方分别担任，中外合营者一方担任董事长的，由他方担任副董事长。董事长和副董事长由合营各方协商确定或者由董事会选举产生。董事名额的分配由合资各方参照出资比例协商确定，董事由合营各方按照分配的名额委派和撤换。董事任期 4 年，可连选连任。董事长为合营企业的法定代表人。

2. 合营企业设经营管理机构，总经理由董事会聘请，也可由董事长兼任。总经理执行董事会决议，组织领导合营企业的日常经营管理工作。

六、合营企业的经营管理

合营企业有权制定本企业的生产经营计划，由董事会批准执行，报主管部门备案。企业主管部门和各级计划管理部门不对合营企业下达指令性计划。

合营企业享有物资采购自主权。对于所需机器设备、原材料等，有权决定在中国购买或在国外购买，但同等条件的应先在中国购买。

合营企业的产品可出口，国家也鼓励合营企业向国际市场销售其产品。属于中国急需的或中国需要进口的，可以以中国国内市场销售为主。

合营企业税后利润分配的原则是，首先，提取储备基金、职工奖励及福利基金、企业发展基金，三项基金的提取比例由董事会决定；其次，扣除三项基金后的利润，可按合营各方的出资比例分配，但以前年度的亏损未弥补前不得分配。

七、中外合资经营企业的期限和终止

(一) 合营企业的期限

合营企业的期限是指合营企业自依法成立之日起到合同期满为止的存续时间。有关合营企业的合营期限的具体规定如下。

1. 合营各方应依法在合同中约定合营期限的：(1) 服务行业，如饭店、公寓、写字楼、娱乐、饮食、出租汽车、彩扩洗相、维修、咨询等；(2) 从事土地开发及经营房地产的；(3) 从事资源勘查开发的；(4) 国家规定限制投资项目的；(5) 国家其他法律、法规规定要约定合营期限的。

2. 除上述外的其他行业，国家鼓励和允许外商投资的项目，合营各方可以

在合同中约定合营期限，也可以不约定合营期限。

一般项目的合营期限为 10～30 年；投资大、建设周期长、资金利润率低的项目，由外国合营者提供先进技术或关键技术生产尖端产品的项目或在国际上有竞争力的产品项目，其合营期限可到 50 年；经国务院特别批准的，可在 50 年以上。合营期限届满后，经合营各方同意可以延长，在合营期限届满前 6 个月向原审批机关报批。

（二）合营企业的终止与清算

1. 合营企业的终止。合营企业的终止是指合营企业因一定法律事实的出现而解散。有下列情况之一的，合营企业即可终止：（1）合营期限届满；（2）企业发生严重亏损，无力继续经营；（3）合营一方不履行合营企业协议、合同、章程的义务，致使企业无法继续经营；（4）因自然灾害、战争等不可抗力遭受严重损失，无法继续经营；（5）合营企业未达到其经营目的，且无发展前途；（6）合营企业合同、章程所规定的其他解散原因已出现。上述第（2）、（4）、（5）、（6）项情况发生的，应由董事会提出解散申请书，报审批机构批准；第（3）项情况发生的，由履行合同的一方提出申请，报审批机关批准。

2. 合营企业的清算。合营企业解散应进行清算。先由董事会提出清算的程序、原则和清算委员会人选，报企业主管部门审核并监督清算。清算委员会对合营企业外部的债权、债务和内部的经济财务关系进行全面清查，编制资产负债表和财产目录，提出财产作价和计算依据，制定清算方案，提请董事会会议通过后执行。清算期间，清算委员会代表合营企业起诉、应诉。

合营企业以其全部资产对其债务承担责任。清偿债务后的剩余财产按照合营各方的出资比例进行分配。但合营企业的协议、合同、章程另有规定的除外。

清算工作结束后，由清算委员会提出清算结束报告，提请董事会会议通过后，报告原审批机构，并向原登记管理机关办理注销登记手续，缴销营业执照。

八、中外合资经营企业争议的解决

中外合资经营企业各方如在解释或履行合营企业的协议、合同、章程时发生争议，应先通过协商和调解解决，如达不成协议，合营各方可根据事前或事后达成的书面仲裁协议提请仲裁。可以在中国国际贸易促进委员会对外经济贸易仲裁委员会仲裁，也可以在被诉一方所在国或第三国的仲裁机构仲裁。合营各方事前及事后均未达成仲裁协议的，发生争议的任何一方均可依法向中国的法院起诉。中外合资企业合营合同发生纠纷的，如果诉讼只能由中国法院专属管辖。

【导入案例】中，双方协商中国或美国法院均可管辖违反规定。

合营企业与其他法人、经济组织或公民之间的经济纠纷，可依照中国有关法律规定，通过协商、调解、仲裁或诉讼方式解决。合营企业与中国经济管理部门发生争议，可要求中国行政管理部门解决或通过行政诉讼解决。

第三节 中外合作经营企业法

一、中外合作经营企业的设立

（一）设立条件

在中国境内举办合作企业，应当符合国家的发展政策和产业政策，遵守国家关于指导外商投资方向的规定。《合作经营企业法》第4条规定："国家鼓励举办产品出口的或者技术先进的生产型合作企业。"

根据《合作企业实施细则》第9条的规定，申请设立合作企业，有下列情形之一的，不予批准：（1）损害国家主权或者社会公共利益的；（2）危害国家安全的；（3）对环境造成污染损害的；（4）有违反法律、行政法规或者国家产业政策的其他情形的。

（二）设立程序

1. 提出设立申请。中方合作者向国家授权的审批机关提出举办合作企业的申请，并报送法律规定的材料。

2. 审查批准机关审批。审查批准机关应当自收到规定的全部文件之日起45日内决定批准或者不予批准。

3. 办理工商登记。批准设立的合作企业依法向工商行政管理机关申请登记，领取营业执照。合作企业的营业执照签发日期为该合作企业的成立日期。

二、合作企业的注册资本与投资、合作条件

（一）合作企业的注册资本

合作企业的注册资本，是指为设立合作企业，在工商行政管理机关登记的合作各方认缴的出资额之和。合作企业的注册资本在合作期限内不得减少。但因投资总额和生产经营规模等变化，确需减少的，须经审查批准机关批准。

（二）投资或者提供合作条件的方式

《中外合作经营企业法》第8条规定："中外合作者投资或者提供的合作条件可以是货币、实物、土地使用权、工业产权、专有技术和其他财产权利。"合作企业是"契约式"企业，双方不必精确计算各方的出资额，只需确定各方的合作条件，因此，与合营企业相比，合作企业的出资方式比较灵活简便。中外合作者的投资或者提供的合作条件，由中国注册会计师或者有关机构验证并出具证明。中外合作者用做投资或者合作条件的借款及担保，由各方自行解决。

（三）投资或者提供合作条件的期限

合作各方应当根据合作企业生产经营需要，依照有关法律、行政法规的规

定，在合作企业合同中约定各方向合作企业投资或者提供合作条件的期限。

合作各方未按照合作企业合同的约定如期履行缴纳投资、提供合作条件的义务的，由工商行政管理机关限期履行；限期届满仍未履行的，应当撤销批准证书，工商行政管理机关应当吊销合作企业的营业执照，并予以公告。未按照合作企业合同约定缴纳投资或者提供合作条件的一方，应当向已经按约定缴纳投资或者提供合作条件的他方承担违约责任。

（四）合作企业合作者权利的转让

合作各方之间相互转让或者合作一方向合作他方以外的他人转让属于其在合作企业合同中的全部或者部分权利、义务的，必须经合作他方书面同意，并报原审批机关批准。审批机关依法应当自收到有关转让文件之日起30日内决定是否批准。

三、中外合作经营企业的组织形式和组织机构

（一）合作企业的组织形式

合作企业可以申请设立具有法人资格的合作企业，也可以申请设立不具有法人资格的合作企业。具有法人资格的合作企业，其组织形式为有限责任公司；不具有法人资格的合作企业，合作各方的关系是一种合伙关系，合营各方按照中国民事法律的有关规定承担民事责任。

（二）组织机构

根据《中外合作经营企业法》的规定，合作企业应当设立董事会或联合管理机构。合作企业成立后可以改为"委托中外合作者以外的他人经营管理"。可见，合作企业的组织管理机构主要有董事会制、联合管理制和委托管理制三种形式。

1. 董事会制。组成具有法人资格的合作企业，一般实行董事会制度。合作企业董事会的组成、董事长的人选由双方协商确定，董事长既可以由中方担任也可以由外方担任。一方担任董事长的，另一方担任副董事长。

2. 联合管理制。不具备法人资格的合作企业，可以采取联合管理制。联合管理委员会是合作企业的最高领导和决策机构，有权决定合作企业的一切重大问题。联合管理委员会的成员不得少于3人，委员的人选由合作各方自行指派或者撤换，委员的任期由合作企业章程规定，但是，每届任期不得超过3年。联合管理机构的主任可以由中方选派，也可以由外方担任，一方担任主任的，应由他方担任副主任。联合管理机构决定企业重大问题时，一般采取一致同意才有效的原则，体现了平等互利的精神。

3. 委托管理制。委托管理分两种情况：一是合作企业委托合作一方全权进行管理，他方不参与经营管理活动，但有业务监督、财务审核的权利；二是合作企业委托中外合作者以外的他人经营管理，即企业与第三者订立委托管理合同，由第三者独立行使企业经营管理权，合作各方不参与经营管理，只参与产品分配

与利润分配。

四、中外合作经营企业的经营管理

(一) 合作企业的利润分配

合作企业的利润分配与合营企业相比，具有较大的灵活性。《合作经营企业法》规定了合作企业利润分配的基本原则，即：中外合作者依照合作合同的约定，分配收益或产品，承担风险和亏损，具体的利润分配方式由合作者各方商定。该规定体现了合作企业契约方式合作的基本特点。

中外合作者可以采用分配利润、分配产品或者合作各方共同商定的其他方法分配收益。

外国合作者在履行法律规定和合作合同约定的义务后分得的利润、其他合法收入可以依法汇往国外。合作企业的外籍职工的工资收入和其他合法收入，依法缴纳个人所得税后，可以汇往国外。

(二) 外国合作者投资的回收

根据《合作经营企业法》的规定，合作企业允许在一定条件下外国合作者先行回收其投资。中外合作者在合作企业合同中约定合作期满时，合作企业的全部固定资产无偿归中国合作者所有的，可以在合作企业合同中约定外国合作者在合作期限内先行回收投资的办法。外国合作者在合作期限内可以依法申请按照下列方式先行收回其投资。(1) 扩大外国合作者的收益分配比例。在按照投资或者提供的合作条件进行分配的基础上，合作企业合同中约定扩大外国合作者的收益分配比例。(2) 所得税前回收投资。经财政税务机关按照国家有关税收的规定审查批准，外国合作者可以在合作企业缴纳企业所得税前回收投资。(3) 经财政税务机关审查批准的其他回收投资的方式。

外国合作者在合作期限内先行回收投资，应符合下列条件：(1) 中外合作者在合作企业合同中约定合作期满时，合作企业的全部固定资产无偿归中国合作者所有。(2) 对于税前回收投资的，必须向财政税务机关提出申请，并由财政税务机关依法审查批准。(3) 中外合作者应当按照有关法律的规定和合作企业合同的约定，对合作企业债务承担责任。(4) 外国合作者提出先行回收投资的申请，应当具体说明先行回收投资的总额、期限和方式，经财政税务机关审查同意后，报审查批准机关审批。(5) 外国合作者应当在合作企业的亏损弥补之后，才能先行回收投资。合作企业的亏损未弥补前，外国合作者不得先行回收投资。

五、中外合作经营企业的合作期限、终止与清算

(一) 合作企业的合作期限

根据《合作经营企业法》的规定，合作企业的合作期限由中外合作者协商并

在合作企业合同中订明。这表明合作企业的合作期限具有很大的灵活性。

中外合作者同意延长合作期限的，应当在距合作期限届满180日前向审查批准机关提出申请。审查批准机关应当自接到申请之日起30日内决定批准或者不批准。合作期满没有申请延期，或申请未被批准的，合作企业终止。

合作企业合同约定外国合作者先行回收投资的，并且投资已经回收完毕的，合作企业期限届满不再延长。但外国合作者增加投资的，经合作各方协商同意，可以依照有关法律规定向审查批准机关申请延长合作期限。

（二）合作企业的终止

合作企业因下列情况之一而终止：

1. 合作期限届满；

2. 合作企业发生严重亏损，或者因不可抗力遭受严重损失，无力继续经营；

3. 中外合作者一方或者数方不履行合作企业合同、章程规定的义务，致使合作企业无法继续经营；

4. 合作企业合同、章程规定的其他原因已经出现；

5. 合作企业违反法律、行政法规，被依法责令关闭。

上述第二项、第四项所列情形发生，应当由合作企业的董事会或者联合管理委员会作出决定，报原审批机关批准。在上述第三项所列情形下，不履行合作企业合同、章程规定义务的中外合作者一方或者数方，应当对履约的他方因此遭受的损失承担赔偿责任；履行合同的一方或者数方有权向原审批机关提出申请，解散合作企业。

合作企业合作期满或提前终止应向工商行政管理机关和税务机关办理注销登记手续。

（三）合作企业的清算

《合作企业法》第24条规定："合作企业期满或者提前终止时，应当依照法定程序对资产和债权、债务进行清算。中外合作者应当依照合作企业合同的约定确定财产的归属。"如果在合作企业合同中约定了外国合作者在合作期限内先行回收投资，那么，在合作企业合同中也必须约定："合作期满时合作企业的全部固定资产归中国合作者所有。"

第四节　外资企业法

一、外资企业的设立

（一）设立条件

设立外资企业，必须有利于中国国民经济的发展，能够取得显著的经济效益，并应至少符合下列一项条件：（1）采用先进技术和设备，从事新产品开发，节约能源和原材料，实现产品升级换代，可以替代进口的；（2）年出口产品的产值达到当前全部产品产值 50% 以上，实现外汇收支平衡和有余的。

（二）设立程序

1. 提出申请。外国投资者应先向拟设立外资企业所在地的县级或者县级以上人民政府提交报告，收到报告的人民政府签署意见后，由外国投资者通过外资企业所在地的县级或者县级以上人民政府向审批机关提出申请。

2. 审批机关审批。审批机关在接到外资企业的申请书之日起 90 日内决定是否批准，批准后发给批准证书。

3. 办理工商登记。申请批准后，外国投资者应当在接到批准证书之日起 30日内向工商行政管理机关申请登记，领取营业执照，符合法人成立条件的颁发企业法人营业执照。外资企业的营业执照签发日期，为该企业成立的日期。

二、外资企业的注册资本

外资企业的注册资本，是指为设立外资企业在工商行政管理机关登记的资本总额，即外国投资者认缴的全部出资额。外资企业的注册资本要与其经营规模相适应，注册资本与投资总额的比例应当符合中国的有关规定，目前参照中外合资经营企业的有关规定执行。

外资企业在经营期限内不得减少其注册资本，但因投资总额和生产经营规模等发生变化，确需减少注册资本的，须经审批机关批准。外资企业注册资本的增加、转让，须经审批机关批准，并向工商行政管理机关办理变更登记手续。外资企业将其财产或者权益对外抵押、转让，须经审批机关批准，并向工商行政管理机关备案。

三、外国投资者的出资方式与出资期限

（一）外国投资者的出资方式

根据《外资企业法实施细则》第 26 条的规定，外国投资者可以用自由兑换的外币出资，也可以用机器设备、工业产权、专有技术等作价出资，经审批机关批准，外国投资者也可以用其从中国内地兴办的其他外商投资企业获得的人民币利润出资。

外国投资者以机器设备作价出资的，该机器设备必须符合下列要求：（1）外资企业生产所必需的；（2）作价不得高于同类机器设备当时的国际市场正常价格。

外国投资者以工业产权、专有技术作价出资时，该工业产权、专有技术必须符合下列要求：（1）外国投资者自己所有的；（2）该工业产权、专有技术的作

价应当与国际上通常的作价原则相一致，其作价金额不得超过外资企业注册资本的 20%。

（二）外国投资者的出资期限

外国投资者的出资期限应当在设立外资企业的申请书和外资企业章程中载明。外国投资者可以分期缴付出资，但最后一期的出资应当在营业执照签发之日起 3 年内缴清。其中，第一期出资不得少于外国投资者认缴的出资额的 15%，并应当在外资企业营业执照签发之日起 90 日内缴清。

外国投资者未能按上述规定缴清出资的，外资企业批准证书即自动失效。外资企业应当向工商行政管理机关办理注销登记手续，缴销营业执照；不办理注销登记手续并缴销营业执照的，由工商行政管理机关吊销其营业执照，并予以公告。

外国投资者有正当理由要求延期出资的，应当经审批机关同意，并报工商行政管理机关备案。

外国投资者缴付每期出资后，外资企业应当聘请中国的注册会计师验证并出具验证报告，报审批机关和工商行政管理机关备案。

四、外资企业的组织形式和组织机构

（一）外资企业的组织形式

根据《外资企业法》的规定，外资企业的组织形式为有限责任公司，经批准可以为其他责任形式。外资企业为有限责任公司的，外国投资者对企业的责任以其认缴的出资额为限；外资企业为其他责任形式的，外国投资者对企业的责任适用中国法律和法规的规定。

（二）外资企业的组织机构

外资企业的组织机构可以由外国投资者根据企业不同的经营内容、经营规模、经营方式自行设置。按照国际惯例，设立外资企业的权力机构应遵循资本占有权同企业控制权相统一的原则，即外资企业的最高权力机构由资本持有者组成。外资企业应根据其组织形式设立董事会并推选出董事长，同时向审批机关备案。董事长是企业的法定代表人。

五、外资企业的经营期限、终止与清算

（一）外资企业的经营期限

根据我国《外资企业法》及其实施细则的有关规定，外资企业的经营期限，根据不同行业和企业的具体情况，由外国投资者在设立外资企业的申请书中拟订，由审批机关审批；外资企业的经营期限以其营业执照签发之日起计算，期满需延长的，应在距期满前 180 日向审批机关提出书面申请，审批机关应在收到申

请之日起 30 日内决定是否批准。批准延长的，应在收到批准文件之日起 30 日内向工商行政管理机关办理变更登记手续。

（二）外资企业的终止

根据我国《外资企业法》的规定，外资企业有下列情形之一的，应予终止：

（1）经营期限届满；

（2）经营不善，严重亏损，外国投资者决定解散；

（3）因自然灾害、战争等不可抗力而遭受严重损失，无法继续经营；

（4）破产；

（5）违反中国法律、法规，危害社会公共利益，被依法撤销；

（6）外资企业章程规定的其他解散事由已经出现。

因以上第（2）、（3）、（4）项情形而终止，应自行提交终止申请书，报审批机关核准，审批机关作出核准的日期为企业的终止日期。

（三）外资企业的清算

外资企业宣告终止时，应当进行清算。除企业破产或者撤销清算应当按照中国法律进行清算外，外资企业的清算应当由外资企业提出清算程序、原则及清算委员会人选，报审批机关审核后进行清算。

外资企业在清算结束之前，外国投资者不得将企业的资金汇出或携出中国境外，不得自行处理企业财产。外资企业清算结束，应向工商行政管理机关办理注销登记手续，缴销营业执照，其资产净值和剩余财产超过注册资本的部分视为利润，应依法缴纳所得税。

【有关热点问题的咨询】

1. 最高人民法院关于《审理外商投资企业纠纷案件若干问题的规定》的立法背景是什么？主要规定了哪些内容？

咨询意见：近年来，外商投资企业迅猛发展，外商投资企业领域发生的纠纷日渐增多，尤其是近两年来，案件数量占涉外民商事案件数量的 20% 左右。从外商投资企业的设立、变更到终止，各个环节产生的纠纷都在司法实践中有所体现。其中，外商投资企业股权转让纠纷、隐名投资纠纷、并购纠纷、清算纠纷等有较大幅度的增加，反映出来的法律问题错综复杂。为了统一裁判尺度，在广泛调研、征求社会各界意见的基础上，2010 年 5 月 17 日，《审理外商投资企业纠纷案件若干问题的规定》经最高人民法院审判委员会 1487 次会议讨论通过，并于 8 月 16 日实施。

《审理外商投资企业纠纷案件若干问题的规定》重点解决外商投资企业在设立、变更过程中产生的纠纷的法律适用问题，主要包括未经审批的合同效力及法律后果、股权确认、股权转让、股权质押等问题。明确规定未经行政审批的合同效力的认定规则、股权转让合同未经审批情形下的处理规则、外商投资企业隐名投资纠纷的处理规则、认定外商投资企业股东出资责任的规则等问题。此外，还对外商投资企业股权质押合同纠纷的处理，由于提供虚假信息进行股权变更报批导致外商投资企业股权争议的处理，外商投资企业股东在股权转让中的同意权、优先购买权纠纷的处理等问题，作出了详细规定。

2. 如何理解取消外资企业的超国民待遇对中国引进外资的影响？

咨询意见：自 2008 年 1 月 1 日起，内外资企业适用统一的企业所得税法。2010 年 12 月 1 号起，统一内外资企业城市维护建设税和教育费附加制度，对外商投资企业、外国企业及外籍个人征收城市维护建设税和教育费附加。内外资企业税制实现了全面统一，外资企业在税收政策上享受的"超国民待遇"被彻底终结。这对中国投资市场来说意味着什么？会不会影响中国对外国投资的吸引力？回答是否定的。吸引外资或者是投资环境衡量的标准主要不是税收，而是整个环境，就是公开、公正和透明的竞争环境，据美国在华商会调查，企业在华运营的最大的五个挑战是什么，归纳起来没有一个讲税收。中国大市场的魅力，并不在于对外资企业实施"超国民待遇"。中国在税收上对内外资企业一视同仁，符合世界贸易组织的规则，是对市场公平原则的尊重，而一个更加公平、透明的市场环境，将更有利于外资企业在中国的发展。

本 章 小 结

本章重点介绍了中外合资企业、中外合作企业、外商独资企业的概念、特点及有关企业设立、终止、资本制度、管理机构等法律制度。

中外合资经营企业是指外国合营者同中国合营者，按照平等互利的原则，经中国政府批准，在中国境内共同投资、共同经营，并按注册资本比例分享利润、分担风险及亏损，具有中国法人资格的企业。中外合资经营企业是中国法人，是股权式企业，按出资比例分享利润、分担风险。企业的组织形式为有限责任公司，设立董事会。董事会是合营企业的最高权力机构。

中外合作经营企业是指中国合作者与外国合作者依照中国的法律规定，在中国境内共同举办的，按合作企业合同的约定分配收益或产品、分担风险和亏损的企业。中外合作经营企业是中国企业，可以是法人企业，也可以是非法人企业。它是契约型企业，按合作合同约定分享利润、分担风险。在一定条件下，外国合作者可以先行回收投资。中外合作经营企业采用董事会管理、联合管理、委托管理模式。

外资企业是指依照中国有关法律在中国境内设立的全部资本由外国投资者投资的企业。外资企业是中国企业，其组织形式为有限责任公司，经批准也可以是其他责任形式。

思考题

1. 简述中外合资经营企业的概念和特征。

2. 简述中外合资经营企业投资总额与注册资本之间比例的法律规定。

3. 中外合作经营企业的外国合作者在合作期限内先行回收投资应符合哪些条件?

4. 简述中外合资企业、中外合作企业、外资企业在审批期限、外方投资比例、注册资本、组织形式、组织机构、损益分配原则等方面的区别。

5. 简述外商独资企业的概念、特点。

实训题

1. 大连市某企业和日商川宏订立合同，决定 2010 年 10 月在大连成立中外合资经营企业，预期投资总额为 3000 万美元。合同约定，企业注册资本为 1000 万美元，其中，川宏出资 700 万美元，以工业产权作价出资 350 万美元，另外以 350 万美元等值的日元出资；中方以场地使用权、机器设备、厂房等折合出资 300 万美元。出资采取分期缴付的方式，第一期出资从营业执照签发之日起 6 个月内缴清，双方各缴付出资额的 10%。合同规定，特定情况下经全体董事同意，在合营期内可以减少注册资本；合资企业的最高权力机构为董事会，董事长只能由中方派人担任。

问题：该合同规定有何违法之处？

2. 中国甲企业与外国乙企业共同投资设立一不具备法人资格的中外合作经营企业。双方约定企业设联合管理委员会，中外双方各出一人，任期为 4 年。约定合作期满时，企业全部固定资产无偿归中方所有，外方合作者以扩大收益分配比例方式在合作期限内先行回收其投资。

问题：

(1) 该合作企业组织机构的设置是否合法？

(2) 外方合作者先行回收投资事项应经什么机关批准？

(3) 该企业合作期满后可否延长合作期限？

3. 某外国投资者在中国设立一外资企业。该外国投资者以机器设备、工业产权以及其在中国举办的其他外商投资企业获得的人民币利润作为出资。

问题：

(1) 外国投资者的出资方式是否合法？

(2) 以工业产权作为出资应符合什么要求？

(3) 以机器设备作价出资应符合什么要求？

4. 一份中外合资经营合同规定，合营企业的注册资本为 450 万美元。中方投资 350 万美元，其中，场地使用权作价 50 万美元，厂房机器 200 万美元，现金 100 万美元；外方投资 100 万美元，其中，现金 70 万美元，机器设备 30 万美元（系向某国租赁来的）。

问题：上述内容有什么违法之处？说明理由。

第五章

合同法律制度

【导入案例一】甲公司于3月1日给乙公司发出函电称："现有当年产玉米50吨，每吨1000元，我公司负责送货，货到后付款。如贵方需购，望于接到电报之日起一周内回复为盼。"3月3日乙公司给甲公司复电称："接受贵方条件，但望以每吨800元成交。"

问题：

（1）甲、乙之间的合同关系是否成立？

（2）假设乙公司在3月15日复电给甲公司称"完全接受贵方条件"，则甲、乙之间的合同关系是否成立？

（3）假设乙公司在接到甲公司的电报后，于3月5日派人直接去付款提货时，甲公司已将这50吨玉米高价卖给了丙公司，甲公司是否需对乙公司承担责任？

【导入案例二】甲为一著名相声表演艺术家，乙为一家演出公司。甲、乙之间签订了一份演出合同，约定甲在乙主办的一场演出中出演一个节目，由乙预先支付给甲演出劳务费5万元。后来，在合同约定支付劳务费的期限到来之前，甲因一场车祸而受伤住院。乙通过向医生询问甲的伤情得知，在演出日之前，甲的身体有康复的可能，但也不排除甲的伤情会恶化，以至于不能参加原定的演出。基于上述情况，乙向甲发出通知，主张暂不予支付合同中所约定的5万元劳务费。甲不同意，并继续要求乙按合同的约定预先支付劳务费。

问题：乙暂不予支付合同中所约定的5万元劳务费的做法是否合法？

第一节 合同法概述

一、合同的概念和分类

（一）合同的概念

我国《合同法》规定："本法所称合同是指平等主体的自然人、法人及其他组织之间设立、变更或终止民事权利义务关系的协议。"法人是指依法成立的能够独立享有民事权利并承担民事义务的组织，包括机关、事业单位、社会团体、企业等。其他组织是指不具备法人资格的合伙企业、个人独资企业以及分支机构等。

合同具有以下法律特征：

（1）合同是平等主体之间的民事法律行为。

（2）合同是以设立、变更、终止民事权利义务为目的的民事法律行为。

（3）合同是当事人意思表示一致而达成的协议。

（二）合同的分类

根据不同的标准可以对合同进行不同的分类。

1. 单务合同和双务合同。根据双方当事人是否互负义务，合同可以分为单务合同和双务合同。单务合同，是指仅有一方负担给付义务的合同，如赠与合同。双务合同，是指当事人双方互负给付义务的合同，如买卖合同。在合同的履行过程中，当事人行使抗辩权的前提必须是在同一双务合同中，在单务合同中当事人不能行使抗辩权。

2. 要式合同和不要式合同。根据合同成立是否需要采用特定的形式和手续，合同可以分为要式合同和不要式合同。要式合同是指需要特定形式或手续才能成立的合同，如房屋买卖合同属于要式合同。不要式合同是指不需要采用特定形式或手续即可成立的合同。

3. 诺成合同和实践合同。根据是否需要交付标的物合同才能成立，合同可以分为诺成合同和实践合同。诺成合同是指双方当事人意思表示相一致即告成立的合同，如买卖合同。实践合同是指除当事人意思表示一致外，还要求以标的物的实际交付合同才能成立的合同，如自然人之间的借贷合同、质押合同、定金合同等。

4. 主合同和从合同。根据合同是否具有从属性，合同可以分为主合同和从合同。主合同是指不需依附于其他合同而能独立存在的合同。从合同是指必须依附于其他合同而存在的合同。例如，借款合同是主合同，为借款合同而设立的抵押合同是从合同。

5. 有名合同和无名合同。根据法律上是否规定了一定合同的名称与规则，合同可以分为有名合同和无名合同。有名合同是指法律上确定了一定名称的合同与规则。《合同法》分则确认了15种有名合同：买卖合同；供用电、水、气、热力合同；赠与合同；借款合同；租赁合同；融资租赁合同；承揽合同；建设工程合同；运输合同；技术合同；保管合同；仓储合同；委托合同；行纪合同；居间合同。无名合同是指法律上尚未确定一定的名称和规则的合同，如劳务合同。无名合同只要不违反法律的禁止性规范或社会公共利益，同样具有法律效力。

二、合同法的概念和调整范围

（一）合同法的概念

合同法是调整合同关系的法律规范的总称。我国现行合同法是 1999 年 3 月 15 日第九届全国人民代表大会第二次会议通过的《中华人民共和国合同法》，自 1999 年 10 月 1 日起施行。该法分为总则、分则、附则 3 篇，共 23 章 428 条。为保障《合同法》的顺利实施，最高人民法院分别于 1999 年 12 月 1 日、2009 年 2 月 9 日通过了关于适用《〈中华人民共和国合同法〉若干问题的解释（一）》、《〈中华人民共和国合同法〉若干问题的解释（二）》，并发布实施。

（二）合同法的调整范围

1. 合同法调整的是平等主体之间的民事关系。政府的经济管理活动属于行政管理关系，不是民事关系，不适用《合同法》；企业、单位内部的管理关系，不是平等主体之间的关系，也不适用《合同法》。

2. 合同法主要调整法人、其他组织之间的经济贸易合同关系，同时还包括自然人之间的买卖、租赁、借贷、赠与等合同关系。

3. 婚姻、收养、监护等有关身份关系的协议，不适用《合同法》的规定，由其他法律调整。

三、合同法的基本原则

（一）平等原则

在订立、履行合同的过程中，当事人的法律地位一律平等，任何一方不得将自己的意志强加给另一方。

（二）自愿原则

当事人依法享有自愿订立合同的权利，任何单位和个人不得非法干预。自愿原则也称合同的自由原则，但当事人在享有合同自由的同时不得违反法律的强制性规定和社会公共利益。

（三）公平原则

《合同法》规定，当事人应当遵循公平原则，确定各方的权利和义务。

（四）诚实信用原则

诚实信用要求当事人订立合同时恪守诺言、诚实不欺，在交易活动中善意地行使权利、履行义务。

（五）合法原则

当事人订立、履行合同，应当遵守法律、行政法规，尊重社会公德，不得扰乱社会经济秩序、损害社会公共利益。

第二节　合同的订立

一、合同订立的程序

当事人订立合同，应当采取要约、承诺的方式。也就是说，合同的订立包括要约和承诺两个阶段。

（一）要约

要约是希望和他人订立合同的意思表示。发出要约的当事人称为要约人，要约所指向的对方当事人称为受要约人。

1. 要约应具备的条件。

（1）内容具体确定。要约的内容必须具备使合同得以成立的全部主要条款，受要约人一经承诺合同即可成立。

（2）表明一经受要约人承诺，要约人即受该意思表示约束。只要受要约人作出承诺，合同即告成立，要约人就要受到合同的约束。

2. 要约邀请。要约邀请是希望他人向自己发出要约的意思表示。要约邀请与要约不同：要约是以订立合同为目的的法律行为，一经发出就会产生一定的法律效果；要约邀请是合同的准备阶段，其目的是让他人向自己发出要约，不属于订立合同的行为，没有法律约束力。我国《合同法》规定，寄送的价目表、拍卖公告、招标公告、招股说明书等均为要约邀请；商业广告视其内容确定是要约还是要约邀请，若内容符合要约规定条件的，则视为要约，否则是要约邀请。

3. 要约生效时间。我国《合同法》采取到达主义确定合同的生效时间，即要约到达受要约人时生效。采用数据电文形式订立合同，收件人指定特定系统接收数据电文的，该数据电文进入该特定系统的时间视为到达时间；未指定特定系统的，该数据电文进入收件人的任何系统的首次时间视为到达时间。需要注意的是，到达受要约人，并不是指要约一定实际到达受要约人或者其代理人手中，要约只要送达到受要约人通常的地址、住所或者能够控制的地方（如邮箱等）即为送达。

4. 要约的撤回、撤销。要约撤回是指要约发出后、生效前，要约人作出的取消要约的意思表示。《合同法》规定，撤回要约的通知应当在要约到达受要约人之前或者与要约同时到达受要约人。要约撤销是指要约人在要约生效后、受要约人承诺前使要约丧失法律效力的意思表示。《合同法》规定，撤销要约的通知应当在受要约人作出承诺通知之前到达受要约人。由于撤销要约可能会给受要约人带来不利的影响，损害受要约人的利益，《合同法》规定，有下列情形之一的，要约不得撤销：（1）要约人确定了承诺期限或者其他形式明示要约不可撤销；（2）受要约人有理由认为要约是不可撤销的，并且已经为履行合同做了准备工作。

5. 要约的失效。要约失效是指要约丧失法律约束力。根据《合同法》的规定，有下列情形之一的，要约失效：（1）拒绝要约的通知到达要约人；（2）要约人依法撤销要约；（3）承诺期限届满，受要约人未作出承诺；（4）受要约人对要约的内容作出实质性变更。

（二）承诺

承诺是受要约人完全同意要约的意思表示。

1. 承诺应具备的条件。承诺生效必须具备如下要件：

（1）承诺必须由受要约人作出。只有受要约人才有资格作出承诺，第三人不能作出承诺。第三人向要约人作出的同意要约的意思表示，应视为其向要约人发出的要约。

（2）承诺必须在有效期限内作出。只有在要约有效期限内作出承诺，才能使合同成立。受要约人超过承诺期限发出承诺的，为迟延承诺，除要约人及时通知受要约人该承诺有效的以外，视为新要约。

〖导入案例一〗中，假设乙公司在3月15日复电给甲公司称"完全接受贵方条件"，则甲、乙之间的合同关系一般也不能成立。因为甲在3月1日发出的要约中附有一周的答复期限，乙则是在3月15日复电称"完全接受"，超过了有效期限，为迟延承诺。除了甲及时通知乙该承诺有效以外，视为新要约。

（3）承诺必须向要约人作出。承诺是对要约的同意，因此，承诺只有向要约人作出才能达到缔约目的。如果不是向要约人作出的意思表示，不构成承诺。

（4）承诺内容必须与要约的内容一致。承诺的内容只有与要约的内容一致，合同才能成立。《合同法》规定，受要约人对要约的内容作出实质性变更的，为新要约。所谓对要约内容的实质性变更，是指有关合同标的、数量、质量、价款或者报酬、履行期限、履行地点和方式、违约责任和解决争议方法的变更等。

〖导入案例一〗中，乙公司于3月3日给甲公司复电称"接受贵方条件，但望以每吨800元成交"的答复，不构成承诺。因为该答复对要约的内容作出了实质性变更，为新的要约。因此，甲、乙之间的合同关系不能成立。

2. 承诺生效的时间。根据《合同法》的规定，承诺生效时合同成立。承诺自通知到达要约人时生效。

3. 承诺的撤回。承诺可以撤回。撤回承诺的通知应当在承诺通知到达要约人之前或者与承诺通知同时到达要约人。

二、合同成立的时间和地点

（一）合同成立的时间

根据《合同法》的规定，承诺生效时合同成立。由于合同的形式不同，确定合同成立的时间标准也不同。根据《合同法》的规定，当事人采用合同书形式订立合同的，自双方当事人签字或者盖章时合同成立；当事人采用信件、数据电文等形式订立合同，要求签订确认书的，签订确认书时合同成立。法律、行政法规规定或者当事人约定采用书面形式订立合同，当事人未采用书面形式，或者采用合同书形式订立合同，当事人未签字、盖章，但当事人一方已经履行主要义务，对方接受的，合同成立。

（二）合同成立的地点

承诺生效的地点为合同成立的地点。采用数据电文形式订立合同的，收件人的主营业地为合同成立的地点；没有主营业地的，其经常居住地为合同成立的地点。当事人另有约定的，按照其约定。

三、缔约过失责任

缔约过失责任是指当事人在订立合同的过程中，因违背诚实信用原则致使合同不能成立，给对方造成损失时应承担的法律责任。

根据《合同法》的规定，当事人在订立合同过程中有下列情形之一，给对方造成损失的，应当承担损害赔偿责任：（1）假借订立合同，恶意进行磋商；（2）故意隐瞒与订立合同有关的重要事实或提供虚假情况；（3）泄露或者不正当地使用对方的商业秘密；（4）有其他违背诚实信用原则的行为。

〖导入案例一〗中，假设乙公司在接到甲公司的电报后，于3月5日派人直接去付款提货时，甲公司已将这50吨玉米高价卖给了丙公司，甲公司需要对乙公司承担缔约过失责任。根据《合同法》的规定，在有效期限内，要约对要约人具有约束力。因为3月5日是在要约的有效期内，要约对甲有约束力，乙派人于3月5日直接付款提货，以行为表示承诺，而此时甲已将货高价卖给丙，违背诚实信用原则，使乙公司利益受到损失，故应承担赔偿损失的责任。

《合同法》还规定，当事人在订立合同过程中知悉的商业秘密，无论合同是否成立，不得泄露或者不正当地使用。泄露或者不正当地使用该商业秘密给对方造成损失的，应当承担损害赔偿责任。

四、合同的内容和形式

（一）合同的内容

《合同法》规定，合同的内容由当事人约定，一般包括以下条款：（1）当事人的名称或者姓名和住所；（2）标的；（3）数量；（4）质量；（5）价款或者报酬；（6）履行期限、地点和方式；（7）违约责任；（8）解决争议的方法。

（二）合同的形式

1. 书面形式。书面形式是指合同书、信件和数据电文（包括电报、电传、传真、电子数据交换和电子邮件）等可以有形地表现所载内容的形式。法律、行政法规规定或当事人约定采用书面形式的，应当采用书面形式。

2. 口头形式。口头形式是指当事人以直接对话的方式订立合同。凡是当事人无约定或法律无规定必须采用书面形式的，均可以采取口头形式。口头形式的优点是简便易行，缺点是发生纠纷时难以取证。口头形式主要适合于能够即时清结的合同。

3. 其他形式。合同除了书面形式和口头形式之外，还可以采用其他形式，如公证、鉴证、登记等形式。

第三节　合同的效力

合同的效力，又称合同的法律效力，是指已成立的合同具有的法律约束力。合同的成立与合同的效力不同，合同成立与否取决于当事人之间是否就合同内容达成一致，而合同具有怎样的效力取决于法律作出怎样的评价。我国《合同法》对合同的效力规定了四种情况：（1）依法生效的合同；（2）无效合同；（3）可撤销合同；（4）效力待定的合同。

一、合同的生效

合同生效是指已经依法成立的合同发生相应的法律效力。我国《合同法》对合同生效的时间规定了四种情形。

1. 依法成立的合同，自成立时生效。

2. 法律、行政法规规定应当办理批准、登记等手续生效的，依照其规定办理批准、登记等手续后生效。如《担保法》规定，以土地使用权、城市房地产、航空器、船舶、车辆等抵押的，应当办理抵押物登记，抵押合同自登记之日起生效；以依法可以转让的股票出质的，出质人与质权人应当订立书面合同，并向证券登记机构办理出质登记，质押合同自登记之日起生效；以依法可以转让的商标专用权以及专利权、著作权中的财产权出质的，出质人与质权人应当订立书面合同，并向其管理部门办理出质登记，质押合同自登记之日起生效。

3. 法律行政法规规定合同应当办理登记手续，但未规定登记后生效的，当事人未办理登记手续不影响合同的效力，但合同标的所有权及其他物权不能转移。

4. 当事人对合同的效力可以约定附条件。附生效条件的合同，自条件成就时生效。例如，甲与乙约定，当甲的弟弟考上外地大学，甲的房屋就让乙进来居住（租赁合同生效），这就是附生效条件的合同。附解除条件的合同，自条件成就时失效。例如，丙与丁约定，当丙的弟弟大学毕业从外地分配到本地工作，丁就从丙的房屋中搬出（解除租赁合同），这就是附解除条件的合同。当事人为自己的利益不正当地阻止条件成就的，视为条件已成就；不正当地促成条件成就的，视为条件不成就。例如，王某与李某约定，如果李某考上研究生，王某负担李某上学 3 年的生活费。李某在考试之前，得到了考试试题，因而业务课考试成绩名列前茅。王某得知真相，遂拒绝支付李某生活费，理由是李某不正当地促使赠与合同生效条件的成就。

5. 当事人对合同的效力可以约定附期限。附生效期限的合同，自期限届至时生效。附终止期限的合同，自期限届满时失效。

二、无效合同

无效合同是指合同虽然已经成立，但因其违反法律、行政法规或者社会公共利益，因而不发生法律效力的合同。合同的无效分为全部无效与部分无效两种情况。

根据《合同法》的规定，有下列情形之一的，合同无效：

（1）一方以欺诈、胁迫的手段订立合同，损害国家利益。所谓欺诈，是指以使他人陷入错误认识并因而作出意思表示为目的，故意陈述虚伪事实或隐瞒真实情况的行为。所谓胁迫，是指向对方当事人表示施加危害，使其发生恐惧，并且基于恐惧而为一定意思表示的行为。因欺诈、胁迫而订立的合同，只有损害国家利益的，才属无效合同。

（2）恶意串通，损害国家、集体或者第三人利益。

（3）以合法形式掩盖非法目的。以合法形式掩盖非法目的，是指当事人订立的合同在形式上是合法的，但在缔约目的和内容上是非法的。例如，甲、乙之间订立赠与合同的目的是为了逃避法院的强制执行。这种合同因损害他人利益，应属无效。

（4）损害社会公共利益。例如，以从事犯罪或者帮助犯罪作为内容的合同、规避税收的合同等。

（5）违反法律、行政法规的强制性规定。例如，我国《文物法》规定，国家禁止出境的文物，不得转让、出租、质押给外国人。如果签订将文物转让、出租、质押给外国人的合同，则该合同因违反法律的强制性规定而无效。

另外，《合同法》还对免责条款的无效情形作出了规定。根据规定，下列免责条款无效：

（1）造成对方人身伤害的；

（2）因故意或者重大过失造成对方财产损失的。

无效合同自始没有法律约束力，任何人均可主张。合同部分无效，不影响其他部分效力的，其他部分仍然有效。

合同无效后，因合同取得的财产，应当予以返还；不能返还或者没有必要返还的，应当折价补偿。有过错的一方应当赔偿对方因此受到的损失，双方都有过错的，应当各自承担相应的责任。当事人恶意串通，损害国家、集体或者第三人利益的，因此取得的财产收归国家所有或者返还集体、第三人。

三、可撤销合同

可撤销合同是指合同当事人订立合同时意思表示不真实，通过享有撤销权的当事人向人民法院或仲裁机构行使撤销权，使已经生效的合同变更或归于无效的合同。合同被撤销后，自始没有法律约束力。

根据《合同法》的规定，当事人一方有权请求人民法院或者仲裁机构予以变更或撤销具体如下。

1. 因重大误解订立的合同。重大误解，是指误解人作出意思表示时，对涉及合同法律效果的重大事项存在着认识上的显著缺陷，其后果是使误解人受到较大损失，以至于不能达到缔约的目的。重大误解主要包括：

（1）对合同性质的误解，例如误以借贷为赠与、误以出租为出卖。

（2）对对方当事人的误解，例如误以甲公司为乙公司而与其签订合同。

（3）对标的物品种的误解，例如把人造革衣服当做皮衣购买。

（4）对标的物质量的误解。例如误把次等品当做一等品。

（5）对标的物的数量、包装以及合同的履行方式、履行地点、履行期限等内容的误解。

2. 在订立时显失公平的合同。显失公平是指合同双方当事人的权利义务明显不对等，对一方当事人过分有利，而对另一方过分不利。

3. 一方以欺诈、胁迫的手段或乘人之危，使对方在违背真实意思的情况下订立的合同，受损害方有权请求人民法院或者仲裁机构变更或撤销。但一方以欺诈、胁迫手段而订立的合同，若损害到国家利益，则不属于可撤销合同，而是无效合同。

撤销权人应在除斥期间内行使撤销权。撤销权的除斥期间为1年。根据《合同法》的规定，有下列情形之一的，撤销权消灭：（1）具有撤销权的当事人自知道或应当知道撤销事由之日起1年内没有行使撤销权；（2）具有撤销权的当事人知道撤销事由后明确表示或者以自己的行为放弃撤销权。

可撤销合同因撤销权人是否行使了撤销权而不同。（1）撤销权人放弃了撤销权或者在除斥期限内未行使撤销权，可撤销合同具有法律效力，当事人双方应积极履行合同义务，当事人任何一方不履行义务的，则构成违约，应承担违约责任。（2）撤销权人行使了撤销权的，被撤销的合同，同无效合同一样，自始没有法律约束力，未履行的合同不再履行，已履行的合同应停止履行。已经从合同对方取得的财产，应返还对方；财产已不再存在或第三人善意取得的，应折价偿还。因自己的过错给对方造成损失的，应承担赔偿损失的责任；双方都有过错的，则各自承担相应的责任。

四、效力待定合同

效力待定合同是指合同的有效或无效处于不确定状态，尚待享有形成权的第三人的追认（同意或拒绝）来确定的合同。效力待定合同包括以下四种类型。

（一）限制民事行为能力人依法不能独立订立的合同

限制民事行为能力人依法不能独立订立的合同属于效力待定的合同，经法定代理人追认后，该合同有效。相对人可以催告法定代理人在 1 个月内予以追认。法定代理人未作表示的，视为拒绝追认。但纯获利益的合同或者与其年龄、智力、精神健康状况相适应而订立的合同，不必经法定代理人追认。例如，张某，15 岁，买了一双普通的球鞋，因为该合同与其年龄、智力等相适应，因此，不必经法定代理人追认就有效。

（二）无代理权人以他人名义订立的合同

无代理权人以他人名义订立的合同包括三种情况：（1）无权代理人自始没有代理权而以他人名义订立的合同；（2）无权代理人超越代理权订立的合同；（3）无权代理人在代理权终止后订立的合同。行为人没有代理权、超越代理权或者代理权终止后以被代理人名义订立的合同，未经被代理人追认，对被代理人不发生效力，由行为人承担责任。但相对人有理由相信行为人有代理权的，则该代理行为有效。例如，相对人见到行为人所持有的有效的某法人的介绍信或盖有该单位印章的空白合同书，则可认定行为人与该单位之间的代理关系有效。法人或其他组织的法定代表人、负责人超越权限订立的合同，除相对人知道或者应该知道其超越权限的以外，该代理行为有效。

（三）代理人滥用代理权订立的合同

滥用代理权包括自己代理、双方代理以及代理人与第三人恶意串通损害被代理人利益三种情况。除了后一种情况肯定属于无效合同以外，前两种情况下订立的合同应属效力待定合同。无论是自己代理所签订的合同，还是双方代理签订的合同，如经被代理人同意，则该合同发生效力；如被代理人不予同意或拒绝，则该合同不发生效力。

（四）无处分权人处分他人财产的合同

无处分权人处分他人财产的合同属于效力待定合同，经权利人追认或者无处分权人订立合同后取得处分权的，该合同有效。

第四节　合同的履行

一、合同履行的概念

合同履行是指债务人全面地、适当地完成约定的义务，以使债权人的债权得到完全实现。例如，在买卖合同中，出卖人的义务是按照约定交付标的物，买受人的义务是按照约定支付价款。另外，在合同履行过程中，当事人应当遵循诚实信用原则完成合同中规定的各项义务，同时还要根据合同的性质、目的和交易习惯履行通知、协助、保密等义务。

二、合同履行的规则

(一) 合同部分条款没有约定或约定不明确时的履行规则

根据《合同法》的规定，合同生效后，当事人就质量、价款或报酬、履行地点等内容没有约定或者约定不明确时，应适用下列履行规则。

1. 协议补充。《合同法》规定，合同生效后，当事人就质量、价款或报酬、履行地点等内容没有约定或者约定不明确的，可以协议补充。

2. 根据合同有关条款或交易习惯确定。当事人不能达成补充协议时，根据《合同法》的规定，可按照合同的有关条款或交易习惯确定。

3. 法律补救。《合同法》规定，当事人就有关内容约定不明确，依照上述方法仍不能确定的，适用以下规定：

(1) 对质量要求不明确的，按照国家标准、行业标准履行；没有国家标准、行业标准的，按照通常标准或符合合同目的的特定标准履行。

(2) 价款或报酬约定不明确，按照订立合同时履行地的市场价格履行；依法应当执行政府定价或者政府指导价的，按照规定履行。

(3) 履行地点不明确，给付货币的，在接受货币一方的所在地履行；交付不动产的，其他标的在履行义务的一方的所在地履行。

(4) 履行期限不明确的，债务人可以随时履行，债权人也可以随时要求履行，但应当给对方必要的准备时间。

(5) 履行方式不明确的，按照有利于实现合同目的的方式履行。

(6) 履行费用的负担不明确的，由履行义务的一方负担。

(二) 执行政府定价或者政府指导价遇价格调整时的履行规则

执行政府定价或者政府指导价的，在合同约定的交付期内政府价格调整时，按照交付时的价格计价。逾期交付标的物的，遇价格上涨时，按照原价格执行；价格下降时，按照新价格执行。逾期提取标的物或者逾期付款的，遇价格上涨时，按照新价格执行；价格下降时，按照原价格执行。

三、合同履行中的抗辩权

双务合同的当事人互负对待给付义务，当事人一方所享有的合同权利，即为对方所承担的合同义务。在双务合同的履行过程中，当事人享有履行抗辩权。双务合同履行抗辩权，是指在符合法定条件时，当事人一方对抗对方当事人的履行请求权，暂时拒绝履行其债务的权利。履行抗辩权是一种自助权，当事人在符合法定条件时可以自己行使该权利，不必经人民法院或仲裁机构确认。履行抗辩权的行使，在于阻止合同请求权的效力，但其本身并不消灭合同的履行效力，在产生履行抗辩权的原因消失后，债务人应当履行合同。我国《合同法》规定了双务合同的三种履行抗辩权：同时履行抗辩权、不安抗辩权、后履行抗辩权。

（一）同时履行抗辩权

1. 同时履行抗辩权的概念。同时履行抗辩权是指双务合同的当事人应同时履行义务的，一方在他方未履行之前，有权拒绝对方的履行请求。根据《合同法》的规定，当事人互负债务，没有先后履行顺序的，应当同时履行。一方在对方履行之前有权拒绝其履行要求，一方在对方履行债务不符合约定时有权拒绝其相应的履行要求。

2. 同时履行抗辩权的构成要件。同时履行抗辩权的行使，须具备以下构成要件：

（1）当事人因同一双务合同而互负债务。

（2）双方当事人互负的债务没有先后履行顺序且均已届清偿期。

（3）对方当事人未履行债务或未按约定履行债务。

（4）对方的对待给付是可能履行的。

法律设定同时履行抗辩权的目的是，使双方当事人同时履行自己的债务，同时实现自己的债权。如果对方当事人的履行已经不可能，同时履行的目的不可能达到，当事人只能通过其他途径寻求救济。

例如，某市育才学校与该市惠美服装有限责任公司（以下简称惠美公司）于2013年5月8日签订了一份订做学生校服的合同。合同约定，育才学校向惠美公司订购服装500套，每套100元，总计价款5万元。8月30日钱货两清。惠美公司如期完成了500套服装的加工，育才学校却以资金紧张为由请求惠美公司先交付服装，待学生开学收齐学费后，再交服装款5万元，惠美公司拒绝了育才学校的要求。惠美公司拒绝育才学校的要求行使的是同时履行抗辩权。

3. 同时履行抗辩权的法律效力。同时履行抗辩权属于一时的、延缓的抗辩权，只是暂时阻止对方当事人请求权的行使，非永久的抗辩权，不具有消灭对方请求权的效力。对方当事人一旦完全履行了合同义务，同时履行抗辩权消灭，当事人应当履行自己的义务。

（二）不安抗辩权

1. 不安抗辩权的概念。不安抗辩权，是指在双务合同中，应当先履行债务的一方当事人有确切证据证明对方的经营状况严重恶化，或者转移财产、抽逃资金以逃避债务，或者丧失商业信誉，以及有丧失或者可能丧失履行债务能力的其他情形时，中止履行自己债务的权利。设立不安抗辩权制度是为了保护先履行债务当事人的合法权益。

2. 不安抗辩权的构成要件。

（1）当事人因双务合同而互负债务。

（2）一方当事人应先履行债务。在双务合同中，当事人的履行有先后顺序时，先履行一方应当先履行债务。但是，如果后履行一方当事人出现或发生丧失或可能丧失履行债务能力的情形时，为避免先履行债务一方当事人对待给付不能实现的风险，先履行债务一方可以暂停自己的履行。

（3）后履行一方有不能对待给付的现实危险。不安抗辩权制度保护先履行一方是有条件的，不允许其在后履行一方有履行能力的情况下行使不安抗辩权，只能在有不能为对待给付的现实危险害及先履行一方的债权实现时，才能行使不安抗辩权。根据《合同法》的规定，应当先履行债务的当事人，有确切证据证明对方有下列情形之一的，可以中止履行：①经营状况严重恶化；②转移财产、抽逃资金以逃避债务；③丧失商业信誉；④有丧失或者可能丧失履行债务能力的其他情形。

（4）不安抗辩权的行使人是履行债务顺序在前的一方当事人。

【导入案例二】中，乙暂停支付5万元劳务费的行为属于行使不安抗辩权的行为。该案中，甲、乙双方的债务是因同一双务合同而发生，并且按合同约定，乙方有先履行给付演出劳务费的义务。在该双务合同成立后，甲方因车祸而造成身体伤害，以致有届时不能履行出场演出义务的可能。乙方在询问医生得知甲方届时履行其出场演出义务的能力尚不确定时，对甲方发出了通知，告知甲方其演出劳务费不能按合同约定予以提前支付，这是乙方行使不安抗辩权的正当行为，完全符合不安抗辩权行使的法定要件，符合民法中的诚实信用原则和公平原则。对于乙方的该种行为，在法律上和法理上都是应当给予支持的。

3. 不安抗辩权的法律效力。不安抗辩权的效力表现为中止履行及解除合同。

（1）中止履行。中止履行是指暂停履行合同或延期履行合同。先履行一方有确切证据证明后履行一方丧失或者可能丧失履行能力时，有权中止履行合同，当后履行一方提供担保时，先履行一方应恢复履行。

（2）解除合同。先履行一方中止履行后，后履行一方在合理期限内未恢复履行能力并且未提供适当担保的，先履行一方有权解除合同。

（3）通知及举证义务。

①通知义务。即主张不安抗辩权的当事人应当立即通知对方。不安抗辩权的行使，取决于权利人一方的意思，无须征得对方的同意。但为避免给对方当事人造成损害，同时也便于对方及时提供担保，《合同法》规定，主张不安抗辩权的当事人应当及时通知对方。

②举证义务。主张不安抗辩权的当事人应提供证据证明对方存在丧失或可能

丧失履行能力的情形。为防止不安抗辩权的滥用，防止先履行一方借不安抗辩权随意中止合同的履行，《合同法》规定，主张不安抗辩权的一方应负举证义务，如果没有确切证据而中止合同的履行，中止履行的一方应当承担违约责任。

（三）后履行抗辩权

1. 后履行抗辩权的概念。后履行抗辩权，是指当事人互负债务，有先后履行顺序的，先履行一方未履行之前，后履行一方拒绝履行自己债务的权利。先履行一方履行债务不符合约定的，后履行一方有权拒绝其相应的履行要求。

后履行抗辩权不同于同时履行抗辩权。后履行抗辩权发生于有先后履行顺序的双务合同中，而同时履行抗辩权发生于双方当事人的债务没有先后履行顺序的双务合同中。后履行抗辩权不同于不安抗辩权。不安抗辩权与后履行抗辩权都是在双方当事人的债务有先后履行顺序的双务合同中，但不安抗辩权是先履行一方所享有的权利，而后履行抗辩权是后履行一方所享有的权利。

2. 后履行抗辩权的构成要件。构成后履行抗辩权须符合以下要件：

（1）须双方当事人因同一双务合同互负债务。

（2）合同债务的履行须有先后履行顺序。

（3）先履行一方未履行债务或其履行债务不符合约定。

（4）后履行抗辩权的行使人是履行义务顺序在后的一方当事人。

四、合同的保全

合同的保全，是指在合同关系生效后，债权人为防止债务人的财产不当减少而危害其债权，对合同关系之外的第三人所采取的保护债权的法律措施。合同的保全措施包括两种：一是债权人有权代债务人之位向第三人行使债务人的权利，即债权人的代位权制度；二是债权人有权撤销债务人与第三人之间所为的法律行为，即债权人的撤销权制度。

（一）代位权

1. 代位权的概念。债权人的代位权，是指因债务人怠于行使其对第三人的到期债权，对债权人造成损害，债权人为保全自己的债权，可以以向人民法院请求以自己的名义代位行使债务人的债权。债权人的代位权不同于代理权，债权人的代位权是债权人以自己的名义行使债务人的债权的权利，而代理权是指债权人作为债务人的代理人以债务人的名义对第三人行使债务人的权利。

2. 代位权的成立要件。债权人代位权的成立，必须同时具备以下四个要件：

（1）债权人对债务人的债权合法。

（2）须债务人享有对第三人的合法债权。债权人代位权的行使是为了增加债务人的财产，以保证债权人债权的实现，因而必须存在债务人享有对第三人的合法债权。但是，如果债务人对第三人的债权是专属于债务人自身的债权，如基于抚养关系、赡养关系、继承关系产生的给付请求权和劳动报酬、退休金、养老金、抚恤金、安置费、人身伤害赔偿请求权等权利，债权人不得代位行使。

（3）须债务人怠于行使对第三人的到期债权，损害到对债权人履行债务。怠于行使是指债务人客观上应行使而不行使，只有在债务人怠于行使对第三人的到期债权时，债权人的代位权才能成立。

（4）债务人与债权人的合同关系已到期，债务人已陷于迟延履行。

3. 代位权的行使。债权人的代位权是债权人的一项权利，债权人在行使代位权时应当符合法律的规定，即应符合下列要求：

（1）代位权行使的主体是债权人。

（2）代位权的行使须以债权人自己的名义。

（3）代位权行使须以诉讼的方式为之。代位权的行使涉及债的关系以外的第三人，必须通过诉讼程序以法院裁判的方式行使，债权人不得自己迳行行使。

（4）代位权行使以保全债权为必要限度。债权人行使代位权的范围，以保全债权人的债权为必要限度，对超出部分人民法院不予支持。

（5）债权人行使代位权的必要费用由债务人负担。

（二）撤销权

1. 撤销权的概念。撤销权指债权人对债务人实施的危及债权实现的减少财产行为，可以请求人民法院予以撤销的权利。根据《合同法》的规定，因债务人放弃其到期债权或无偿转让财产，对债权人造成损害的，债权人可以请求人民法院撤销债务人的行为。债务人以明显不合理的低价转让财产，对债权人造成损害，并且受让人知道该情形的，债权人可以请求人民法院撤销债务人的行为。

2. 撤销权的成立要件。

（1）须有债务人的行为。撤销权之目的在于撤销债务人行为的法律效力，故须以存在债务人的行为为前提。债务人的行为包括放弃到期债权、无偿转让财产、以明显不合理的低价转让财产等行为。

（2）债务人的行为须害及债权。债务人的所谓害及债权是指因债务人的行为致使债权不能完全受清偿。如果债务人的行为不影响债权人债权实现，债权人不得行使撤销权。

（3）须债务人有恶意。这是债权人行使撤销权的主观要件。即债务人与第三人进行该行为时，明知该行为有害于债权人而故意为之。对于低价转让的有偿行为，须以债务人和受让人的主观恶意为要件，债权人的撤销权才能成立。对于无偿转让行为，撤销权的成立不以债务人和第三人的恶意为要件。

3. 撤销权的行使及效力。

（1）撤销权的行使。债权人的撤销权由债权人行使。撤销权的行使，应以诉讼方式为之。债权人撤销权的行使范围以保全债权人的债权为必要限度。撤销权的行使，应在法定期间内进行。我国《合同法》规定，撤销权自债权人知道或者应当知道撤销事由之日起 1 年内行使。自债务人的行为发生之日起 5 年内没有行使撤销权的，该撤销权消灭。

（2）撤销权的效力。债权人撤销权行使的效力，依法院的判决而发生。其效力及于债权人、债务人和第三人。对于债权人而言，行使撤销权的债权人可以请求第三人将所得的利益返还给债务人。对债务人及第三人而言，债务人的行为一经法院撤销，自始没有法律效力。

第五节　合同的担保

一、合同担保的概念与种类

合同的担保是指依据法律规定或者当事人的约定，为保证合同履行或者债权实现而采取的法律保障措施。根据《物权法》和《担保法》的规定，债权人在借贷、买卖等民事活动中，为保障实现其债权，需要担保的，可以依法设立担保物权。

担保物权人在债务人不履行到期债务或者发生当事人约定的实现担保物权的情形，依法享有就担保财产优先受偿的权利，但法律另有规定的除外。担保物权的担保范围包括主债权及其利息、违约金、损害赔偿金、保管担保财产和实现担保物权的费用。第三人为债务人向债权人提供担保的，可以要求反担保。反担保人可以是债务人，也可以是债务人之外的其他人。

根据我国《物权法》和《担保法》的规定，合同的担保包括保证、抵押、质押、留置和定金五种方式。

二、担保的主要方式

（一）保证

1. 保证的概念。保证是指保证人与债权人约定，当债务人不履行自己的债务时，保证人将按照约定履行债务或者承担责任的担保方式。在保证关系中，涉及三方当事人：债权人、债务人和保证人（第三人）。涉及三个不同的法律关系：一是债权人与债务人之间的主债权债务关系，它是保证关系存在的前提和保证担保对象；二是保证人与被保证人（债务人）之间的委托保证关系；三是保证人与债权人之间的保证关系，这是保证法律关系的主要方面，即通常所说的保证关系。

2. 保证成立的条件。

（1）须有符合条件的保证人。根据《合同法》的规定，具有代为清偿债务能力法人、其他组织或者公民可以作保证人。国家机关、学校、幼儿园、医院等以公益为目的的事业单位、社会团体，企业法人的分支机构、职能部门，不得作保证人，但经国务院批准为使用外国政府或者国际经济组织贷款进行转贷的除外。企业法人的分支机构有法人书面授权的，可以在授权范围内提供保证。

从事经营活动的事业单位、社会团体为保证人的，如无其他导致保证合同无效的情况，其所签订的保证合同应当认定为有效。

企业法人的分支机构未经法人书面授权或者超出授权范围提供保证的，保证合同无效或超出授权范围的部分无效，债权人和企业法人有过错的，应当根据其过错各自承担相应的民事责任，债权人无过错的，由企业法人承担民事责任；企业法人的分支机构经法人书面授权提供保证的，如果法人的书面授权范围不明，法人的分支机构应当对保证合同约定的全部债务承担保证责任；企业法人的分支机构提供的保证合同无效后应当承担赔偿责任的，由分支机构经营管理的财产承担；企业法人的分支机构经营管理的财产不足以承担保证责任的，由企业法人承担民事责任。

企业法人的职能部门提供保证的，保证合同无效。债权人知道或者应当知道保证人为企业法人的职能部门的，因此造成的损失由债权人自行承担；债权人不知保证人为企业法人的职能部门，因此造成的损失由债权人和保证人根据其过错各自承担相应的民事责任。

（2）须订立保证合同。保证合同为要式合同，应以书面形式订立。保证合同一般应写明被保证的主债权种类、数额、债务人履行债务的期限、保证的方式、保证担保的范围、保证的期间等内容。保证合同可以单独订立，也可以附于主合同之中。

3. 保证的方式。保证的方式分为一般保证和连带责任保证两种。

（1）一般保证。保证人和债权人在保证合同中约定，当债务人不能履行债务时，由保证人承担保证责任的，为一般保证。

一般保证的保证人在主合同纠纷未经审判或者仲裁，并就债务人财产依法强制执行仍不能履行债务前，对债权人可以拒绝承担保证责任。一般保证人所享有的这项权利在法律上称为先诉抗辩权。

（2）连带责任保证。连带责任保证，指债务人在债务履行期届满时仍未履行债务的，债权人既可以请求债务人履行债务也可以请求保证人履行保证债务的保证方式。

在连带责任保证中，保证人不享有先诉抗辩权，主债务履行期届满债务人未履行债务的，债权人可以要求债务人履行债务，也可以要求保证人在其保证范围内承担保证责任。

当事人对保证方式没有约定或者约定不明确的，按照连带保证承担保证责任。

4. 保证责任。

（1）保证责任的范围。除当事人另有约定外，保证担保的范围包括主债权及利息、违约金、损害赔偿金以及实现债权的费用。当事人对保证所担保的范围没有约定或者约定不明确的，保证人应当对全部债务承担责任。

（2）债权让与的保证责任。在保证期间，债权人依法将主债权转让给第三人的，保证债权同时转让，保证人在原保证担保的范围内对受让人承担保证责任。但是，保证人与债权人事先约定仅对特定的债权人承担保证责任或者禁止债权转让的，保证人不再承担保证责任。

（3）债务转移的保证责任。债权人许可债务人转让部分债务未经保证人书面同意的，保证人对未经其同意转让部分的债务不再承担保证责任。但是，保证人仍应对未转让部分的债务承担保证责任。

（4）保证担保与物的担保并存的保证责任。同一债权既有保证又有物的担保的，属于共同担保。根据《物权法》的规定，被担保的债权既有物的担保又有人的担保，债务人不履行到期债务而发生当事人约定的实现担保物权的情形，债权人应当按照约定实现债权；没有约定或者约定不明确，债务人自己提供物的担保的，债权人应当先就该物的担保实现债权；第三人提供物的担保的，债权人可以就物的担保实现债权，也可以要求保证人承担保证责任。提供担保的第三人承担保证责任后，有权向债务人追偿。

（5）债务合同变更的保证责任。债权人与债务人对主合同数量、价款、币种、利率等内容作了变动，未经保证人同意的，如果减轻债务人的债务的，保证人仍应当对变更后的合同承担保证责任；如果加重债务人的债务的，保证人对加重的部分不承担保证责任。债权人与债务人对主合同履行期限作了变动，未经保证人书面同意的，保证期间为原合同约定的或者法律规定的期间。债权人与债务人协议变动主合同内容，但并未实际履行的，保证人仍应当承担保证责任。

5. 保证期间。保证人在与债权人约定的保证期间或者法律规定的保证期间内承担保证责任。保证人与债权人未约定保证期间的，保证期间为主债务履行期届满之日起6个月。在合同约定的保证期间或法律规定的保证期间内，债权人未对债务人提起诉讼或者申请仲裁的，或者债权人未要求保证人承担保证责任的，保证人免除保证责任。

（二）抵押

1. 抵押的概念。抵押是债务人或者第三人的特定财产在不转移占有的前提下，将该财产作为债权的担保，当债务人不能履行债务时，债权人有权依法以该财产折价或者以拍卖、变卖该财产的价款优先受偿。

享有抵押权的债权人称为抵押权人，提供财产的债务人或者第三人称为抵押人，提供担保的财产为抵押财产。

同一财产法定登记的抵押权与质权并存时，抵押权人优先于质权人受偿。同一财产抵押权与留置权并存时，留置权人优先于抵押权人受偿。

2. 抵押财产。根据《物权法》和《担保法》的规定，债务人或者第三人有权处分的下列财产可以抵押：（1）建筑物和其他地上定着物；（2）建设用地使用权；（3）以招标、拍卖、公开协商等方式取得的荒地等土地承包；（4）生产设备、原材料、半成品、产品；（5）正在建造的建筑物、船舶、航空器；（6）交通运输工具；（7）抵押人依法有权处分的国有的土地使用权、房屋和其他地上定着物；（8）抵押人依法承包经发包方同意抵押的荒山、荒沟、荒丘、荒滩等荒地的土地使用权；（9）法律、行政法规未禁止抵押的其他财产。抵押人可以将上述所列财产一并抵押。

下列财产不得抵押：（1）土地所有权；（2）耕地、宅基地、自留地、自留山等集体所有的土地使用权，但法律规定可以抵押的除外；（3）学校、幼儿园、医院等以公益为目的的事业单位、社会团体的教育设施、医疗卫生设施和其他社会公益设施；（4）所有权、使用权不明或者有争议的财产；（5）依法被查封、扣押、监管的财产；（6）法律、行政法规规定不得抵押的其他财产。

抵押人所担保的债权不得超出其抵押物的价值。财产抵押后，该财产的价值大于所担保债权的余额部分，可以再次抵押。

经当事人书面协议，企业、个体工商户、农业生产经营者可以将现有的以及将有的生产设备、原材料、半成品、产品抵押，债务人不履行到期债务或者发生当事人约定的实现抵押权的情形，债权人有权就实现抵押权时的动产优先受偿。但不得对抗正常经营活动中已支付合理价款并取得抵押财产的买受人。

以建筑物抵押的，该建筑物占有范围内的建设用地使用权一并抵押。以建设用地使用权抵押的，该土地上的建筑物一并抵押。乡镇、村企业的建设用地使用权不得单独抵押。以乡镇、村企业的厂房等建筑物抵押的，其占用范围内的建设用地使用权一并抵押。

以依法获准尚未建造的或者正在建造中的房屋或者其他建筑物抵押的，当事人办理了抵押物登记，人民法院可以认定抵押有效。当事人以农作物和与其尚未分离的土地使用权同时抵押的，土地使用权部分的抵押无效。学校、幼儿园、医院等以公益为目的的事业单位、社会团体，以其教育设施、医疗卫生设施和其他社会公益设施以外的财产为自身债务设定抵押的，人民法院可以认定抵押有效。按份共有人以其共有财产中享有的份额设定抵押的，抵押有效。共同共有人以其共有财产设定抵押，未经其他共有人同意，抵押取无效。但是，其他共有人知道或者应当知道而未提出异议的视为同意，抵押有效。

3. 抵押合同。根据我国法律的规定，抵押人和抵押权人应当以书面形式订立抵押合同。抵押合同应当包括以下内容：（1）被担保的主债权种类、数额；

（2）债务人履行债务的期限；（3）抵押财产的名称、数量、质量、状况、所在地、所有权权属或者使用权权属；（4）担保的范围（包括主债权及利息、违约金、损害赔偿金和实现抵押权的费用）；（5）当事人认为需要约定的其他事项。抵押合同不完全具备以上规定内容的，可以补正。

4. 抵押物登记。当事人以法律规定的需要办理抵押物登记的财产抵押的，应当向有关部门办理抵押物登记，抵押合同自登记之日起生效。以其他财产抵押的，可以自愿办理抵押物登记，抵押合同自签订之日起生效。

办理抵押物登记的部门如下：（1）以无地上定着物的土地使用权抵押的，为核发土地使用权证书的土地管理部门；（2）以城市房地产或者乡（镇）、村企业的厂房等建筑物抵押的，为县级以上地方人民政府规定的部门；（3）以林木抵押的，为县级以上林木主管部门；（4）以航空器、船舶、车辆抵押的，为运输工具的登记部门；（5）以企业的设备和其他动产抵押的，为财产所在地的工商行政管理部门。

以其他财产抵押的，可以自愿办理抵押物登记，抵押合同自签订之日起生效。当事人未办理抵押物登记的，不得对抗第三人。当事人办理抵押物登记的，登记部门为抵押人所在地的公证部门。

抵押物登记记载的内容与抵押合同约定的内容不一致的，以登记记载的内容为准。

当事人同一天在不同的法定登记部门办理抵押物登记的，视为顺序相同。因登记部门的原因致使抵押物进行连续登记的，抵押物第一次登记的日期视为抵押登记的日期，并依次确定抵押权的顺序。

当事人办理抵押物登记手续时，因登记部门的原因致使无法办理抵押物登记，抵押人向债权人交付权利凭证的，可以认定债权人对该财产有优先受偿权。但是，未办理抵押物登记的，不得对抗第三人。

以建筑物和其他土地定着物、建设用地使用权以及以招标、拍卖、公开协商等方式取得的荒地等土地承包经营权或者正在建造的建筑物抵押的，应当办理抵押登记。抵押权自登记时设立。

以生产设备、原材料、半成品、产品、交通运输工具或者正在建造的船舶、航空器抵押的，抵押权自抵押合同生效时设立；未经登记，不得对抗善意第三人。

企业、个体工商户、农业生产经营者以生产设备、原材料、半成品、产品等动产抵押的，应当向抵押人住所地的工商行政管理部门办理登记，抵押权自抵押合同生效时设立；未经登记，不得对抗善意第三人。

以城市房地产或者乡（镇）、村企业的厂房等建筑物抵押的，县级以上地方人民政府对登记部门未作规定，当事人在土地管理部门或者房产管理部门办理了抵押物登记手续，人民法院可以确认其登记的效力。

抵押物登记记载的内容与抵押合同约定的内容不一致的，以登记记载的内容为准。

5. 抵押的范围和效力。抵押担保的范围包括主债权及利息、违约金、损害赔偿金和实现抵押权的费用。抵押合同另有约定的，按照规定。

债务人不履行到期债务或者发生当事人约定的实现抵押权的情形，致使抵押财产被人民法院依法扣押的，自扣押之日起抵押权人有权收取该抵押财产的天然孳息或者法定孳息，但抵押权人未通知应当清偿法定孳息的义务人的除外。孳息的清偿顺序为：（1）充抵收取孳息的费用；（2）主债权的利息；（3）主债权。

订立抵押合同前抵押财产已经出租的，原租赁关系不受该抵押权的影响。抵押权设立后抵押财产出租的，该租赁关系不得对抗已登记的抵押权。

抵押人将已经抵押的财产出租时，如果抵押人未书面告知承租人该财产已抵押，抵押权人对出租抵押物造成承租人的损失承担赔偿责任；如果抵押人已书面告知承租人该财产已经抵押，抵押权实现造成承租人的损失，由承租人自己承担。

抵押期间，抵押人未经抵押权人同意，不得转让抵押财产，但受让人代为清偿债务消灭抵押权的除外。抵押期间，抵押人经抵押权人同意转让抵押财产的，应当将转让所得的价款向抵押权人提前清偿债务或者提存。转让的价款超过债权数额的部分归抵押人所有，不足部分由债务人清偿。

抵押存续期间，抵押人转让抵押物未通知抵押权人或者未告知受让人的，如果抵押物已经登记，抵押权人仍可以行使抵押权；取得抵押物所有权的受让人，可以代替债务人清偿其全部债务，使抵押权消灭。受让人清偿债务后可以向抵押人追偿。

如果抵押物未经登记，抵押权不得对抗受让人，因此给抵押权人造成损失的，由抵押人承担赔偿责任。

抵押物依法被继承或者赠与的，抵押权不受影响。

6. 抵押权的实现。债务人不履行到期债务或者发生当事人约定的实现抵押权的情形，抵押权人可以与抵押人协议以抵押财产折价或者以拍卖、变卖该抵押财产所得的价款优先受偿。协议损害其他债权人利益的，其他债权人可以在知道或者应当知道撤销事由之日起1年内请求人民法院撤销该协议。

抵押权人与抵押人未就抵押权实现方式达成协议的，抵押权人可以请求人民法院拍卖、变卖抵押财产。

抵押权人可以放弃抵押权或者抵押权的顺位。抵押权人与抵押人可以协议变更抵押权顺位以及被担保的债权数额等内容，但抵押权的变更未经其他抵押权人书面同意，不得对其他抵押权人产生不利影响。

债务人以自己的财产设定抵押，抵押权人放弃该抵押权、抵押权顺位或者变更抵押权的，其他担保人在抵押权人丧失优先受偿权益的范围内免除担保责任，但其他担保人的承诺仍然提供担保的除外。

同一财产向两个以上债权人抵押的，顺序在先的抵押权与该财产的所有权同属一人时，该财产的所有权人可以以其抵押权对抗顺序在后的抵押权；顺序在后的抵押权所担保的债权先到期的，抵押权人只能就抵押物价值超出顺序在先的抵押担保债权的部分受偿；顺序在先的抵押权所担保的债权先到期的，抵押权实现后的剩余价款应予提存，留待清偿顺序在后的抵押担保债权。

同一财产向两个以上债权人抵押的，拍卖、变卖抵押财产所得的价款依照下列规定清偿：（1）抵押权已登记的，按照登记的先后顺序清偿；顺序相同的，按照债权比例清偿。（2）抵押权已经登记的先于未登记的受偿。（3）抵押权未登记的，按照债权比例清偿。

同一债权有两个以上抵押人的，债权人放弃债务人提供的抵押担保的，其他抵押人可以请求人民法院减轻或者免除其应当承担的担保责任。当事人对其提供的抵押财产所担保的债权份额或者顺序没有约定或者约定不明确的，抵押权人可以就其中任一或者各个财产行使抵押权。

（三）质押

1. 质押的概念。质押是指债务人或者第三人将动产或权利移交债权人占有，作为债务履行的担保，当债务人不能履行债务时，债权人有权依法以该动产或权利折价或者以拍卖、变卖该动产或权利的价款优先受偿。在质押法律关系中，享有质权的债权人为质权人或质押权人，将财产或权利移交给质权人占有的债务人或第三人为出质人。根据我国《担保法》的规定，质押分为动产质押与权利质押。

2. 动产质押。动产质押是指债务人或第三人将动产移交债权人占有，将该动产作为债权的担保。

（1）质押合同。当事人应当采取书面形式订立质押合同。质押合同一般包括以下条款：①被担保债权的种类和数额；②债务人履行债务的期限；③质押财产的名称、数量、质量、状况；④担保的范围；⑤质押财产交付的时间；⑥当事人认为需要约定的其他事项。除质押合同另有约定外，质押担保的范围包括主债权及利息、违约金、损害赔偿金、质物保管费用和实现质权的费用。

质押合同自成立时生效，质权自出质人交付质押财产时设立。

质权人在债务履行期届满前，不得与出质人约定债务人不履行到期债务时质押财产归债权人所有。

（2）质权人对质物的责任。

①质权人在质权存续期间，未经出质人同意，擅自使用、处分质押财产，给

出质人造成损害的，应当承担赔偿责任。

②质权人负有妥善保管质押财产的义务。因保管不善致使质押财产毁损、灭失的，应当承担赔偿责任。

质权人的行为可能使质押财产毁损、灭失的，出质人可以要求质权人将质押财产提前清偿债权的，应当扣除未到期部分的利息。

③因不可归责于质权人的事由可能使质押财产毁损或者价值明显减少，足以危害质权人权利的，质权人有权要求出质人提供相应的担保；出质人不提供的，质权人可以拍卖、变卖质押财产，并与出质人通过协议将拍卖、变卖所得的价款提前清偿债务或者提存。

④质权人在质权存续期间，未经出质人同意转质，造成质押财产毁损、灭失的，应当向出质人承担赔偿责任。

（3）质权的实现。债务人履行债务或者出质人提前清偿所担保的债权的，质权人应当返还质押财产。债务人不履行到期债务或者发生当事人约定的实现质权的情形，质权人可以与出质人协议以质押财产折价，也可以以拍卖、变卖质押财产所得的价款优先受偿。质押财产折价或者变卖的，应当参照市场价格。

出质人可以请求质权人在债务履行期届满后及时行使质权；质权人不行使的，出质人可以请求人民法院拍卖、变卖质押财产。

出质人请求质权人及时行使质权，因质权人怠于行使权利造成损害的，由质权人承担赔偿责任。

质押财产折价或者拍卖、变卖后，其价款超过债权数额的部分归出质人所有，不足部分由债务人清偿。

为债务人质押担保的第三人，在质权人实现质权后，有权向债务人追偿。

出质人与质权人可以协议设立最高额质权。

3. 权利质押。权利质押是指债务人或者第三人以其财产权利交付债权人作为债权的担保，当债务人不履行债务时，债权人有权依照法律规定，以该财产权利折价或者以拍卖、变卖该财产权利的价款优先受偿。

（1）权利质押合同的标的。根据我国《物权法》和《担保法》的规定，下列权利可以质押：

①汇票、支票、本票；

②债券、存款单；

③仓单、提单；

④可以转让的基金份额、股权；

⑤依法可以转让的商标专用权、专利权、著作权中的财产权；

⑥应收账款；

⑦法律、行政法规规定可以出质的其他财产权利。

（2）权利质押合同的生效时间。权利质押合同因出质标的不同，合同生效的时间也不同。

①以汇票、支票、本票、债券、存款单、仓单、提单出质的，当事人应当订立书面合同。质权自权利凭证交付质权人时起设立；没有权利凭证的，质权自有关部门办理出质登记时设立。汇票、支票、本票、债券、存款单、仓单、提单的兑现日期或者提货日期先于主债权到期的，质权人可以兑现或者提货，并与出质人协议将兑现的价款或者提取的货物提前清偿债务或者提存。

②以基金份额、股权出质的，当事人应当订立书面合同。以基金份额、证券登记结算机构登记的股权出质的，质权自证券登记结算机构办理出质登记时设立；以其他股权出质的，质权自工商行政管理部门办理出质登记时设立。基金份额、股权出质后，不得转让，但经出质人与质权人协商同意的除外。出质人转让基金份额、股权所得的价款，应当向质权人提前清偿债务或者提存。

③以注册商标专用权、专利权、著作权等知识产权中的财产权出质的，当事人应当订立书面合同。质权自有关主管部门办理出质登记时设立。知识产权中的财产权出质后，出质人不得转让或者许可他人使用，但经出质人与质权人协商同意的除外。出质人转让或者许可他人使用出质的知识产权中的财产权所得的价款，应当向质权人提前清偿债务或者提存。

④以应收账款出质的，当事人应当订立书面合同。质权自信贷征信机构办理出质登记时设立。应收账款出质后，不得转让，但经出质人与质权人协商同意的除外。出质人转让应收账款所得的价款，应当向质权人提前清偿债务或者提存。

（四）留置

1. 留置的概念。留置是指债权人按照合同约定占有债务人的动产，债务人不按照合同约定的期限履行债务的，债权人有权扣留该财产，以该财产折价或者以拍卖、变卖该财产的价款优先受偿的一种债权担保方式。

2. 取得留置权应具备的条件。

（1）须债权人合法占有债务人的动产。只有债权人因保管合同、运输合同、加工承揽合同以及法律规定可以留置的其他合同而占有债务人动产，债务人不履行债务的，债权人方可行使留置权。当事人可以在合同中约定不得留置的物。法律规定或者当事人约定不得留置的动产，不得留置。留置财产为可分物的，留置财产的价值应当相当于债务的金额。

（2）须债权已届清偿期。只有在债权已届清偿期，而债务人仍未履行债务时，债权人才可以留置债务人的动产。而债权尚未届清偿期时，债权人不享有留置权。

（3）占有的动产与债权有牵连关系。牵连关系是指占有动产与其享有债权是基于同一合同。例如，乙为甲修理汽车，乙享有的修理费债权与其对甲汽车的占有系出于同一修理合同。

3. 留置担保的范围。留置担保的范围包括主债权及利息、违约金、损害赔偿金、留置物保管费用和实现留置权的费用。

4. 留置权的实现。留置权人负有妥善保管留置财产的义务，因保管不善致使留置财产毁损、灭失的，应当承担赔偿责任。留置权人有权收取留置财产的孳息。孳息应当先充抵收取孳息的费用。

留置权人与债务人应当约定留置财产后的债务履行期间；没有约定或者约定不明确的，留置权人应当给债务人2个月以上履行债务的期间，但鲜活易腐等不易保管的动产除外。债务人逾期未履行的，留置权人可以与债务人协议以留置财产折价，也可以就拍卖、变卖留置财产所得的价款优先受偿。留置财产折价或者变卖的，应当参照市场价格。

债务人可以请求留置权人在债务履行期届满后行使留置权；留置权人不行使的，债务人可以请求人民法院拍卖、变卖留置财产；留置财产折价或者拍卖、变卖后，其价款超过债权数额的部分归债务人所有，不足部分由债务人清偿。

留置权人在债权未受全部清偿前，留置物为不可分物的，留置权人可以就其留置物的全部行使留置权；留置的财产为可分物的，留置物的价值应当相当于债务的金额。

同一动产上已设立抵押权或者质权，该动产又被留置的，留置权人优先受偿。

留置权因下列原因而消灭：（1）留置权人放弃留置权；（2）留置物灭失、毁损而无代位物；（3）与留置物有牵连关系的债权消灭；（4）债务人另行提供价值相当的担保并被债权人接受；（5）实现留置权；（6）丧失对留置财产的占有。

（五）定金

1. 定金的概念。定金是指合同当事人为确保合同的履行，依据法律规定或当事人的约定，由一方当事人在合同订立时，或合同订立后、履行前，预先向他方当事人交付一定数额的金钱以担保合同的履行的担保方式。

定金不同于预付款。虽然两者都具有预付的性质，都是在合同履行前由一方支付一定数额的金钱给对方当事人，但两者的性质不同，其区别在于：（1）定金的主要作用是担保，是债的一种担保方式；而预付款则属于履行给付的一部分，其主要作用是为对方履行合同提供资金上的帮助，不具有担保的作用。（2）交付定金的协议是从合同，只有在交付定金后才能成立；而交付预付款的协议属于主合同的部分内容，只要双方当事人的意思表示一致即可成立。（3）定金的双方当事人在不能履行合同时，适用定金罚则，丧失定金或双倍返还定金；而预付款在交付后不能履行合同时，不发生丧失或双倍返还的效力。

2. 定金合同。

（1）定金合同的当事人。定金合同是担保主债权得以实现的从合同，因此，定金合同的当事人就是主合同的当事人双方。

（2）定金合同的形式。定金合同是要式合同，应当采用书面形式，既可以是单独订立的书面合同，包括当事人之间具有担保性质的信函、传真等，也可以是主合同中的定金条款。

（3）定金合同的成立。定金合同是实践合同，自实际交付定金之日起生效。

（4）定金的数额。定金的数额由当事人自主协商确定，但双方约定的定金数额不得超过主合同标的额的20%，当事人约定的定金数额超过主合同标的额20%的，超过的部分，人民法院不予支持。

3. 定金罚则。合同当事人一方不履行合同时，须承受定金罚则，即交付定金的一方不履行约定的债务的，无权要求返还定金；收受定金的一方不履行债务的，则应双倍返还定金。

第六节　合同的变更和转让

一、合同的变更

依法订立的合同，即具有法律约束力，受法律保护，当事人必须全面履行合同规定的义务，任何一方都不得擅自变更或者解除。但是，在合同履行过程中，由于主客观情况的变化，使原合同的履行已经不可能或者不必要时，为了减少不必要的损失，当事人可以依法变更合同。

（一）合同变更的概念

合同的变更，是指依法成立的合同没有履行或没有完全履行时，当事人双方根据客观情况的变化，依照法律规定的条件和程序，就其内容进行修改和补充而达成的协议。合同的变更是在合同主体不改变的前提下对合同内容的变更，合同的性质和标的性质并不改变，其实质上仍是同一合同。其可能表现为标的数量和质量的变更，也可能表现为履行的期限、地点和方式的变更，还可能表现为价款或酬金的变更等。合同变更必须以有效成立的合同为对象。凡未成立或无效的合同，不存在变更的问题。

（二）合同变更的条件

1. 原已存在合同关系。合同的变更是指改变原合同关系，无原合同关系便不存在合同变更。

2. 合同内容已发生变化。合同内容的变化包括标的物数量的增减、标的物品质的改变、价金或酬金的增减、履行期限的变更、履行地点的变更等。

3. 合同的变更须依当事人协议。根据《合同法》第77条的规定，当事人协商一致，可以变更合同。双方当事人协商达不成协议的，不发生合同变更的法律效力。当事人对合同变更的内容约定不明确的，推定为未变更。

4. 遵守法律规定的形式。法律要求对合同变更须采取办理批准、登记手续等特定形式的，应遵守法律要求的形式。

二、合同的转让

合同的转让是指合同当事人一方将其合同的权利和义务全部或部分转让给第三人。合同的转让是合同主体的变更，合同的内容保持不变。合同的转让可分为三种情形：债权让与、债务承担、债权债务的概括转移。

（一）债权让与

债权让与是指债权人与第三人协商，在不改变债的内容的情形下，将其债权转让给第三人享有的一种法律制度。债权人也称让与人，第三人也称受让人。

债权让与须具备以下条件。

1. 须存在有效的债权。有效的债权是指债权真实、合法并且未消灭。

2. 让与的债权具有可让与性。根据《合同法》的规定，下列债权不得让与：

（1）具有人身性质的债权不得让与。例如，以特定身份为基础的债权，如退休金受领权、养老金请求权等债权，不得让与。

（2）当事人约定不得让与的债权不得让与。

（3）依照法律规定不得让与的债权不得让与。例如，《担保法》规定，最高额抵押所担保的主合同债权不得转让。

3. 通知债务人。债权的让与是债权人与第三人就债权让与达成的协议。债务人不是债权让与协议的当事人，债权人的变更对债务人承担的义务没有什么影响，债务人的意志不能影响债权让与的效力，因此，无须征得债务人的同意。但是，债权让与以后，债务人须向受让人履行债务，因而债权人应当通知债务人。根据《合同法》的规定，债权人转让权利的，应当通知债务人。未经通知，该转让对债务人不发生效力。

（二）债务承担

债务承担是指不改变债的内容，债务人将其负担的债务转移给第三人承担。

债务承担须具备以下条件。

1. 须存在合法有效的债务。合法有效的债务是债务承担的前提。

2. 债务具有可转移性。债务人转移的债务必须具有可转移性，不可转移的债务不能成立债务承担。例如演出合同中的演出义务等。

3. 第三人与债务人达成承担债务的协议。

4. 须经债权人同意。债的关系建立在债权人对债务人履行能力的了解和信任的基础上，债务人的支付能力对于债权人权利的实现至关重要。当债务人将债务转移于第三人时，可能会影响到债权人债权的实现，只有经债权人同意的债务承担合同才能有效；未经债权人同意而转移债务的债务承担协议对债权人并无效力。

（三）债权债务的概括转移

债权债务的概括转移是指债权和债务同时转移归第三人享有和承担。例如，甲企业将自己在合同中的权利义务一并转移给乙企业，乙企业一并承受甲企业在合同中的权利和义务，即为债权债务的概括转移。债权债务的概括转移与债权让与、债务承担的不同之处在于：转移的内容包括债权和债务两个方面，由第三人全部继受债权债务；而债权让与和债务承担只是单纯地转移债权或转移债务，由第三人成为新的债权人或债务人。

债权债务的概括转移又可分为合同承受和因当事人合并、分立发生的权利义务转让。

1. 合同承受。这是指当事人一方经对方同意，将自己在合同中的权利和义务一并转让给第三人。由于合同承受既有债权的让与又有债务的承担，所以《合同法》规定转让方必须征得对方当事人的同意。

2. 因当事人合并、分立发生的权利和义务转让。对于当事人订立合同后发生合并的，法律规定，由合并后的法人或者其他组织行使合同权利、履行合同义务。对于当事人订立合同后分立的，《合同法》规定，除债权人和债务人另有约定的以外，由分立的法人或其他组织对合同的权利和义务享有连带债权，承担连带债务。

第七节　合同的权利义务终止

一、合同权利义务终止的概念

合同权利义务终止，又称合同的终止或合同的消灭，是指合同当事人双方终止合同关系，合同确立的权利、义务关系随之消灭。根据我国《合同法》的规定，导致合同权利义务终止的事件有履行、解除、抵销、提存、免除、混同等情形。

二、合同权利义务终止的具体情形

（一）债务已按照约定履行

因履行而终止，即当事人已经按照合同的约定全面履行了各自的义务，表明当事人缔约目的已经得到实现，因此，这是导致合同的权利义务终止的最为正常的原因。

（二）合同的解除

合同的解除是指合同有效成立以后，因当事人一方的意思表示或者双方协议，使基于合同发生的债权债务关系归于消灭的行为。合同解除可分为约定解除和法定解除。

1. 约定解除。约定解除分为两种情况：一是协议解除。当事人协商一致，可以解除合同。也就是说，当事人未在合同中约定解除条件，但在合同履行完毕前，经双方协商一致而解除合同。二是约定解除权。当事人可以约定一方解除合同的条件。解除合同的条件成就时，解除权人可以解除合同。

例如，2010年3月，甲企业（甲方）与乙公司（乙方）签订了一份租赁协议。协议书约定，甲企业将其位于展览路的10间街面房租给乙公司使用，期限为2年，自2010年3月12日至2012年3月11日止，每年租金80万元。协议书还规定，乙方在租赁期间，如果甲方的业务扩大，需要租房和场地时，甲方有权提前终止合同和调整租房位置，乙方应服从甲方的意见。协议签订后，双方按照约定履行。2010年12月1日，甲方以本单位欲成立一分公司需用租给乙方的房屋为理由，要求提前终止合同。乙方以各种理由拖延，以致影响了分公司的正常开业经营。甲方无奈，向法院起诉，请求与乙方解除合同，法院支持了甲方的主张。

该案中，甲企业与乙公司的租房合同属于约定解除合同的情形。双方约定，在租赁期间，若因甲方需用租房场地时，甲有权提前终止合同。这属于双方协议解除合同的情形，甲方可行使解除权。

2. 法定解除。合同的法定解除，是指由法律直接规定解除的条件，当这种条件具备时，当事人就可以解除合同。

（1）可以解除合同的法定情形。根据《合同法》第94条的规定，有下列情形之一的，当事人可以解除合同：

①因不可抗力致使不能实现合同目的。"不可抗力"是指不能预见、不能避免、不能克服的情况。它包括自然现象，如地震、洪水等；也包括某些社会现象，如战争、动乱等。发生了不可抗力致使不能实现合同目的，当事人可以解除合同，但如果发生了不可抗力仍能履行的，则不能解除合同。

②因预期违约解除合同。在履行期限届满之前，当事人一方明确表示或者以自己的行为表明不履行主要债务的，对方可以解除合同。

③当事人一方迟延履行主要债务，经催告后在合理期限内仍未履行的，对方可以解除合同。

④当事人一方迟延履行债务或者有其他违约行为致使不能实现合同目的。

⑤法律规定的其他情形。如因行使不安抗辩权而中止履行合同，对方在合理

期限内未恢复履行能力，也未提供适当担保的，中止履行的一方可以解除合同。

《最高人民法院关于适用合同法若干问题的解释（二）》规定，合同成立以后客观情况发生了当事人在订立合同时无法预见、非不可抗力造成的不属于商业风险的重大变化，继续履行合同对于一方当事人明显不公平或者不能实现合同目的，当事人请求人民法院变更或者解除合同的，人民法院应当根据公平原则并结合案件的实际情况确定是否变更或者解除。

例如，2013年4月1日，张某到新浪潮服装店定做了一套结婚礼服，准备5月1日结婚时穿。双方约定，面料由服装店按照张某的要求提供，该礼服只能由该服装店的刘某加工制作（刘某为该店最好的结婚礼服裁剪师），必须在2013年5月1日前交付。随后张某预先支付了服装费980元。4月30日，张某到服装店取礼服时，张某的礼服刚刚开始剪裁，5月1日前不可能完成。张某非常生气，要求与服装店解除合同，并返还服装加工费980元，服装店不同意返还加工费。由于婚期将至，张某只好去婚纱中心租了一套结婚礼服在婚礼上使用。5月3日，服装店将礼服送至张某处，张某拒收。双方争执不下，张某向法院起诉要求与服装店解除合同，返还服装费980元，并赔偿精神损失费1000元。

该案中，张某与服装店签订的加工结婚礼服的合同，属于法定解除的情形之一。双方约定5月1日前交付服装，准备结婚使用。服装店的迟延交付（5月3日）致使没有实现张某结婚使用的目的。根据《合同法》对合同解除情形的规定，当事人一方迟延履行主要债务或者有其他违约行为致使不能实现合同目的的，可以解除合同。张某解除合同的主张，法院应予支持。

（2）合同解除的法律后果。《合同法》第97条规定："合同解除后，尚未履行的，终止履行；已经履行的，根据履行情况和合同性质，当事人可以要求恢复原状、采取其他补救措施。"

合同解除后，不影响合同约定的争议处理条款的效力，也不影响当事人要求赔偿损失的权利。因此，合同解除后使一方遭受损失的，除依法或依约可以免除责任外，应由有过错的一方承担责任。

（三）抵销

抵销是指合同当事人互负债务，各以其债权冲抵债务，而使其债务与对方的债务在对等额内相互消灭。抵销既消灭了互负的债务也消灭了互享的债权，是法律确认的能独立消灭合同权利义务的原因。以发生根据为标准，抵销分为法定抵销和约定抵销。前者是指依照法律的规定，通过当事人一方意思表示而进行的抵销；后者是指互负债务的双方当事人意思表示一致而对互负债务进行的抵销。

1. 法定抵销的条件。

（1）双方互负债务、互享债权。所谓互负债务和互享债权，是指合同的双方互为债务人，互负对立的债务；双方互为债权人，互享对立的债权。如果当事人一方对另一方仅享有债权而不负债务，或仅负有债务而不享有债权，就不存在抵销问题。

（2）互负债务的标的物种类、品质相同。所谓标的物种类、品质相同，是指合同的履行内容、标的物、品质是相同的债。

（3）双方的债务均届清偿期。债务未到清偿期的，债权人无权请求履行，债务人也无义务清偿，因而不能主张抵销。

（4）双方的债务均为可抵销的债务。凡法律规定或者依债务的性质以及当事人约定不得抵销的债务，不得抵销。例如，以提供劳务行为、给付抚恤金和抚养费行为为标的的债权不得抵销。

2. 约定抵销的条件。

（1）当事人互负债务。当事人互负债务是抵销的前提，只有双方负有对立的债务，才可以通过相互债务的冲抵使双方的债权在同等数额内归于消灭。

（2）互负债务的标的物种类、品质不相同。这是区分法定抵销与约定抵销的标志之一。

（3）当事人双方协商一致。

关于抵销的方法，《合同法》规定，当事人主张抵销的，应通知对方。通知自到达对方时生效。抵销不得附条件或附期限。法定抵销和约定抵销具有同等的法律效力，即以抵销消灭当事人之间的同等数额的债权债务关系。

（四）提存

提存是指因债权人无正当理由拒绝接受履行，或因其他原因致使债务人难以履行债务时，债务人将履行的标的物提交给提存机关，以消灭债务的行为。提存后可以认定债务已经履行，债务人和债权人之间的债权债务消灭。建立提存制度对防止和解决债权债务关系长期悬而不决的状态，维护债务人的合法权益，具有重要意义。

1. 提存应具备的条件。

（1）须发生可以提存的合法原因。提存的原因包括：债权人迟延受领的；债权人下落不明的；债权人死亡或丧失行为能力而未确定继承人或监护人的；法律规定的其他情形等。

（2）债务已到期。对于未到期的债务，债权人可以不接受债务人的履行。债务人不得用提存的方式提前免除自己的履行义务。

（3）依法定程序。提存人应先向提存机关呈交申请书，经审查批准后方可进行。如果标的物不适于提存或提存费用过高，债务人也可以依法拍卖或变卖标的物，提存所得价款。

标的物提存后，除了债权人下落不明外，债务人应当及时通知债权人或者债权人的继承人、监护人、债权受领人。如果债务人不能通知，提存机关应以公告的形式通知债权人。

2. 提存的法律效力。

（1）在债务人与债权人之间的效力。提存后，债务人与债权人之间的债的关系归于消灭，债务人不再负清偿责任，提存标的物的所有权以及标的物毁损灭失的风险因提存而一并转移于债权人，标的物的孳息归债权人所有，提存费用由债权人承担。

（2）在提存人与提存机关之间的效力。提存成立后，提存机关负有保管提存标的物的义务。

（3）在提存机关与债权人之间的效力。提存成立后，债权人享有请求提存机关交付提存标的物的权利，提存机关负有交付的义务。债权人领取标的物的权利，自提存之日起 5 年内不行使而消灭，提存标的物扣除提存费用后收归国库所有。

（五）免除

免除是指债权人以消灭债为目的而放弃债权的单方意思表示。债权人放弃债权，使债务人免除清偿债务，因此，免除也是合同终止的一种方法。

1. 免除的要件。

（1）债权人应当有对债权的处分权。债务免除是债权人放弃自己的权利、处分自己债权的行为，行为人必须具有处分能力。此外，对于法律禁止放弃的债权，债权人不得放弃或抛弃。

（2）免除的意思表示必须指向债务人。向第三人为免除的意思表示的，不发生免除的效力。

（3）免除不得损害第三人的利益。债权人在法律允许的范围内可以放弃自己的权利，免除债务人的债务，但不得损害第三人的利益。

2. 免除的效力。

（1）债的关系绝对消灭。债权债务关系因免除而绝对消灭，债权的从权利同时归于消灭，如利息权、担保权等。债务全部免除的，债的关系全部消灭；债务部分免除的，则就免除部分的债权消灭。

（2）保证债务的免除。保证债务为从债务，主债务消灭的，保证债务也消灭。但从债务因免除而消灭的，并不影响主债务的效力，主债务并不随之消灭。

（六）混同

混同是指债权债务归于一人，致使合同权利义务终止的法律事实。合同关系须有债权人和债务人同时存在才能成立，当债权人和债务人合为一人时，合同关系当然地终止。例如，甲企业欠乙企业货款 10 万元，后两企业合并为一个新的法人，则原欠货款的债权债务关系自然归于终止。

（七）法律规定或者当事人约定终止的其他情形

根据《合同法》的规定，委托人或者受托人死亡、丧失民事行为能力或者破产的，委托合同终止。《民法通则》规定，代理人死亡、丧失民事行为能力，作为被代理人或者代理人的法人终止，委托代理终止。当事人也可以约定合同的权利义务终止的情形，例如当事人订立的附解除条件的合同，当解除条件成就时，债权债务关系消灭，合同的权利义务终止。

第八节　违约责任

一、违约责任的概念

违约责任是指违反合同的民事责任，是指合同当事人一方不履行合同义务或履行合同义务不符合约定时，依照法律规定或者合同约定所承担的法律责任。

二、承担违约责任的方式

根据《合同法》的规定，当事人一方不履行合同义务或者履行合同义务不符合约定的，应当承担继续履行、采取补救措施或者赔偿损失等违约责任。当事人一方明确表示或者以自己的行为表明不履行合同义务的，对方可以在履行期限届满之前要求其承担违约责任。

违约的当事人承担违约责任的主要形式有继续履行、采取补救措施、赔偿损失、支付违约金、给付或者双倍返还定金等。具体适用哪种违约责任，由当事人根据自己的要求加以选择。

（一）继续履行

继续履行分为金钱债务的继续履行和非金钱债务的继续履行。由于金钱债务不存在履行不能，《合同法》第109条规定："当事人一方未支付价款或者报酬的，对方可以要求其支付价款或者报酬。"非金钱债务由于可能存在履行不能的情况，《合同法》第110条规定："当事人一方不履行非金钱债务或者履行非金钱债务不符合约定的，对方可以要求履行，但有下列情形之一的除外：（1）法律上或者事实上不能履行；（2）债务的标的不适于强制履行或者履行费用过高；（3）债权人在合理期限内未要求履行。"

（二）赔偿损失

赔偿损失，又称损害赔偿，是指合同当事人不履行合同义务或履行合同义务不符合约定时，依法赔偿对方当事人所受损失的违约责任方式。赔偿损失是违约责任中最重要的责任方式。承担赔偿损失的责任应具备四个构成要件：存在违约行为、发生损害后果、违约行为与损害后果之间具有因果关系、违约方有过错或法律规定应当赔偿。赔偿损失的范围可由法律直接规定，也可由当事人双方自行约定，在法律没有特别规定或者当事人没有另行约定的情况下，应按完全赔偿原则赔偿全部损失。但是，违约方支付的赔偿金应相当于违约造成的损失，包括合同履行后可以获得的利益，但不得违反合同一方订立合同时应当预见到的因违反合同可能造成的损失。另外，当事人一方违约后，对方应当采取适当措施防止损失扩大；没有采取适当措施致使损失扩大的，不得就扩大的损失要求赔偿。当事人因防止损失扩大而支出的合理费用，由违约方承担。

（三）支付违约金

违约金是指合同当事人一方由于不履行合同或者履行合同不符合约定时，按照合同的约定，向对方支付一定数额的货币。违约金是对不能履行或者不能完全履行合同行为的一种带有惩罚性质的经济补偿手段，不论违约的当事人是否已给对方造成损失，都应当支付。

根据《合同法》的规定，约定的违约金低于造成的损失的，当事人可以请求人民法院或者仲裁机构予以增加；约定的违约金过分高于造成的损失的，当事人可以请求人民法院或者仲裁机构予以适当减少。规定违约金增减制度，体现了《合同法》的公平原则，有利于防止当事人滥用约定违约金的权利。

当事人可以通过反诉或者抗辩的方式请求人民法院依照《合同法》的规定调整违约金。当事人依法请求人民法院增加违约金的，增加后的违约金数额以不超过实际损失额为限。增加违约金以后，当事人又请求对方赔偿损失的，人民法院不予支持。当事人主张约定的违约金过高请求予以适当减少的，人民法院应当以实际损失为基础，兼顾合同的履行情况、当事人的过错程度以及预期利益等综合因素，根据公平原则和诚实信用原则予以衡量，并作出裁决。当事人约定的违约金超过造成损失的30%的，一般可以认定为"过分高于造成的损失"。

（四）定金

当事人可以根据《担保法》的规定，约定一方向对方给付定金作为债权的担保。债务人履行债务后，定金应当抵作价款或者收回。给付定金的一方不履行约定的债务的，无权要求返还定金；收受定金的一方不履行约定的债务的，应当双倍返还定金。当事人既约定违约金又约定定金的，一方违约时，对方可以选择适用违约金或者定金条款，两者不可并用。

（五）补救措施

补救措施主要是指矫正或者修补履行不当（质量不合格）中的一些缺陷、使缺陷得以消除的一种措施。《合同法》第111条对补救措施作出具体规定。质量不符合约定的，应当按照当事人的约定承担违约责任；对违约方没有约定或者约定不明确的，则由当事人协议补充；如达不成补充协议，则按合同的有关条款或者交易习惯确定；如仍不能确定，则受害方有权根据标的的性质及损失的大小，合理地选择要求对方承担修理、更换、重作、退货、减少价款或者报酬等违约责任。修理、更换、重作、退货、减少价款或者报酬是典型的补救措施。

三、违约责任的免除

（一）违约责任的免除的概念

违约责任的免除是指在合同的履行过程中，由于法律规定或当事人约定的免责事由致使当事人不能履行合同义务或者履行合同义务不符合约定的，当事人可以免于承担违约责任。

（二）违约责任的免除事由

1. 不可抗力。不可抗力是免除合同当事人不履行合同债务的主要事由。根据《合同法》的规定，因不可抗力不能履行合同的，根据不可抗力的影响，部分或全部免除责任，但法律另有规定的除外。当事人迟延履行后发生不可抗力的，不能免除责任。当事人一方因不可抗力不能履行合同的，应当及时通知对方，以减轻可能给对方造成的损失，并应当在合理期限内提供证明。

2. 法律有特别规定。合同订立时，法律有特别规定，当发生合同不履行或不能适当履行又符合这些免责条款时，也可免除违约者的责任。例如，《合同法》规定，承租人按照约定的方法或者租赁物的性质使用租赁物，致使租赁物受到损耗的，不承担赔偿责任。

3. 合同有特别约定。合同订立时，当事人有特别约定，当发生合同不能履行或不适当履行又符合这些免责条款时，通常也可免除违约人的责任。但是，根据《合同法》的规定，格式条款提供方不得利用格式条款免除自身的责任。《合同法》还规定，合同中的下列免责条款无效：（1）造成对方人身伤害的；（2）因故意或者重大过失造成对方财产损失的。

需要说明的是，根据《合同法》的规定，当事人一方因第三人的原因造成违约的，当事人不能以第三人的原因为由要求免责，应当向对方承担违约责任。当事人一方和第三人之间的纠纷，依照法律规定或者约定解决。

【相关热点问题的咨询】

1. 关于"租个女友回家过年"的相关法律问题的分析。

（1）现在越来越多的大龄青年为了应付父母的"催婚令"，不惜重金租个"恋人"回家过年，为明确双方权利义务往往都会签订"租友协议"。那么，"租友协议"是否受法律保护？它的性质又该如何界定？您认为是属于法律上的租赁合同关系、劳务关系还是服务关系？或者只是道德领域的问题？

咨询意见：该租友协议是无效合同，自始受不到法律的保护。理由如下。

其一，该租友协议不是租赁合同，因为根据我国《民法通则》及《合同法》的规定，租赁合同是出租人将租赁物交付承租人使用、收益，承租人支付租金的合同。也就是说，租赁合同的标的物只能是物，而租友协议中的标的是人身，很显然，基于人身的"租赁"而签署的协议不是法律意义上的租赁合同。

其二，该租友协议应属于民法上的劳务雇佣合同，即：一方提供特定的劳务，另一方支付相应的报酬。但是，该租友劳务雇佣合同本身因损害了社会公共利益而无效。我国《合同法》规定，损害社会公共利益而签署的合同无效，因租女友回家过年，协议双方采取的是一种虚构事实、隐瞒真相的方式，本身带有明显的欺骗性质，违反了诚实信用和善良风俗等社会公共利益，因而是无效的。

其三，从社会道德的角度考虑，人与人之间的关系应当是真实的、公平的、诚信的交往，租赁女友本身就是虚假的，双方以虚假的行为进行约定，是违反基本的道德要求的，这种行为不符合中华传统文化的诚实原则，也不具有任何社会积极意义，从社会的角度来看也应给予否定。

（2）租友协议中往往会约定租期和租金，如果"出租人"不支付约定的"租金"，对方应该如何索要呢？有法律依据吗？

咨询意见：该租友协议本身因违法而无效，根据《合同法》第56条"无效的合同或者被撤销的合同自始没有法律约束力"和第58条"合同无效或者被撤销后，因该合同取得的财产，应当予以返还；不能返还或者没有必要返还的，应当折价补偿。有过错的一方应当赔偿对方因此所受到的损失，双方都有过错的，应当各自承担相应的责任"的规定，如果"出租人"不支付约定的"租金"，相对方主张索赔权，是得不到法律支持的。当然，被租女友确实因为该协议而付出了劳动，她可以就既得利益损失主张权利。

（3）租来的女友深受男方父母的喜爱，男方父母当即给女友一定金额的见面礼，男方是否有权向女方要回？男方父母的行为属于赠与行为吗？

咨询意见：男方有权向女方要回见面礼，男方父母的行为也不属于赠与行为。因为男方父母是在受欺骗的情形下送礼品的，其送礼的意思表示不真实。

2. 王某认为，悬赏是一种不确定的许诺，不应受到法律保护；而刘某的意见却相反，他认为悬赏的酬金应受到法律的保护。到底谁是谁非？

咨询意见：在报刊、广播电视等大众传播媒介中时常可以看到或听到寻人、寻物启事，而这类启事中往往都提到"当面酬谢"，有的还直接表明酬谢金额，对于这些问题，在法律上究竟该作如何认定呢？寻人、寻物者发出的启示，在《合同法》上应视为一种要约行为，与一般的民事法律关系不同的是，这种要约对象是全社会而不是某一个特定的人。对于这种要约行为，任何人都可以承诺，但只有将人或物找到后，这种承诺才事实上发生，双方的法律关系也才真正建立起来，而这种法律关系实际上就是一种合同关系，根据《合同法》的规定，"依法成立的合同，受法律保护"，"合同的当事人应当按照合同的约定，全部履行自己的义务。"根据上述规定，"悬赏"应该受到法律的保护。

3. 刘律师接到张某一封来信，信中说，张某于2011年6月15日，借给李某现金 2000 元，并写有借条，但没有写上还款期限。从去年年初起张某多次要求李某归还借款，但均无所获。应如何依法收回该笔欠款？如果你是刘律师，你应该怎样答复？

咨询意见：张某与李某既然在借款后立有凭据，说明二者之间的借贷合同关系已经成立。由于二者在借贷契约据中未明确还款的具体期限，根据《合同法》的规定，张某作为债权人有权随时要求收回全部借款；而作为债务人的李某也应及时履行自己应尽的还债义务。另外，根据《民法通则》第135条的规定，权利人"向人民法院请求保护民事权利的诉讼时效期间为2年"，从权利人知道或者应当知道其民事权利被侵害之日起计算。张某自去年至今多次要求李某归还借款未果，说明已知道债权遭受不法侵害并适用诉讼时效中断的规定，该债权没有超过法定的诉讼时效期间，可以向人民法院起诉，请求保护。

4. 甲公司向乙商业银行借款 10 万元，借款期限为 1 年。借款合同期满后，由于甲公司经营不善，无力偿还借款本息。但是，丙公司欠甲公司到期货款 20 万元，甲公司不积极向丙公司主张支付货款。为此，乙商业银行以自己的名义请求法院执行丙公司的财产，以偿还甲公司的借款。法院是否应支持乙商业银行的请求？

咨询意见：法院应支持乙商业银行的请求。《合同法》第 73 条第 1 款规定："因债务人怠于行使到期债权，对债权人造成损害的，债权人可以向人民法院请求以自己的名义代位行使债务人的债权，但该债权专属于债务人自身的除外。"本案中，甲公司怠于行使对丙公司的债权，损害了债权人乙商业银行的利益，因此，乙商业银行有权行使代位权，请求人民法院执行丙公司的财产以偿还甲公司的借款。

5. 甲经营饭店向乙借款 5 万元，借款期限为 1 年，利率与同期银行利率相同。双方约定的还款期限为 2012 年 12 月 5 日。由于甲经营管理不善，结果严重亏损。还款期限一到，乙向甲索要借款及利息。甲称无力还款，乙便让甲变卖饭店或向他人借款等方式清偿自己的债权。甲请求给自己 1 个月的时间筹款、想办法。在此期间，甲考虑到反正饭馆也保不住了，不如做个顺水人情，将饭馆无偿转让给他的侄子丙经营（整个饭馆可折价 2 万元）。甲还有一辆价值 1 万元的摩托车，以 5000 元的价格卖给了饭店的厨师丁，丁知道甲向乙借款不还的事实。2013 年 1 月 5 日，乙又来催甲还款，并要求其变卖其饭馆和摩托车等财产还债。甲称饭馆和摩托车都不属于我的财产，都已属于别人，并提供了合同等相关证明。甲说我现在只有卖摩托车车款 5000 元。乙对甲的行为非常生气，又无计可施。甲应该怎么办？

咨询意见：甲可通过行使撤销权来实现自己的债权，维护自己的合法权益。撤销权是指债权人在债务人放弃对第三人的到期债权或者无偿转让财产，或者以明显不合理的低价转让财产，对债权人造成损害，并且受让人知道该情形的，可以请求人民法院撤销债务人的行为的权利。债权人撤销权的成立必须同时具备客观要件和主观要件。客观要件是指债务人实施使其财产减少的行为害及债权人的债权，包括放弃到期债权、无偿转让财产、以明显不合理的低价转让财产。主观要件是对于低价转让的行为须以受让人与债务人的主观恶意为要件。债权人的撤销权由债权人行使，应以诉讼方式为之。其行使范围以保全债权人的债权为必要限度。另外，债权人行使撤销权应在法定期限内行使。

本案中，乙可通过行使撤销权保全自己的债权。甲无偿转让饭馆的行为、低价转让摩托车的行为（丁知情）都符合撤销权的条件，可以撤销。撤销后，乙可实现部分债权。但是，撤销权的行使必须通过向人民法院起诉的方式进行，由乙行使。另外，行使撤销权时，要注意一定在法定期限内行使，即自债权人知道或应当知道撤销事由之日起1年内行使。即应当在2013年1月5日至2014年1月5日行使撤销权。

6. 王某决定将自己的一幢私有房屋出卖。经过和张某协商，双方达成了一致协议，签订了房屋买卖合同，合同约定，2009年10月1日之前张某将房屋的全部价款交付给王某，王某在2010年3月1日前将房屋交给张某，并在当月协助张某办理房屋过户手续。由于王某当时没有随身携带个人印章，双方便约定先不签字，以后再约定时间签字盖章。张某按照约定将房款如期交付给了王某。由于整个房屋市场的价格从2010年开始上涨，王某觉得如果按原来的价格交付房屋自己吃亏，便向张某提出要退还张某的房款，张某不同意，坚持要求王某交付房屋，王某认为反正双方没有签字，合同没有成立，因而拒绝了张某的要求。该房屋买卖合同是否成立？张某是否有权要求王某立即交付房屋？

咨询意见：（1）根据《合同法》第32条的规定，当事人采取书面形式订立合同的，自双方当事人签字或者盖章时合同成立；同时，《合同法》第37条规定，采用书面形式订立合同，在签字或者盖章之前，当事人一方已经履行主要义务，对方接受的，该合同成立。王某和张某的房屋买卖合同虽然没有签字盖章，但是，由于张某已经履行了自己的义务，王某也已经接受，因此，该合同视为已经成立。（2）由于合同已经成立，按照《合同法》的规定，依法成立的合同，自成立起生效。但法律、行政法规规定应当办理批准、登记等手续生效的，依照其规定。该房屋买卖合同根据《私有房屋买卖条例》的规定，应当从登记时起发生法律效力。该房屋买卖合同由于没有经过登记，因此，不能直接生效，张某也不能直接要求王某交付房屋，只能要求王某按照约定办理登记手续，办理手续后再交付房屋。

7. 某家电商场新年搞促销，一款原价为6600元的15寸液晶电脑，竟然标出4050元，实在是太超值了，消费者金先生觉得非常合算，当即买下一台。事后，营业员发现因自己粗心大意，更换标签时，误将 4850 元写成了 4050 元。按照售后服务的地址，该家电商场找到金先生让其前来补足差价。金先生认为，商品错买自己没有过失，补足差价后不合算，要求将电脑退还，商场答应了他的请求但要其承担折旧费。金先生不肯，将该家电商场诉至法院要求讨个说法。商家疏忽低价销售商品怎么办？

咨询意见：在该事件中，由于营业员工作失误，标错了价，若按标价履行，将使家电商场损失 800 元，其出售电脑的行为显然属于重大误解。所谓重大误解，是指表意人所表示出来的意思与真实意思不一致，而这种不一致是表意人为意思表示时所不知或误认的。一般认为，误解者在作出意思表示时，对涉及合同法律效力的重大事项存在认识上的缺陷，其后果是，使误解者的利益受到较大的损失，或根本达不到误解者订立合同的目的。《民法通则》第 59 条规定，对行为人行为内容有重大误解的，一方有权请求人民法院予以变更或撤销，所以金先生应当向家电商场补足差价或者退还电脑。因为误解是误解者的过错造成的，所以家电商场无权要求收取折旧费，反而应赔偿金先生在该事件中遭受的经济损失，如承担送还电脑的运输费用

8. 2009 年，王先生与开发商签订一份购房合同，购买位于市中心区域的商品房一套。双方在合同中约定，开发商于 2010 年 12 月 1 日向王先生交付房屋，每逾期一天，开发商按购房款的万分之一向王先生支付赔偿金。合同签订后王先生一直等到 2011 年 1 月也没见开发商通知其去收房。2011 年 2 月王先生找到开发商询问未能交房的原因，开发商说是因为施工队未能按合同约定的工期向开发商交房造成的。2011 年 5 月，开发商通知王先生收房，王先生在收房后拿合同找到开发商要求其按合同约定支付赔偿金时，开发商告知王先生在合同附件中的补充条款已经规定，如因工程队的原因造成逾期交房，开发商是不承担责任的。王先生查阅了购房合同附件发现确有此条款。但王先生不理解的是，明明是开发商违约，是否因为开发商在合同中增加了一个免责条款，就可以不承担责任？

咨询意见：王先生所遇到的这一问题，实际上就是合同中经常存在的免责条款。所谓免责条款，是指当事人双方在合同中事先约定的旨在排除或限制其未来责任的条款。在商品房预售中，经常出现这种情形：商品房开发商利用自己雄厚资本及专业知识制定一些对购房人不公平的免责条款，如免除延期交房责任条款、免除房屋质量责任条款等，损害购房人的利益。那么，免责条款是否有效？在什么情况下有效？免责条款订入合同中并不等于当然有效，对免责条款的效力法律上有种种限制。它除应符合法律关于合同效力的一般规定外，还应符合一些特殊规定。一个免责条款是否有效应从以下四个标准去考虑。

（1）免责条款违反法律和社会公共利益的无效。我国《合同法》明确规定了合同无效的几种情形，其中规定"损害社会公共利益的"、"违反法律、行政

法规强制性规定的"为无效合同。这是对免责条款进行限制的法律依据。因此，在预售商品房中，有上述内容的免责条款无效。

（2）免责条款不得免除故意和重大过失责任。如果允许当事人在合同中订立免除故意或重大过失责任的条款，则无异于鼓励当事人不履行合同或不负责任地履行合同，这就不符合合同订立的目的。我国《合同法》规定，因故意或重大过失造成对方财产损失的免责条款无效。

（3）免责条款不得免除合同当事人的基本义务。也就是说，免责条款的免责以合同的基本义务得到履行为前提。如果允许当事人不履行合同的基本义务而不承担任何责任，就背弃了合同的本来目的，且与法律的原则相违背。例如，商品房销售商有将质量合格的、权属明确合法的房屋交付给购房者的义务，如果在合同中订立"销售方不对房屋质量承担责任"或"与出售房屋有关的所有权纠纷、土地使用权纠纷，本公司不负责解决"等条款，即属免除基本义务，当然无效。

（4）免责条款不得违反公平原则。公平原则是《合同法》的一项基本原则，它的要求之一就是《合同法》主体在承担民事责任上要合理。如果商品房销售商凭借自己的优势订立对购房人显失公平的免责条款，购房人就可以向人民法院或仲裁机关申请撤销或变更。例如，在合同中订立"对由于施工单位和设计单位的过错造成的损失，售房方不承担责任"，即属显失公平的条款。因为在施工单位或设计单位等第三人过错造成售房方违约的情况下，售房方可以依据与第三人的合同追究其违约责任，获得赔偿。而买房人与第三人无直接法律关系，不能向第三人索赔，如果再免除了售房者的违约责任，则购房人的损失得不到任何补偿，不公平性显而易见。

通过以上分析可以看出，开发商在附件中规定"因工程队的原因造成逾期交房，开发商是不承担责任的"免责条款并不能免除开发商的责任。

本 章 小 结

本章主要介绍了合同的订立、效力、履行、担保、变更、转让、终止以及违约责任等内容。

合同订立的程序包括要约、承诺两个阶段。要约到达受要约人时生效。要约可以撤回也可以撤销。承诺生效时合同成立。依法成立的合同，自成立时生效。当事人对合同的效力可以约定附条件和附期限。一方以欺诈、胁迫手段订立的损害国家利益的合同；恶意串通，损害国家、集体或者第三人利益的合同；以合法形式掩盖非法目的的合同；损害社会公共利益的合同；违反法律、行政法规的强制性规定的合同，为无效合同。因重大误解订立的合同；显失公平的合同；一方以欺诈、胁迫的手段或乘人之危，使对方在违背真实意思的情况下订立的合同，为可撤销合同。合同生效后，当事人就质量、价款或报酬、履行地点等内容没有约定或者约定不明确时，应适用以下履行规则：协议补充、根据合同有关条款或交易习惯确定、法律补救。合同履行中的抗辩权包括同时履行抗辩权、后履行抗辩权、不安抗辩权。

合同担保的方式包括保证、抵押、质押、留置、定金。具有代为清偿债务能力法人、其他组织或者公民，可以作保证人。国家机关、学校、幼儿园、医院等以公益为目的的事业单位、社会团体，企业法人的分支机构、职能部门不得作保证人。保证包括一般保证和连带保证。抵押是不转移对抵押物占有的担保方式；质押是转移对质押物占有的担保方式，质押包括动产质押和权利质押。债权人因保管合同、运输合同、加工承揽合同或者法律规定可以留置的其他合同而占有债务人动产，债务人不履行债务的，债权人方可行使留置权。定金合同自实际交付定金之日起生效，定金的数额由当事人自主协商确定，但双方约定的定金数额不得超过主合同标的额的 20%。

合同的变更是在合同主体不改变的前提下对合同内容的变更，合同的性质和标的性质并不改变。合同的转让是合同主体的变更，合同的内容保持不变。合同的转让可分为三种情形：债权让与、债务承担、债权债务的概括转移。合同权利义务终止的具体情形包括：债务已按照约定履行、合同的解除、抵销、提存、免除、混同、法律或当事人约定终止的其他情形。违约责任的承担方式主要有：继续履行、赔偿损失、支付违约金、定金、补救措施等。因不可抗力不能履行合同的，根据不可抗力的影响，部分或全部免除责任。

思考题

一、简答题

1. 什么是要约？要约应当具备的条件有哪些？
2. 什么是承诺？承诺应具备的条件有哪些？
3. 简述合同无效与可撤销的情形和法律后果。
4. 简述合同履行抗辩权的种类、适用条件。
5. 代位权与撤销权的区别是什么？
6. 简述合同终止的几种情形及各自的适用条件。
7. 违约责任的承担方式有哪些？

二、案例分析题

1. 甲公司向乙宾馆发出一封电报称：现有一批电器，其中，电视机 80 台，每台售价 3400 元；电冰箱 100 台，每台售价 2800 元。总销售优惠价 52 万元。如有意购买，请告知。乙宾馆接到该电报后，遂向甲公司回复称：只欲购买甲公司 50 台电视机，每台电视机付款 3200 元；60 台电冰箱，每台电冰箱付款 2500 元。共计支付总货款 31 万元，货到付款。甲公司接到乙宾馆的电报后，决定接受乙宾馆的要求。甲、乙签订了买卖合同，约定交货地点为乙宾馆，如双方发生纠纷，选择 A 仲裁机构仲裁解决。

甲公司同时与丙运输公司签订了合同，约定由丙公司将货物运至乙宾馆。丙公司在运输货物途中遭遇洪水，致使部分货物毁损。丙公司将剩余的未遭损失的货物运至乙宾馆，乙宾馆要求甲公司将货物补齐后一并付款。

甲公司迅速补齐了货物，但乙宾馆以资金周转困难为由，表示不能立即支付货款，甲公司同意乙宾馆推迟 1 个月付款。1 个月后经甲公司催告，乙宾馆仍未付款。于是，甲公司通知乙宾馆解除合同，乙宾馆不同意解除合同。甲公司拟向法院起诉，要求解除合同，并要求乙宾馆赔偿损失。

问题：

（1）甲公司向乙宾馆发出的电报是要约还是要约邀请？

（2）乙宾馆的回复是承诺还是新的要约？为什么？

（3）丙公司是否应对运货途中的货物毁损承担损害赔偿责任？为什么？

（4）甲公司能否解除与乙宾馆的买卖合同？为什么？

（5）甲公司能否向法院起诉？为什么？

2. 2010 年 3 月 10 日，万宁公司与兴隆啤酒厂签订了买卖啤酒的合同。合同约定，万宁公司在 4 月 30 日前支付 2 万元预付款；兴隆啤酒厂在 7 月 10 日交货。

4 月 5 日，兴隆啤酒厂突发火灾，设备、原料大部分被烧毁，严重影响了履行债务的能力。万宁公司闻讯后，认为兴隆啤酒厂极有可能丧失履行合同的能力。于是通知兴隆啤酒厂中止履行合同，不再支付预付款。后经兴隆啤酒厂交涉，万宁公司同意由振明公司为兴隆啤酒厂作一般保证，万宁公司按期向兴隆啤酒厂支付预付款，合同仍继续履行。

7 月 10 日，兴隆啤酒厂未交货。万宁公司要求兴隆啤酒厂返还预付款，赔偿万宁公司经济损失。兴隆啤酒厂拒绝了万宁公司的要求。随后，万宁公司要求振明公司承担保证责任，但振明公司也拒绝了万宁公司的要求。

8 月 25 日，在多次协商未果的情况下，万宁公司向法院起诉，要求兴隆啤酒厂和振明公司承担违约责任，赔偿损失。经法院查明，由于兴隆啤酒厂违约，万宁公司除 2 万元预付款没有收回外，还发生经济损失 3 万元；法院同时查明，万宁公司尚欠兴隆啤酒厂设备款 5 万元。在法院调解下，双方同意将债务相互抵销。

问题：

（1）万宁公司单方面通知兴隆啤酒厂中止履行合同是否违反法律规定？说明理由。

（2）振明公司拒绝万宁公司要求其为兴隆啤酒厂承担保证责任是否符合法律规定？说明理由。

（3）万宁公司与兴隆啤酒厂的债务能否相互抵销？说明理由。

3. 张某欲自己购买一套设备组建塑料加工厂，但因资金不够向刘某借款 10 万元。张某对刘某说，我付了款就能运回设备，预计两个月内可安装调试完毕，开工后资金周转过来即可还款。刘某说，时间不长，我也不急用，你打张借条我就给你钱。张某就写了一张"暂借刘某人民币 10 万元整，工厂开工后第二个月即如数奉还"的借条。时隔不久，设备运到，张某此时发现搞塑料制品加工不如倒卖原材料赚钱，于是张某将自己购进的塑料加工设备租给他人，利用刘某的借款去倒卖原材料。半年以后，刘某见张某有钱做买卖却迟迟不还借款，便上门索要。张某说借条上写明的条件是开工后第二个月还款，现在虽有了设备却没有开工，故要等到开工后再还。经几次交涉，刘某见张某没有还钱的意思，便向法院提起诉讼。

问题：

（1）张某与刘某签订的合同是附条件的合同还是附期限的合同？

（2）张某能否因条件未成就而不履行合同所规定的还款义务？说明理由。

4. 甲公司与乙公司于 2010 年 5 月 20 日签订了设备买卖合同，甲为买方，乙为卖方。双方约定：

（1）由乙公司于 10 月 30 日前分两批向甲公司提供设备 10 套，价款合计为 150 万元；

（2）甲公司向乙公司给付定金 25 万元；

（3）如一方迟延履行，应向另一方支付违约金 20 万元；

（4）由丙公司作为乙公司的保证人，在乙公司不能履行债务时，丙公司承担一般保证责任。合同生效后，甲公司因故未向乙公司给付定金。7 月 1 日，乙公司向甲公司交付了 3 套设备，甲公司支付了 45 万元货款。

9 月，这种设备价格大幅上涨，乙公司向甲公司提出变更合同，要求将剩余的 7 套设备价格提高到每套 20 万元，甲公司不同意，随后乙公司通知甲公司解除合同。

11 月 1 日，甲公司仍未收到剩余的 7 套设备，从而严重影响了其正常生产，并因此遭受了 50 万元的经济损失。于是甲公司诉至法院，要求乙公司增加违约金数额并继续履行合同，同时要求丙公司履行一般保证责任。

问题：

（1）合同约定甲公司向乙公司给付 25 万元定金是否合法？定金合同是否生效？

（2）乙公司通知甲公司解除合同是否合法？为什么？

（3）甲公司要求增加违约金的数额依法能否成立？

（4）甲公司要求乙公司继续履行合同依法能否成立？

（5）丙在什么条件下应当履行一般保证责任？

5. 甲企业委托乙企业为其生产一批通用机械配件，双方约定 4 月 1 日交货，验货合格后 10 日内甲企业支付货款。2 月 1 日，乙企业有确切证据得知甲企业经营状况严重恶化，已丧失履行债务能力，遂停止为其生产配件，并与甲企业交涉，要求其在 1 个月内提供担保，否则无法继续履行合同。3 月 25 日，乙企业在甲企业仍未恢复履行债务能力且未提供合同担保的情况下，通知与其解除合同。

问题：

（1）乙企业单方中止履行合同并要求甲企业提供担保的行为是否合法？为什么？

（2）乙企业单方解除合同的行为是否合法？为什么？

实训题

1. 实训项目：房屋租赁合同的写作

2. 实训目的：通过实训，使学生熟悉合同的格式，掌握合同的条款，培养学生的法律意识，提高学生法律文书的书写能力以及运用《合同法》解决现实问题的能力。

3. 实训内容：每位同学以自己家现住的房屋为租赁物，写一份房屋租赁合同。

4. 实训考核：由教师对合同的样式是否规范、合同的条款是否完备、语言的表示是否为法律语言等方面进行评分。

第六章

商标法律制度

【导入案例】 某市宫宝药业有限公司申请的"彩色"商标经国家工商行政管理局商标局注册，该公司使用"彩色"商标生产胎盘口服液。"彩色"商标获某省首届、第二届著名商标和消费者满意商标称号。正当该口服液热销之时，该公司发现市场上有甲公司生产的冠以"彩色"字样的灵芝营养液销售。为此，该公司向甲公司提出口头交涉，要求其停止侵权行为，但无果。甲公司认为，其生产的产品灵芝营养液上的"彩色"商标，已向国家工商行政管理局商标局申请"非医用营养液"商品分类上注册商标。虽然国家商标局以与药品类注册的"彩色"商标文字相同为由，驳回了商标注册申请，但国家商标局将"非医用营养液"药品类产品确定为类似商品是错误的。甲公司坚持认为在产品灵芝营养液上使用"彩色"字样并未侵犯原告的商标专用权。

问题：

甲公司是否侵犯了宫宝公司的商标专用权，根据《商标法》的规定进行分析。

第一节 商标法律制度概述

一、商标和商标法概述

（一）商标的概念

商标，俗称"牌子"，是商品和商品服务的标记，是任何能够将自然人、法人或者其他组织的商品或提供的服务与他人的商品或提供的服务区别开来具有显著特征的可视性标志，包括文字、图形、字母、数字、三维标志和颜色组合以及上述要素的组合。

（二）商标法概述

为了加强商标管理，保护商标专用权，促使生产者、经营者保证商品和服务质量，维护商标信誉，保障消费者和生产者、经营者的利益，促进我国社会主义市场经济的发展，1982年8月23日，第五届全国人大常务委员会第二十四次会议通过了《中华人民共和国商标法》，并于1983年3月1日起施行。1993年2月，第七届全国人大常务委员会对《商标法》进行了第一次修正。修正后的《商标法》于1993年7月1日起施行。2001年10月27日，第九届全国人大常务委员会第二十四次会议通过了第二次修正案，于2001年12月1日施行。2013年8月30日，第十二届全国人大常务委员会第四次会议通过了第三次修正案，于2014年5月1日实施。

1983年3月10日，国务院批准《中华人民共和国商标法实施细则》，并于同日施行。1988年1月、1993年7月、1995年4月，国务院批准三次修订《商标法实施细则》。2002年8月3日，国务院批准第四次修订《商标法实施细则》，自2002年9月15日起施行。

二、商标的功能

商标的功能主要表现在以下三个方面：（1）识别功能，它可以区别商品的不同的生产者、制造者、加工者、经营者，以及提供商业服务的不同服务者。（2）商标具有品质保证功能，相同商标的商品或服务的质量具有同一性，使用商标便于保证商品的质量。（3）商标具有广告及竞争功能，商标可以引导消费者选择商品经营者、服务的提供者以及标明本商标的商品等。

三、商标的分类

按照不同的标准，可以将商标分为不同的种类。

（一）按照商标结构组成划分

具体可以分为文字商标、记号商标、图形商标组合商标和声音商标。

1. 文字商标，是指以纯文字组成的商标，不含其他图形成分。如全聚德、六必居、同仁堂等。

2. 图形商标，是指以图形构成的商标，包括人、动物或者自然界的各种各样的事物，可以具体，可以抽象，也可以虚构。图形商标不受语言文字的限制，不论使用何种语言的国家和地区，人们只要一看到图形，就会形成印象，识别其商标。

3. 组合商标，是指以文字和图形组成的商标。组合商标的使用非常广泛，图文并茂，引人注目，利于识别记忆。组合商标要求文字和图形和谐一致，密切联系，必须将文字部分载入图样，其文字和图形应作为一个完整的整体对待，不得随意变更其组合或者排列。

4. 记号商标，是指以某种记号组成的商标，现在很少使用。

5. 声音商标，是指足以使消费者区别商品或服务来源的声音。

（二）按照商标用途划分

根据商标使用于商品或者使用于不同的服务对象，可以分为商品商标和服务商标。

1. 商品商标是指用在商品或其外包装上的商标。

2. 服务商标是服务性行业所使用的标志，它与商品商标性质一样，只是商品商标表示向消费者提供的是商品，而服务商标表示向消费者提供的是服务。使用服务商标的行业有教育娱乐、建筑修理、金融保险、广告通信等服务。

（三）按照商标使用者的目的划分

具体可以分为联合商标、防御商标和证明商标。这是商标使用者为了对自己的商标加强保护而采取的特别的方式。

1. 联合商标，是指同一商标所有人在同一种或者同类商品上注册的若干个近似商标。联合商标的注册不是每一个商标都使用，其目的是保护正商标，防止他人映射、近似或者雷同。如"娃哈哈"产品生产厂家同时还注册了"哈娃娃"、"娃娃哈"等商标。

2. 防御商标，是指驰名商标或者已经为公众熟知的商标的所有人在不同类别的商品或服务上注册若干相同商标。原商标为正商标，注册在另外不同类别商品或服务上的这种商标为防御商标，注册这种商标的目的是防御。

3. 证明商标，是指用来证明商品的原产地、特殊质量、原料、制造工艺、精密度或者其他特征的商标，如国际羊毛组织的纯羊毛标志以及绿色食品标志等。

（四）按照商标信誉划分

具体可以分为驰名商标、优质产品商标、普通商标。

1. 驰名商标，是指在市场上享有较高声誉并为公众所熟知的注册商标。根据我国《商标法》的规定，认定驰名商标应当考虑下列因素：相关公众对该商标的知晓程度；该商标使用的持续时间；该商标的任何宣传工作的持续时间、程度和地理范围；该商标作为驰名商标受保护的记录；该商标驰名的其他因素。

2. 优质产品商标，是指在某一地域范围内为相关公众所熟知的注册商标。优质产品商标的认定标准比驰名商标容易，但它的保护方式和范围均不如驰名商标。

3. 普通商标，是指驰名商标、优质商标以外的商标。

第二节　商标权的主体、客体和内容

一、商标权的主体

商标权的主体即商标权人，是指依法享有注册商标专用权并同时承担相应义务的自然人、法人或者其他组织。商标权可以共有。根据《商标法》第 5 条的规定，两个以上的自然人、法人或其他组织可以共同向商标局申请注册同一商标，共同享有和行使该商标专用权。商标权共有人不能擅自处分他们共有的注册商标专用权，否则无效。

二、商标权的客体

商标权的客体是指注册商标。商标使用的文字、图形或者其组合，应当具有显著特征，便于识别。在我国，未注册商标得不到法律的保护，其使用人也不享有商标专用权，但驰名商标不管是否在我国注册，均可依法获得一定的保护。

《商标法》明确规定，商标不得与他人在先取得的合法权利相冲突。也就是说，不得在相同或相近似的商品上与已经注册或申请在先的商标相同或相近似。

根据《商标法》第 10 条的规定，下列标志不得作为商标使用，也就是说，不论是注册商标还是非注册商标都不得使用：

（1）同中华人民共和国的国家名称、国旗、国徽、国歌、军旗、军徽、军歌、勋章相同或者近似的，以及同中央国家机关的名称、标志、所在的地特定地点的名称或者标志性建筑物的名称、图形相同的。如"中华"洗衣机、"中南海"酱菜等。

（2）同外国的国家名称、国旗、国徽、军旗相同或者近似的，但经该国政府同意的除外。

（3）同政府间国际组织的名称、旗帜、徽记等相同或者近似的，但经该组织同意或者不易误导公众的除外。

（4）与表明实施控制、予以保证的官方标志、检验印记相同或相近似的，但经授权的除外。

（5）同"红十字"、"红新月"的标志、名称相同或者近似的。红十字组织和红新月组织均为国际卫生组织，后者是伊斯兰国家间国际卫生组织。如"红十字"药店等不能作为商标使用。

（6）带有民族歧视性的。如"黑鬼"牙膏等。

（7）带有欺骗性，容易使公众对商品的质量等特点或产地产生误认的。

（8）有害于社会主义道德风尚或者有其他不良影响的。如以"纳粹"等作为商标则不得使用。

此外，县级以上行政区划的地名或者公众知晓的外国地名，不得作为商标，但是，地名具有其他含义的除外。已经注册的使用地名的商标继续有效。如"金华"火腿、"嘉兴"肉粽已经作为集体商标注册，继续有效。

根据《商标法》第 11 条的规定，下列标志不得作为商标注册：

（1）仅有本商品的通用名称、图形、型号的；

（2）仅直接表示商品的质量、主要原料、功能、用途、重量、数量及其特点的；

（3）其他缺乏显著特征的。

如果这些标志经过使用取得显著特征，并便于识别，可以作为商标注册。

三、商标权的内容

（一）商标权人依法享有的权利

1. 商标专用权。商标专用权是指商标权人在核准商品或者服务项目上有使用注册商标的排他权，它是商标权人最重要、最基本的权利。

2. 转让权。转让权是指商标权人依法将注册商标让予他人的权利。该转让导致商标权主体的变更。原来的商标权人不再享有商标权，而受让人获得了商标权。商标权人在行使注册商标专用权时，应严格依照法定程序办理，有些特殊商标，如证明商标，不得随意转让。

3. 许可使用权。许可使用权又称许可权，是指商标权人依法按照书面商标权使用许可合同许可他人使用其注册商标的权利。我国《商标法》规定，商标注册人可以通过签订商标许可使用合同，许可他人使用其注册商标。许可人应当监督被许可人使用其注册商标的商品质量。被许可人应当保证使用该注册商标的商品质量。经许可使用他人注册商标的必须在使用该注册商标的商品上标明被许可人的名称和商品产地。商标使用许可合同应当报商标局备案。

与转让权相比，被许可人获得的仅仅是注册商标的使用权，而受让人获得的是注册商标的所有权。

（二）商标权人依法应承担的义务

1. 商标权人有依法缴费的义务。商标权人应按照规定缴纳申请费、注册费、转让费、续展费等相关费用。

2. 商标权人不得连续三年停止使用注册商标。商标权人连续三年停止使用注册商标的，任何人都可以向商标局申请撤销该商标。这样就督促商标权人积极使用注册商标或者将注册商标许可给他人使用。

3. 商标权人必须保证使用注册商标的商品或服务质量。商标的作用，一是区别不同的商品或服务；二是便于国家管理机关监督产品或服务的质量，可以更好地维护消费者的合法权益。商标权人必须保证注册商标的商品或服务的质量，不得粗制滥造、以次充好，欺骗消费者。

第三节　商标注册

一、商标注册的概念

商标注册是指商标使用人为了取得商标专用权，将其使用的商标依照《商标法》的规定向商标管理机关提出注册申请，经商标管理机关审查批准，在商标注册簿上登录，并发给商标册证，予以公告，授予申请人以商标专用权的法律活动。在我国，只有经过商标局依法核准注册的商标才是注册商标。注册商标由商标注册人使用，享有专用权，受法律保护。使用注册商标的，应当标明"注册商标"或注册标记®。

二、我国商标注册的原则

（一）申请在先原则

申请在先原则又称先申请原则、注册在先原则，是指两个或者两个以上的商标注册申请人，在同一种商品或者类似商品上，分别以相同或者近似的商标申请注册的，初步审定并公告申请在先的商标；同一天申请的，初步审定并公告使用在先的商标。

我国《商标法》在坚持先申请原则的同时强调申请商标注册不得损害他人现有的在先权利，也不得以不正当手段抢先注册他人已经使用并有一定影响的商标。

（二）自愿注册原则

我国《商标法》允许使用注册商标和未经注册的商标。除法律规定必须注册的商标外，在注册方法上，采用自愿注册的原则。自愿注册，是指商标使用人是否申请商标注册完全取决于自己的愿望。注册商标的商标使用人对其注册的商标享有专用权；未注册的商标可以使用，但使用人不享有专有权，除驰名商标外，使用人无权禁止他人在相同或者相近似的商品上使用与其商标相同或者相近似的商标。

在确认自愿注册原则的同时，《商标法》还规定，国家规定必须使用注册商标的商品，必须申请商标注册，未经核准注册的，不得在市场销售。对违反这一规定的，由工商行政管理机关禁止其商品销售和广告宣传，封存或者收缴其商标标识，并可根据情节处以非法经营额罚款。目前，我国必须使用注册商标的商品只有烟草制品和人用药品。

三、商标注册程序

（一）商标注册的申请

《商标法》第4条规定，自然人、法人或者其他组织在生产经营活动中，对其商品或者服务需要取得商标专用权的，应当向商标局申请商标注册。

申请商标注册或办理其他商标事宜，可以直接办理也可以委托依法设立的商标代理组织代理。

（二）商标注册的审查和批准

1. 初步审查。我国对商标注册的审查采用形式审查和实质审查相结合的原则。形式审查是对申请人提交的商标注册申请文件是否受理的审查；实质审查是对商标是否具备注册条件的审查。

2. 公告。对申请注册的商标，商标局应当自收到商标注册申请文件之日起 9 个月内审查完毕，符合本法有关规定的，予以初步审定公告。

3. 商标复审和商标异议。商标局经审查认为申请注册的商标不符合《商标法》的规定，驳回申请，商标注册申请人不服的，可以向商标评审委员会申请复审。商标评审委员会应当自收到申请之日起 9 个月内作出决定，并书面通知申请人。有特殊情况需要延长的，经国务院工商行政管理部门批准，可以延长 3 个月。当事人对商标评审委员会的决定不服的，可以向人民法院起诉。对初步审定公告的商标，自公告之日起 3 个月内，在先权利人、利害关系人认为违反《商标法》第 13 条第 2 款、第 3 款、第 15 条、第 16 条第 1 款、第 30 条、第 31 条、第 32 条。规定的，或者任何人认为违反第 10 条、第 11 条、第 12 条规定的，可以向商标局提出异议。

4. 核准注册。对初步审定公告的商标提出异议的，商标局应当听取异议人和被异议人陈述事实和理由，经调查核实后，自公告期满之日起十二个月内作出是否准予注册的决定，并书面通知异议人和被异议人。有特殊情况需要延长的，经国务院工商行政管理部门批准，可以延长六个月。

商标局作出准予注册决定的，发给商标注册证，并予公告。

第四节　注册商标专用权的法律保护

一、注册商标的有效期和续展

注册商标的有效期为 10 年，自核准注册之日起计算。注册商标有效期满，需要继续使用的，应当在有效期届满前 12 个月内申请续展注册，在此期间未能提出申请的，可以给予 6 个月的宽展期。每次续展注册的有效期为 10 年。注册商标可以转让，也可以许可他人使用。

二、注册商标专用权的保护范围

根据《商标法》第 56 条的规定，注册商标的专用权以核准注册的商标和核定使用的商品为限。这表明了商标权人行使商标权的范围。也就是说，注册商标所有人实际使用的商标必须与核准注册的商标相一致，如果两者不一致，不受《商标法》的保护；注册商标所有人实际使用注册商标的商品与核定使用的商品必须一致，否则，将会承担违法使用注册商标的法律后果。

三、商标侵权行为

有下列行为之一的，均属侵犯注册商标专用权。

1. 未经商标注册人的许可，在同一种商品上使用与其注册商标相同的商标的。

〖导入案例〗中，甲公司生产的灵芝营养液与宫宝生产的胎盘口服液是否属于类似商品，是认定被告是否侵权的前提。所谓的类似商品，是指那些相互之间由于商品生产工艺、主要原材料，或者商品的功能、用途及销售渠道等具有某些相同之处，消费者会认为它们可能是相同来源的商品。

而商标专用权的保护范围之所以包括了核定使用商品的类似商品，就是因为类似商品具有与核定使用商品的相同之处，使用与核定使用商品相同或近似商标，或者将注册商标用作商品名称，容易导致消费者误认、误购。因此，判断类似商品的实质标准应是两种商品具有相同之处，若使用相同或近似商标，或一商品将另一商品商标用作商品名称，可能导致消费者混同商品主体。

本案宫宝公司的产品胎盘口服液使用的"彩色"商标在部分省市范围已是知名商标，被告将其商标的文字使用在其产品灵芝营养液上，而且两种商品名称、作用，销售渠道具有相似之处，容易导致消费者误认、误购。基于上述理解，应当判定原、被告的产品属类似商品，被告的行为构成侵权。

2. 未经商标注册人的许可，在同一种商品上使用与其注册商标近似的商标，或者在类似商品上使用与其注册商标相同或者近似的商标，容易导致混淆的。

3. 销售侵犯注册商标专用权的商品的。该内容是 2001 年修改《商标法》时，在"销售明知是假冒注册商标的商品的"基础上修改而成的。将承担侵权责任的范围从销售假冒注册商标的行为扩大到所有销售侵犯注册商标专用权商品的行为，而且更重要的改变在于将"明知"两字去掉了，即销售假冒注册商标的行为不再以"明知"为承担侵权责任的条件。这一修改使实施假冒注册商标的行为人以不明知为借口而逃避法律责任没有了可乘之机，有效地堵塞了侵犯注册商标专用权的销售行为。

4. 伪造、擅自制造他人注册商标标识或者销售伪造、擅自制造的注册商标标识的。这是一种故意的侵权行为。商标标识是指富有文字、图形或者组合等商标图样的物质实体，如商标纸、商标牌、商标织带、印有商标的包装等。我国《商标法》对制造注册商标标识有严格的规定。伪造、擅自制造或者销售伪造、擅自制造的注册商标标识是商标侵权行为。

5. 未经商标注册人同意，更换其注册商标并将该更换商标的商品又投入市场的。这种行为又称为反向假冒行为、撤换商标行为。构成这种侵权必须具备两个条件：一是行为人未经商标所有人同意而擅自更换商标；二是撤换商标的商品又投入市场进行销售。

6. 故意为侵犯他人商标专用权行为提供便利条件，帮助他人实施侵犯商标专用权行为的。

7. 给他人的注册商标专用权造成其他损害的。比如，在同一种或者类似商品上，将与他人注册商标相同或者近似的标志作为商品名称或者商品装潢使用，误导公众的；故意为侵犯他人注册商标专用权行为提供仓储、运输、邮寄、隐匿等便利条件的。

对商标侵权行为，县以上工商行政管理部门有权对商标侵权者进行处罚，人民法院也可视情节轻重追究其民事责任或刑事责任。

四、注册商标的无效撤销

（一）注册商标的无效

已经注册的商标，违反《商标法》不许使用的文字、图形等有关规定，以欺骗或者其他不正当手段取得注册的商标由商标局宣告该注册商标无效。其他单位和个人可以请求商标评审委员会宣告该注册商标无效。

注册商标被撤销后，商标专用权视为自始不存在。

已经注册的商标违反相关规定，自商标注册之日起 5 年内，在先权利人或利害关系人可以请求商标评审委员会宣告该注册商标无效。对恶意注册的，驰名商标人不受 5 年的时间限制。

（二）注册商标的撤销

商标注册人在使用注册商标的过程中，自行改变注册商标、注册人名义、地址或者其他注册事项的，由地方工商行政管理部门责令限期改正；期满不改正的，由商标局撤销其注册商标。

注册商标成为其核定使用的商品的通用名称或者没有正当理由连续三年不使用的，任何单位或者个人可以向商标局申请撤销该注册商标。商标局应当自收到申请之日起九个月内作出决定。有特殊情况需要延长的，经国务院工商行政管理部门批准，可以延长三个月。

第五节　驰名商标

驰名商标是指在一定地域范围内为有关公众广为知晓并享有较高声誉的商

标。根据我国《商标法》第14条的规定，对驰名商标的认定主要考虑以下方面：相关公众对该商标的知晓程度；该商标使用的持续时间；该商标的任何宣传工作的持续时间、程度和地理范围；该商标作为驰名商标受保护的记录；等等。到目前为止，经国家工商行政管理局认定的国内驰名商标包括：北京"同仁堂"中成药；上海"凤凰"自行车；贵州"茅台"酒；山东"青岛"啤酒；等等。

驰名商标具有巨大的商业价值，是不法经营者假冒或仿冒的重点对象，因而《商标法》对驰名商标规定了特殊的保护措施。《商标法》规定，复制、模仿或翻译他人未在中国注册的驰名商标或其主要部分，在相同或类似商品上使用，容易导致混淆的，应当承担停止侵害的民事法律责任，申请注册的，不予注册并禁止使用；就不相同或不相类似商品申请注册的商标是复制、模仿或翻译他人已经在中国注册的驰名商标，误导公众，致使该驰名商标注册人的利益可能受到损害的，不予注册并禁止使用。

【相关问题的咨询】

1. 企业商标在国内外被抢注的情况屡有发生。商标被抢注以后，应如何应对？

咨询意见：商标被抢注之后，分别情况，可采取的措施如下。

（1）非讼方式。及时收集相关证据，查明抢注人与被抢注企业的关系，抢注商标的法律状态，被抢注企业在该国的申请、注册情况，了解特定国家的商标法律制度，采取发出警告函、提出异议（如在异议期内）、直接谈判等方式，以向抢注人施加压力，迫使其撤回申请或低价转让商标申请或注册商标。

（2）诉讼方式。有的国家没有异议程序，只能通过法律诉讼程序解决商标争议。不过，也可在法律诉讼程序之前采取非讼方式，比如协商由抢注方撤回申请或转让注册商标，被抢注方向抢注方支付一定的费用。

（3）在已申请或注册的国家，可在采取上述措施的同时提出备用商标注册、补充注册申请。这样，增加对方的成本，也给自己留有余地。即使最后无法夺回，至少不影响产品销售。因为在很多情况下诉讼成本远远大于申请费用，但缺陷在于不利于保证企业品牌的统一性。

（4）在国内提出防御注册申请。可以考虑防御商标和联合商标的注册。国内注册尽量注意范围要足够宽，以杜绝类似商标的申请。

另外，策略的选择应充分考虑成本、市场前景和效率，必要的接触、谈判可能是解决问题的捷径。

（资料来源：http://china.findlaw.cn/chanquan/shangbiao/sbfal/51233.html）

2. 近几年，社会上兴起滥评"名牌"之风，有报道称，仅北京一地，就有多种名目的评选、推"名牌"机构上百家。这些机构评选名牌活动缺乏科学、公正的评选程序和标准，且中奖比率过高、过滥。评选机构不是真正为了给消费者提供方便，而是唯利是图，甚至以交钱多少排定名次。

咨询意见：认定驰名商标，是一种政府行为。根据我国已加入的《保护工业产权巴黎公约》第 6 条的规定，驰名商标由该公约成员国的主管机关认定。《中华人民共和国商标法》第 2 条规定："国务院工商行政管理部门主管全国商标注册和管理工作。"国务院办公厅文件也专门指出："商标局作为国家行政管理局的职能部门，主管全国商标注册和管理工作。其主要职责之一是指导全国企业商标工作，负责认定驰名商标。"然而，国家商标局不仅自己没有也从来没有委托过任何单位和个人从事驰名商标的评选和认定工作。这种情况下，可以依据《中华人民共和国民法通则》第 4 条"民事活动应当遵循公平、等价、有偿、诚实信用的原则"向人民法院提起不正当竞之诉。

3. 吉利集团有限公司状告昆明亚杰力商贸有限公司侵害其商标权一案，吉利集团有限公司起诉称，1994 年 11 月 4 日，黄岩市华田摩托车总厂向国家商标局申请注册"吉利"商标，1996 年 9 月 28 日获得国家商标局核准，取得"吉利"商标的专用权，核定使用的商品为摩托车、轻型、微型汽车。1998 年 8 月 28 日，该商标核准转让给原告吉利集团有限公司，原告取得了"吉利"商标的专用权。

2004 年 11 月，原告得知被告昆明亚杰力商贸有限公司在昆明市对外销售吉利服饰，主要为"吉利牌"衬衣，被告以"开吉利汽车，穿吉利衬衫，走吉利大道"等广告词对外进行宣传，并在 2004 年 11 月 26 日出版的《春城晚报》B10 版发布促销广告。

原告认为，吉利商标经过长期使用、广泛持久的宣传，已树立起中国汽车民族品牌的形象，"吉利"已成为高品质、国际化的中国著名轿车品牌，在中国乃至国际上具有了相当高的知名度和美誉度。被告的宣传、销售行为，对消费者造成了误导，是"搭便车"的销售行为，严重损害了原告的利益。遂诉请法院要求确认吉利商标为驰名商标，并判令被告停止侵权、赔偿损失 10 万元。

被告亚杰力公司答辩称，被告认可销售"吉利"牌衬衣的事实，但销售时间短、数量少，这种销售行为尚未给原告造成严重损失，请求法院酌情处理。原告注册的"吉利"商标的使用范围仅限于机动车，被告并不知道在衬衣使用"吉利"商标也构成侵权。被告在广告上使用了"开吉利汽车，穿吉利衬衫，走吉利大道"的宣传语句确有不当，对此愿意道歉，并赔偿原告适当损失。

昆明中院在审理中查明，原告吉利集团有限公司成立于 1996 年 5 月 13 日，其在 1998 年取得"吉利"文字商标专用权以来，除自身使用该商标进行轿车生产，并许可浙江吉利控股集团有限公司及其子公司使用该商标。为充分保护该商标，原告还在 39 个类别上分别注册了 53 个"吉利"商标。经过七年以来的使用，投入大量广告及业务宣传经费，在全国范围内进行了数年的广告宣传，使得该商标在全国范围内取得了较高的知名度，并且该商标也多次被认定为浙江省著名商标，获得多种奖项和荣誉。原告的"吉利"商标已经具备了我国《商标法》第14条规定的条件，根据原告的请求，应认定原告的"吉利"商标为驰名商标。被告昆明亚杰力商贸有限公司在未经原告许可的情况下，擅自在其生产销售的衬衫上使用了原告的"吉利"商标，并且在对其产品的广告宣传中采用了使公众误认其产品与原告有关联性的宣传语句，其行为已构成对原告驰名商标的侵犯。被告对此应当承担停止侵权、赔偿损失等民事责任。

因原告未能提交证据证实自己的损失或被告因侵权所获利益，昆明中院在综合考虑被告侵权的持续时间及影响范围等因素之后，认为应由被告赔偿原告5万元人民币。据此，昆明中院作出了一审判决：云南省昆明市中级人民法院对吉利集团有限公司状告昆明亚杰力商贸有限公司侵害其商标权案作出一审判决，确认吉利集团有限公司的"吉利"商标为驰名商标，判令销售"吉利"牌衬衣的昆明亚杰力商贸有限公司立即停止侵权，并赔偿原告吉利集团有限公司人民币5万元。

如何看待本案的判决？

咨询意见：本案审判法官认为，确认本案被告在其生产销售的衬衫的显著位置采用"吉利"文字商标作为产品的主要标识的行为是否构成侵权，关键在于原告的"吉利"文字商标能否认定为驰名商标。

本案中，原告的"吉利"商标核定使用的商品为第12类，即"摩托车、轻型、微型汽车"，虽然原告为充分保护该商标，还在39个类别上分别注册了"吉利"商标，但并未涵盖被告生产销售的衬衫这个类别，因此，在原告商标并非驰名商标的情况下，该商标不享受法律对驰名商标的特殊保护，只能在相同或者类似的商品或服务范围内获得保护，不可能判定被告生产销售衬衫的行为侵犯原告的注册商标专用权。只有当原告的商标为驰名商标时，才能给予跨类别、跨领域的保护。这就是《商标法》规定的对驰名商标的延伸保护或称特殊保护制度。因此，原告的"吉利"注册商标是否应认定为驰名商标，便成了判定被告的行为是否侵权的前提。驰名商标既具有一般商标的区别作用，又有很强的竞争力，知名度高，影响范围广，已经被消费者、经营者所熟知和信赖，具有相关的商业价值。这些特点使之常成为侵犯的对象。为了防止和减少这种侵权行为的发生，《保护工业产权巴黎公约》、《与贸易有关的知识产权协议》都对驰名商标的特殊保护作了行之有效的具体规定。而我国在《商标法》修改时，结合实际做法也增加了对驰名商标的保护。

（资料来源：http://china.findlaw.cn/chanquan/chanquananli/sbfal/25174.html）

4. 山东省枣庄市山亭区店子镇盛产长型红枣，在当地享有盛名，至今已有

300 多年的栽培历史。为了进一步打响品牌，增加市场影响力，1999 年年底，店子镇政府以"愿我们的红枣产业永远红红火火"为寓意，请专家绘出"长红"商标图案，并于 1999 年 12 月 17 日以枣庄市越峰山泉饮品厂的名义向国家商标局申请注册"长红"牌干鲜果品商标，经过国家商标局初步审定，于 2001 年 1 月 28 日在总第 769 期《商标公告》上公布，审定号为第 1562786 号、长红 CHANGHONG。

　　"长红"商标公告不久，2001 年 4 月 2 日，以生产"长虹"电视机闻名的四川长虹电器股份有限公司向国家商标局提出商标异议申请。争议的焦点是侵权还是搭乘便车。据了解，1999 年 7 月 21 日，四川长虹就申请注册了第 1296545 号"冻肉、加工过的鱼、食用油、果子冻、冬菇"商标，先于枣庄市越峰山泉饮品厂的"长红"商标注册时间。四川长虹提出，店子镇的"长红"商标与"长虹"商标相同，含义相近，且读音完全相同。店子镇申请指定的商品"果肉、果酱"等与四川长虹已注册商标所指定的"果子冻"等商品实为类似商品，两者所对应的消费群体、消费渠道及产品原料极其相似，已经构成类似商品上的类似商标，足以给消费者带来误导，造成商品识别混淆，恳请国家商标局依据相关法规，裁定"长红"商标申请不予注册，以维护四川长虹作为驰名商标的商标专有权。

　　面对四川长虹提出的异议，2001 年 8 月 16 日越峰山泉饮品厂委托山东省商标事务所向国家商标局递交了《答辩书》，提出了如下理由：

　　其一，两个商标的字形不同，含义更是大相径庭。据《现代汉语词典》解释，红字是指像血、火一样的颜色；虹则指雨后天空中的阳光射入水滴经过折射和反射而形成的在雨幕或雾幕上出现的彩色圆弧。

　　其二，两个商标的图形完全不同。店子镇为他们的干枣等农副产品注册的商标图形是由"长红"汉字、"长红"汉语拼音、象征红枣的椭圆形图案组合而成的，图形部分十分突出。而四川长虹为冻肉、果子酱等产品注册的商标，则是两个单纯性的长虹艺术性汉字和一个小小的星组成的图案，两者从外观到内涵完全不一样。

　　其三，两个商标所代表的商品虽然都列在第 29 类，但属于国家商标局规定的不同细分行列。

　　经过深入调查取证，这场历时 3 年之久的"长虹"商标之争终于在 2003 年的岁末画上了一个句号。国家商标局认为，被异议商标为"长红 CHANG-HONG"，指定使用在"干枣、浸酒的水果、果肉、果酱"等商品上。异议人引证的"长虹"、"长虹及图"商标，核定使用在"冻肉、加工过的鱼、食用油、果子冻"及"电视机"等商品上。双方商标的指定使用商品在加工工艺及销售渠道等方面不同，属于非类似商品。对比双方商标可以看出，被异议商标与异议人商标的中文部分均以"长"字为首字，双方商标的差异性主要表现在第二个字的区别上，虽然红与虹读音相同，但一般认为，红指颜色，虹则表示自然中的一种光的现象，故而长红与长虹在含义上不同；且红与虹均为常用字，一般消费者不会混淆。同时，双方商标在整体外观上也存在一定差异，因此，双方商标未构成类似商品上的近似商标，被异议商标的注册与使用不会造成消费者的混淆和误认。

依据《中华人民共和国商标法》第 33 条的规定，国家商标局裁定，异议人所提理由不成立，第 1562768 号 "长红 CHANGHONG" 商标予以核准注册。

曾一度在全国闹得沸沸扬扬的国营长虹机器厂（四川长虹电器股份有限公司的前身，以下简称 "四川长虹"）与山东枣庄市山亭区店子镇政府注册的 "长红" 牌商标争议案，终于尘埃落定。你如何看待本案中商标局的裁定？

咨询意见：本案的焦点主要围绕着 "长红" 是否构成对 "长虹" 的侵权。商标局主要从两个商标适用的商品为非类似商品以及商标本身的含义等方面得出双方商标未构成类似商品上的近似商标，被异议商标的注册与使用不会造成消费者的混淆和误认。尽管从市场营销的角度看，"长红" 存在着搭便车之嫌，但并没有构成对 "长虹" 的侵权。商标局最终裁定长虹的异议理由不成立，核准注册 "长红 CHANGHONG" 商标是符合法律规定的。

本 章 小 结

商标是商品和商品服务的标记，是能够将自己的商品或者提供的服务与他人的商品或提供的服务区别开来的具有显著特征的可视性标志。商标权的客体是注册商标，商标不得与他人在先取得的合法权利相冲突。《商标法》明确规定不得作为商标使用的情形。我国的商标注册遵循申请在先原则和自愿注册原则。商标注册的程序包括：申请、初步审查、公告、商标复审和商标异议、核准注册。注册商标的专用权以核准注册的商标和核定使用的商品为限，侵犯注册商标专用权的行为构成商标侵权行为。《商标法》具体规定了商标侵权的五种情形。

思考题

1. 根据我国《商标法》的规定，不得作为商标使用的标志有哪些？
2. 《商标法》对注册商标的有限期限和续展是如何规定的？
3. 根据《商标法》的规定，侵犯注册商标专用权的行为有哪些？

实训题

1. 实训项目：相关案例的讨论分析。
2. 实训目的：通过实训，使学生加深对商标侵权行为及救济途径的认识和理解。
3. 实训组织：学生分组进行讨论，各组派代表将讨论的意见进行展示，教师点评。
4. 实训内容：

　　1996 年 12 月 28 日，经国家工商行政管理局商标局核准注册，北京市糖业烟酒公司（以下称糖业烟酒公司）取得注册商标"JING TANG"的专有使用权，核定使用的商品为第 30类，其中包括糖，注册有效期自 1996 年 12 月 28 日至 2006 年 12 月 27 日。糖业烟酒公司生产的"JING TANG"牌系列绵白糖先后被有关部门评定为知名商品。除自销外，糖业烟酒公司还授权北京市丰台糖业烟酒公司等其他糖业烟酒公司经营 500 克装"JING TANG"牌精致绵白糖。1999 年 10 月以来，北京美厨食品公司（以下称美厨公司）曾多次以每袋 2.68 元的价格，从北京市丰台糖业烟酒公司购进 500 克装"JING TANG"牌精致绵白糖。美厨公司还分别从北京大阳宫批发市场和京西批发市场购进 500 克装"JING TANG"牌精致绵白糖 24300 袋，总计价款为 40465 元（至今尚未付款）。自 1999 年 10 月 20 日开始，美厨公司将上述绵白糖作为搭赠品，装入其生产的方便面包装箱中，每箱一袋，并在方便面的包装箱上注有"箱内附有精美赠品"字样，共有 8743 袋随方便面流入市场。经查，美厨公司购进的这批绵白糖的"JING TANG"商标包装袋系他人擅自制造。1999 年 11 月 16 日，北京市工商局门头沟分局认定美厨公司购买的上述绵白糖系假冒糖业烟酒公司生产的商品，美厨公司以假冒的绵白糖搞促销的行为属虚假宣传、误导消费者的行为。该分局决定没收尚未被美厨公司装箱投入市场的假冒"JING TANG"牌绵白糖 15557 袋，罚款 1 万元。美厨公司对该处罚决定未提出异议。

　　糖业烟酒公司遂向北京市第二中级人民法院提起诉讼。诉称美厨公司的行为侵犯其商标权和商业信誉，请求法院判令被告立即停止侵权、公开赔礼道歉并赔偿损失。其中，经济损失62.1 万元，商业信誉损失 200 万元，其他损失 94832 元。

　　美厨公司答辩称，其不知所购绵白糖是侵犯糖业烟酒公司注册商标的商品，也没有直接销售绵白糖，其行为不属于侵权行为，故不同意糖业烟酒公司的诉讼请求。

　　北京市第二中级人民法院经审理认为，美厨公司曾多次从正规渠道购买糖业烟酒公司生产的"JING TANG"牌绵白糖，对该商品的外观包装、产品质量和价格均应有所了解。工商行政管理部门查处的美厨公司购买的这批绵白糖在外观包装、产品质量和价格等方面与正常商品均有显著差异，因此，美厨公司在主观上应当知道其购买的这批绵白糖是侵犯糖业烟酒公司注册商标专用权的商品。在销售自己商品时，搭赠其他商品是经营者的一种潜在销售行为，其性质不受商品售价是否提高、搭赠品是否摊入成本的影响，美厨公司的行为侵犯了糖业烟酒公司的商标权。依照《中华人民共和国商标法》的有关规定，判决：美厨公司不得搭赠侵犯糖业烟酒公司"JING TANG"注册商标专用权的商品；向糖业烟酒公司书面致歉；赔偿糖业烟酒公司经济损失 1 万元，商业信誉损失 4 万元，因诉讼而支出的其他合理费用 2000元和部分案件受理费 13560 元。

　　一审判决后，美厨公司不服，提起上诉。

　　上诉人没有销售假冒糖业烟酒公司注册商标的绵白糖，也不知道其通过正当渠道购进的绵白糖是假冒商品，因此，不应承担法律责任。根据我国《商标法》及其实施细则的规定，侵犯注册商标专用权的行为在客观上表现为销售或者经销侵权商品。上诉人并没有销售或经销购进的绵白糖，只是将其作为礼品赠与消费者。原审判决自行解释法律，将上诉人的赠与行为认定为销售行为，实属不当。通过合法的购物场所和渠道购买绵白糖，其主观上无过错。即使上诉人的行为构成侵权，侵权赔偿额应为上诉人所获得的利润或糖业烟酒公司因此所受到的损失。而事实上，上诉人并未因此获得利润，糖业烟酒公司也没有证据证明其因此受到了损失。请求二审法院依法改判，维护上诉人的合法权益，维护法律的尊严。

　　糖业烟酒公司答辩表示服从原审判决。

　　北京市高级人民法院经审理认为，糖业烟酒公司依法享有注册商标"JING TANG"的专用权。美厨公司的搭赠行为是一种销售行为。上诉人应当知道其购买的绵白糖是假冒糖业烟酒公司产品的情况下，其搭赠行为侵犯了糖业烟酒公司依法享有的注册商标专用权，应承担相应的民事责任。一审判决认定事实清楚，适用法律正确。二审法院于 2001 年 5 月判决：驳回上诉，维持原判。

　　请对该案发表你个人的看法。

第七章

产品质量法律制度

【导入案例一】2010年1月20日，小强（5岁）父母给他买了一辆童车，父母忙着做生意，小强一个人玩童车，不小心把手卡在车链里面，手弄出来后，单车那里还挂着肉皮。夫妻两人赶紧带着孩子去医院，拍完片子的结果是孩子的右拇指被童车夹断了，骨头已经变成碎片，只能进行驳指手术，把断开的手指接上。手术的结果是驳接没有成功，医生说是因为那个肉已经变黑死亡了。结果是孩子的手指少了半截。孩子受伤后，变得很忧郁，心事重重的，经常摸着少了的半截手指发呆。

后来，小强的父亲在报纸上看到，当地消费者保护协会在省内各大报纸发出消费警示，指出目前市场上出售的儿童单车链罩大多存在安全隐患，建议生产厂家将问题童车招回，消除安全隐患，免费为消费者更换符合国家标准的链罩，对于因童车链罩不符合国家标准要求导致消费者身体受伤的，应积极妥善处理，依法给予赔偿。

小强的父母发现小强的受伤正是童车链罩封闭不严造成的，向消协投诉，消协按照产品标志上标明的电话与童车生产厂家某玩具厂取得联系。但玩具厂态度很坚决，自己不应对此事负责。厂家的态度令小强的父母气愤，决定打官司。同年9月26日，小强作为原告向当地人民法院提起诉讼，要求玩具厂赔偿医疗费、后续医疗费、残疾赔偿金等各项费用共计124125元。

问题：根据《产品质量法》等相关规定，你认为该案应如何处理？

【导入案例二】2006年8月6日，李某从超市买了两瓶啤酒，带到自己居住的楼下，请同事王某帮忙拿上去，在上楼的途中，突然一啤酒瓶爆炸。王某的左眼被飞起的碎片击中，流血不止。经治疗，王某的左眼视力在出院时只有0.1，而且视力还有可能继续下降。事故发生后，王某要求超市赔偿自己所受的经济损失。超市认为自己不应负责任，因为经检验，王某所受损害是因酒瓶质量太差引起的，王某应向啤酒厂索赔，超市不应承担责任。

问题：

1. 超市是否应当承担赔偿责任？为什么？

2. 假设超市应负责，它应该赔偿张某哪些费用？

3. 超市在承担赔偿责任后能否向啤酒厂追偿？为什么？

第一节　概　述

一、产品与产品质量

1. 产品的含义。根据《中华人民共和国产品质量法》（以下简称《产品质量法》）的规定，产品是指经过加工、制作，用于销售的物品。这里所指的产品必须同时具备以下三个条件：（1）必须是经过加工、制作的物品；（2）必须是用于销售的，凡不是用于销售目的产品，不是《产品质量法》所调整的产品；（3）应是动产。

2. 不属于产品的物品。不属于《产品质量法》所规范的产品有：（1）建设工程。建设工程往往有特殊的质量要求，难以与经过加工、制作的工业产品用同一种法律规范，因此，建设工程不属于《产品质量法》调整，但建设工程所使用的建筑材料、建筑构配件和设备属于《产品质量法》的调整范围。（2）军工产品。如枪支、弹药、军用汽车、军用望远镜、军服等。（3）违禁品。主要指淫秽书籍、光碟以及毒品、走私物品等。（4）初级农产品。如未经加工的玉米、小麦、稻谷等原粮，属于天然产品，这些天然产品未经人的加工、制作，其质量也难以为人的意志和要求所决定，所以不为《产品质量法》所调整。

3. 产品质量。产品质量是指产品满足明示或隐含要求的能力和特性的总和。

产品质量是一个相对的概念，人们对产品质量的要求会因时间、地点、产品及其用途等方面的不同而有所差异。但产品的适用性和安全性是一切产品共同的基本质量要求。

二、产品质量法

产品质量法有广义和狭义之分。狭义的产品质量法是指1993年9月1日实施、2000年9月1日修改后的《产品质量法》，共有6章74条。广义的产品质量法，是指调整在生产、流通和消费过程中因产品质量所产生的经济关系的法律规范的总称。除《产品质量法》以外，还包括规范产品质量的地方性法规，以及《食品卫生法》、《商标法》等法律、法规中所涉及的产品质量的相关条款。

三、产品质量监督制度

1. 产品质量监督管理体制。我国产品质量的监督管理制度，从法律规定来看，分为产品质量的国家监督和行业监督。

产品质量的国家监督，是指国务院产品质量监督部门和县级以上地方产品质量监督部门代表国家行使产品质量的监督权，主管全国和县级以上行政区域内的产品质量监督工作。其独立行使监督权，不受部门、行业、地区的限制。

产品质量的行业监督，是指产业的主管部门和企业主管部门对本行业、本系统产品质量的监督，也就是《产品质量法》中所列的国务院有关部门和县级以上地方人民政府有关部门对产品质量的监督。它们对于产品质量的监督，依其职权范围划定，其主要职责是按照同级人民政府赋予的职权负责本行业、本行政区域内产品质量的行业监督。

2. 产品质量监督的形式。

（1）产品质量检验制度。《产品质量法》规定，产品质量应检验合格，不得以不合格产品冒充合格产品。

（2）强制监督管理制度。对涉及保障人体健康和人身、财产安全的工业产品实行国家和行业的强制性标准，对不符合国家和行业强制性标准的产品禁止生产、销售。

（3）企业质量体系认证制度。企业质量体系认证制度是国际通行的企业质量保证能力的评价制度，是对企业的组织结构、职责、程序、过程、资源进行的科学评价，并得出是否符合标准要求的结论。其标准是国际标准化组织（ISO）1987 年发布的 ISO9000《质量管理和质量保证》系列国际标准。我国从 1993 年 1 月 1 日起等同采用 ISO9000 系列标准，其编号是 GB/T19000，共有三种质量保证模式，其中最常见的是 GB/T19001 – ISO9001《质量体系——设计/开发、生产、安装和服务的质量保证模式》，由企业自愿向有资质的机构申请。

（4）产品质量认证制度。产品质量认证制度是指由认证机构证实某一产品符合标准要求的活动。这是国际通行的另一认证制度，其认证的对象是产品；认证标准是国家标准和行业标准。国务院标准化行政主管部门是我国的认证机构。我国目前开展的质量认证的产品主要包括电工产品、电动工具、电线电缆、低压电器、电子元器件、水泥、汽车安全玻璃等产品。产品质量认证由企业自愿申请，认证标志可在产品包装上使用。

（5）产品质量监督检查及公告制度。产品质量监督检查的方式包括抽查方式和社会监督，以抽查为主要方式。对可能危及人体健康和人身、财产安全的产品，影响国计民生的重要工业产品，以及消费者和有关组织反映有质量问题的产品，应重点抽查。监督检查由产品质量监督部门统一规划和组织。监督抽查作为政府行为，不得向被检查人收取检验费用。对监督抽查的结果，国务院和省、自治区、直辖市人民政府的质量监督部门应分别在全国或本省、自治区、直辖市范围内予以公布，接受社会的监督。

（6）行政强制措施制度。县级以上产品质量监督部门或工商行政管理部门对涉嫌从事违反产品质量法的生产、销售活动进行查处时，对确有根据认为不符合人体健康和人身、财产安全的国家标准、行业标准的产品或存在其他严重质量问题的产品，以及直接用于生产、销售该项产品的原辅材料、包装物、生产工具，有采取查封或扣押的行政强制措施的权力。

第二节　生产者、销售者的产品质量义务

一、生产者的产品质量义务

1. 对产品质量承担默示和明示担保义务。生产者的产品质量默示担保义务，是指国家法律、法规对产品质量规定的必须满足的要求。它是依法产生的，并不取决于买卖双方口头或书面合同的约定。例如，产品应具备的使用性能；生产者的产品应符合安全、卫生要求。

生产者的产品质量明示担保义务，是指生产者以文字或行为表示对产品质量承担保证和承诺义务。例如，产品质量应符合在产品或其包装上注明采用的产品标准，符合以产品说明、实物样品等方式表明的质量状况。

2. 对产品真实标识的义务。根据不同产品的特点和使用要求，产品标识可以标注在产品上，也可以标注在产品包装上，其主要作用是表明产品的有关信息，帮助用户、消费者了解产品的质量状况，说明产品的正确使用、保养方法，指导消费。

产品上的标识应符合下列要求：

（1）有产品质量检验合格证明。合格证明包括合格证、合格印章等形式。合格证一般注明检验人员或其代号以及检验、出厂日期等事项，一些不便于戴配合格证的产品可用合格印章。

（2）有产品名称、生产厂厂名和厂址。产品名称、生产厂厂名和厂址应以中文标识，根据需要也可以附民族文字。生产厂厂名和厂址应与营业执照上载明的内容一致。

（3）按产品特点和使用要求标识。产品的规格、等级、成分、含量等标识的标注，应按照不同产品的不同特点以及不同的使用要求进行标注。需要事先让消费者知晓的，应在外包装上标明，或预先向消费者提供有关资料。

（4）限期使用产品标识。限期使用的产品，应在显著位置标明生产日期和安全使用期或失效日期。对限期使用的产品，可以有两种标注方法：一种是标注生产日期和安全使用期，两者都不可缺少；另一种是可以仅标注失效日期，而不再标注生产日期、保存期、保质期等标识。

（5）安全使用标识。使用不当容易造成产品本身损坏或可能危及人身、财产安全的产品，要有警示标志或中文警示说明。警示标志一般以剧毒、危险、易

燃、易爆等专用图形标志表示。警示说明可以理解为用中文标注的注意事项，一般标注在产品或产品说明书、产品外包装上，如燃气热水器上注明"注意室内通风"字样。

（6）产品标识的例外规定。裸装的食品和其他根据产品的特点难以附加标志的裸装产品可以不附加标识。例如，商店销售的散装饼干、白糖，没有包装的食品及日用杂品等。

3. 特殊产品包装要求的规定。危险物品、储运中不能倒置和其他有特殊要求的产品属于特殊产品，包括易碎、易燃、易爆、剧毒、不能倒置及有其他特殊要求的产品。对特殊产品的包装，必须符合相应的要求，依照国家有关规定作出警示标志或中文警示说明，标明储运注意事项。

4. 生产者不得从事的行为。生产者不得从事的行为包括：（1）生产者不得生产国家明令禁止的产品；（2）生产者不得伪造或冒用他人的厂名、厂址；（3）生产者不得伪造或冒用认证标志、名优标志等质量标志；（4）生产者不得掺假、掺杂，不得以假充真、以次充好，不得以不合格的产品冒充合格产品。

二、销售者的产品质量义务

销售者的产品质量义务包括：（1）执行进货检查验收制度，验明产品合格证明和其他标识；（2）采取措施，保持销售产品质量；（3）不得销售国家明令淘汰并停止销售的产品；（4）销售者销售的产品标识，应符合《产品质量法》关于产品标识的各种规定；（5）销售者不得伪造产地，不得伪造或冒用他人的厂名或厂址；（6）销售者不得伪造或冒用认证标志、名优标志等质量标志；（7）销售者销售产品，不得掺杂、掺假，不得以假充真、以次充好，不得以不合格产品冒充合格产品。

第三节 产品质量责任

产品质量责任是产品的生产者、销售者以及对产品质量负有直接责任的人员违反产品质量义务所应承担的各种形式的法律责任，包括民事责任、行政责任、刑事责任。

一、民事责任

产品生产者、销售者依法应承担的民事责任主要指产品给消费者造成人身财产损失的赔偿责任，也称为产品侵权损害赔偿责任。

1. 产品质量侵权的赔偿责任。产品质量侵权的损害赔偿责任是指生产者、销售者因产品存在缺陷而造成他人人身、缺陷产品以外的其他财产损害时，应承担的赔偿责任。其构成条件是：（1）产品存在缺陷，即产品存在危及人身、他人财产安全的不合理的危险，产品不符合保障人体健康和人身、财产安全的国家标准、行业标准；（2）存在损害事实，即消费者人身或他人人身、缺陷产品以外的财产已经存在损害；（3）产品缺陷与损害事实之间有因果关系。三个要件须同时具备，生产者方可承担产品侵权责任。

2. 产品质量责任的排除。如果生产者能够证明有下列情形之一的，则不承担产品缺陷民事赔偿责任：（1）生产者能够证明未将产品投入流通的；（2）生产者能够证明产品投入流通时引起损害的缺陷尚不存在的；（3）生产者能够证明产品投入流通时的科学技术水平尚不能发现缺陷存在的。销售者的质量侵权责任实行过错推定原则，即：由于销售者的过错使产品存在缺陷，造成人身、他人财产损害的，销售者应承担赔偿责任，销售者不能指明缺陷产品的生产者，也不能指明缺陷产品的供货者，销售者应承担赔偿责任。

3. 赔偿义务主体及赔偿范围。消费者因生产者、销售者的产品缺陷造成人身、财产损害时，生产者、销售者应承担连带责任。当销售者首先承担了赔偿责任后，如属于生产者的责任或供货者的责任，销售者有权向生产者、供货者追偿。因产品存在缺陷造成受害人财产损失的，应恢复原状或折价赔偿，受害人因此遭受其他重大损失的，侵害人应赔偿损失。因产品缺陷造成受害人人身伤害的，侵害人应赔偿医疗费、治疗期间的护理费、因误工减少的收入；造成残疾的，还应支付残疾者生活自助具费（例如轮椅、双拐）、生活补助费、残疾赔偿金以及由其抚养的人所必需的生活费；造成受害人死亡的，还应支付丧葬费、死亡赔偿金以及死者生前抚养人所必需的生活费等费用。

〖导入案例一〗中，玩具厂应当承担赔偿责任。玩具厂生产的造成小强手指残疾的童车存在不合理的危险，属于有缺陷的产品，依法应承担产品责任。原告受伤与其父母疏于监护存在一定的关系，因而原告父母对于原告的损害也需承担一定的责任。

〖导入案例二〗中，超市应承担赔偿责任。根据我国《产品质量法》的规定，因产品缺陷造成人身、财产损害的，受害人可以向产品的生产者要求赔偿，也可以向产品的销售者要求赔偿。超市应该赔偿王某的医疗费、误工费和残疾生活补助费。超市在承担赔偿责任后可以向啤酒厂追偿。因为产品缺陷造成人身、财产损害，如果属于产品生产者的责任，产品销售者赔偿后，产品销售者有权向产品生产者追偿。

二、行　政　责　任

行政责任，是指生产者、销售者因为实施《产品质量法》所禁止的行为而引起的行政上必须承担的法律后果，也就是要受到法律规定的有关行政主管部门的行政处罚。其方式有：责令停止生产、销售；没收违法生产、销售的产品；没收违法所得；罚款、吊销营业执照等。《产品质量法》规定的行政处罚由产品质量监督部门、工商行政管理部门行使。

三、刑事责任

生产者、销售者违反《产品质量法》的规定，构成犯罪的，依法追究刑事责任。关于刑事责任，我国《刑法》专门规定了"生产、销售伪劣产品罪"。主要包括以下情形：（1）生产、销售假药、劣药，已经危害或足以危害人体健康的；（2）生产、销售不符合卫生标准的食品，造成严重食物中毒事故的；（3）在食品、饮料、酒类中掺入有毒、有害物质，造成伤亡事故的；（4）生产、销售假农药、假化肥、假种子，造成严重后果的；（5）生产或销售不符合卫生标准的化妆品，以及不符合保障人身健康和财产安全标准的医疗器械、医用器械、医用卫生材料、电器、压力容器、易燃易爆产品等。

对产品质量检验机构、认证机构伪造检验后果或出具虚假证明构成犯罪的，追究刑事责任。对产品质量监督部门或工商行政管理部门的工作人员滥用职权、玩忽职守、徇私舞弊构成犯罪的，依法追究刑事责任。

【相关问题的咨询】

1. 安徽阜阳"大头娃娃"案给产品质量管理制度的启示是什么？

2004年3月，媒体广泛曝光了安徽阜阳地区出现的劣质奶粉导致婴儿发育畸形甚至死亡的恶劣事件，引起中央高度重视。2004年4月19日，国家质检总局、卫生部组成专项调查组，从北京奔赴安徽阜阳，拉开查"毒"大幕。调查发现，阜阳市查获的55种不合格奶粉共涉及10个省、自治区、直辖市的40家企业，既有无厂名、厂址的黑窝点，也有盗用其他厂名的企业，还有证照齐全的企业。这些不合格奶粉充斥了阜阳市各区县的乡镇和农村市场，严重危害了婴幼儿的身体健康。当地相关部门立即在调查组的配合协助下对此案涉及的违法行为予以严厉查处。

此案暴露了实施产品质量监督管理制度过程中存在的问题：监管部门之间信息不沟通，政府职能配合、协作意识和能力不足；行政执法部门重审批轻监管，政府部门大量存在消极行政、不作为的情况；农村市场建设遭到忽视；等等。

但从产品质量监督管理的制度设计来看，我国产品质量管理具有系统性、整体性，各项监督管理制度的规定也正确、科学。实际中，却因经营者的利益目标、地方政府的政绩要求、相关机关行政能力不足、消费者消费水平和意识等问题，出现了管理"空白"、"扯皮"、"断层"现象。因此，政府及相关部门切实积极地按照产品质量立法要求对产品质量实行系统、全面的管理，成为当务之急。

2. 2009 年 6 月 1 日起施行的《食品安全法》与《产品质量法》相比，在产品质量及责任方面有哪些特殊规定？

咨询意见：

（1）"食品安全"替代"食品卫生"，体现出了一个理念的变化，监管的链条被大大提前，是体现源头管理的一个非常重要的改变，希望通过强化安全意识，能够从源头上解决食品安全问题。

（2）加强预防和事前管理。《食品安全法》不但专门设立了"食品安全风险监测和评估"的章节，规定了对食品安全风险监测和评估的组织、制度和措施，而且对食品检验以及进出口食品和经营企业监管等内容作出了专门规定，力图通过有效的制度和体系防范，提前发现食品安全的潜在风险，做到预防在先，非常有针对性。同时，该法还鼓励社会团体、行业协会、新闻媒体、科研单位、个人和其他组织普及食品安全知识，提高食品安全研究水平，举报食品安全违法行为，开展各种监督，使全社会形成一张保障食品安全的大网。

（3）强化事后管理和责任分担。在事后管理上，《食品安全法》不是简单地加大处罚力度，而是用"食品安全事故处置"整整一章篇幅细致地规定了发现、报告、处理、公布食品安全事故的要求。而对食品安全事故中不同主体所应承担的相关责任，《食品安全法》也有新突破。例如，规定了食品召回制度，要求生产企业对不合格食品采取补救、无害化处理、销毁等措施，并将食品召回和处理情况向县级以上质量监督部门报告。明星为不安全食品做广告也可能承担后续责任。《食品安全法》规定，社会团体或者其他组织、个人在虚假广告中向消费者推荐食品，使消费者的合法权益受到损害的，与食品生产经营者承担连带责任。食品市场开办单位、柜台出租人和展销会举办单位没有尽到审查义务，导致本市场发生食品安全事故的，也应当与违法生产企业一起承担连带责任。

（4）重罚产生威慑力。《食品安全法》第 84～86 条规定了对各种违法经营的处罚为货款的 5～10 倍，第 87 条、第 88 条规定属于工作疏忽而非有意造成的食品安全问题则罚款要轻一些。这充分体现了政府既要保护合法经营者又要坚决打击违法犯罪活动的决心。出现食品安全问题的原因很多，有些问题是生产单位的能力不够，不能对每批生产原料进行检验、控制所致，有些是世界性的难题，不能把出现问题食品的企业都罚得倾家荡产。处罚多少不重要，重要的是通过处罚使食品企业重视食品安全，特别是造假者，就应当重罚。应通过食品安全委员会裁定造成食品安全事故的原因是否为故意违法，对故意违法者除处罚外，还应追究刑事责任。

本 章 小 结

产品责任制度是现代工业社会中一项重要的法律制度，本章主要介绍了我国《产品质量法》的相关规定，主要有：我国的产品质量监督制度、《产品质量法》规定的产品范围、生产者与销售者的产品质量义务及相关产品质量责任，其中，产品质量责任是本章的核心内容。通过本章学习，在明确生产者、销售者产品质量义务的基础上，对产生的产品质量责任能确定赔偿范围、赔偿主体以及责任形式。

思考题

1. 什么是产品质量？
2. 生产者的产品质量义务有哪些？列举说明。
4. 销售者的产品质量义务有哪些？列举说明。
5. 试述我国产品质量责任体系。

实训题

实训目的：通过学习和训练，使学生掌握生产者、销售者应当承担的产品质量责任的相关规定，使学生初步了解作为消费者进行诉讼维权的法律途径。增强学生的法律意识和维权能力，提高学生的团队合作能力。

实训要求：根据以下案例材料，准备模拟法庭。

1. 在教师的主导下，进行案例的讨论。
2. 在班委和课代表的主持下，进行分组：原告及代理人组、被告及代理人组、审判人员及书记员组等。原告组书写起诉状，被告组写答辩状，审判人员书写审判脚本等。
3. 进行庭审道具的准备。
4. 教师对庭审过程点评。

案例材料：2006 年 3 月 20 日，孟贤惠到麻番超市购买鸟巢有限责任公司生产的"鸟巢牌"奶粉一袋。回家后，当打开包装准备给孩子冲服时发现奶粉中有不少小虫子，遂向超市提出赔偿要求，然而超市未给予及时答复。原告便向正义市消费者协会进行投诉，虽经消费者协会多次调解，但双方在赔偿数额方面差距很大。由于孟贤惠在此以前一直在这家超市给孩子喂这种奶粉，因而担心此前的奶粉中是否也有小虫子没有发现，给孩子的健康造成损害，孟贤惠精神上遭受了极大痛苦，常常做噩梦，导致精神恍惚，工作业绩受到极大影响，并因此受到领导的批评。孟贤惠因此请假，被扣工资和奖金。孟贤惠向法院起诉，要求被告麻番超市赔偿购买奶粉价款 30 元、误工损失 3000 元，支付精神抚慰金 2000 元。

（资料来源：北京大学法律诊所教学案例）

第八章

消费者权益保障法律制度

【导入案例】赵文丽于 2005 年 4 月 30 日上午到位于哈尔滨市动力区的某大型超市购物。在进入超市卖场之前，赵文丽被卖场入口的保安拦住，被告知必须将随身携带的手提包寄存后方可进入卖场。据调查举证，该卖场有三种存物方式：一是使用免费自动存衣柜，顾客根据存衣柜上的提示自行操作；二是将物品放入超市专用的储存袋，由工作人员进行封存后，顾客自己可以带入卖场；三是将物品交给超市人工服务台的工作人员，工作人员将物品当面用专用袋封存后，存放在服务台的固定位置，发给顾客号牌，顾客购物结束后到服务台凭号牌领取物品。

赵文丽自称将手提包存入了自动存衣柜。两小时后，赵文丽购物结束，返回到自动存衣柜处取包时发现，其所持的密码条无法打开衣柜。赵文丽要求超市给予解决，并声称柜内手提包中有人民币现金2300 余元，其手提包本身价值800 余元。超市工作人员按照操作步骤打开该衣柜，发现里面并没有赵文丽的手提包。赵文丽认为自己的手提包在超市内丢失，超市应当赔偿，双方协商未果后，赵文丽到当地派出所报案。派出所调解未果后，赵文丽诉至法院，要求赔偿手提包失窃造成的财产损失。

赵文丽认为，当天是按照密码纸上的操作步骤正常开关门，当时没有发现异常。超市向顾客提供寄存服务，就应当保障物品的安全，现在手提包被窃，超市应当承担损失。

超市认为，赵文丽当天在超市购物，其提供的密码纸只能证明赵文丽可能曾经使用自动存衣柜，至于是不是真地把包存在柜内，包是不是已经取出，都没有证据。另外，超市提供的自动存衣柜是无偿提供给顾客使用的，双方是无偿的借用关系。超市已经通过使用须知告知顾客自动存衣柜的使用方法和需要注意的事项，因此，对于赵文丽的损失，超市不应负责。

问题：根据《消费者权益保障法》、《合同法》的相关规定对本案进行分析。

第一节　概　述

一、消费者

（一）消费者的概念

消费者是《中华人民共和国消费者权益保护法》（以下简称《消费者权益保护法》）保护的对象，也是确定消费者权益的基本依据。所谓消费者，是指为生活需要购买、使用商品或接受服务的自然人。

（二）消费者的特征

1. 消费者是购买、使用商品或接受服务的自然人。只有自然人才是最终消费的主体。消费者的范围不仅限于商品购买人或支付服务费并接受服务的人，还包括使用商品的其他人和接受服务的其他人。

2. 消费者的消费目的是满足生活需要。

3. 消费者的消费活动必须合法。

消费者消费的商品和服务是自己或他人通过一定的方式从经营者那里获得的，包括购买、使用商品，购买、接受服务，以及经营者赠与商品或服务。

二、消费者权益保护法

（一）消费者权益保护法的概念

消费者权益保护法有广义和狭义之分。狭义的消费者权益保护法是指 1993 年 10 月 31 日由第八届全国人民代表大会常务委员会第四次会议通过并于 1994 年 1 月 1 日起施行的《消费者权益保护法》。广义的消费者权益保护法，是指调整消费者与经营者因生活消费而发生的商品和服务关系的法律规范的总称。除《消费者权益保护法》以外，还包括保护消费者权益的地方性法规，以及《产品质量法》、《食品卫生法》等法律、法规中所涉及的保护消费者权益的相关条款。

（二）消费者权益保护法的原则

1. 自愿、平等、公平、诚实信用的原则。自愿，是指经营者与消费者进行交易时，要尊重消费者的意愿，不得强卖或强行服务。平等，是指经营者与消费者之间法律地位完全平等。公平和诚实信用，体现了普遍的商业道德要求。

2. 国家对处于弱者地位的消费者给特别保护的原则。国家保护消费者的合法权益不受侵害。国家采取措施，保障消费者依法行使权利，维护消费者的合法权益。

3. 社会保护的原则。保护消费者的合法权益是全社会的共同责任。国家鼓励、支持一切组织的个人对损害消费者权益的行为进行社会监督。大众媒介应当做好消费者合法权益的宣传，对损害消费者合法权益的行为进行舆论监督。

第二节　消费者的权利

一、保障安全权

消费者在购买、使用商品或接受服务时享有人身、财产安全不受损害的权利，这是消费者最基本的权利。消费者有权要求经营者提供的商品或服务符合保障人身、财产安全的要求。在实际生活中，侵害消费者安全权的行为主要表现为：（1）在食品中添加有毒有害物质。如2004年广州散装白酒中毒事件。（2）制造销售假药、劣药。如2001年湖南珠洲的梅花K事件。（3）出售过期变质的食品和药品。（4）销售质量低劣的食品。（5）日常用品及机电产品缺乏安全保障。（6）化妆品有毒有害。（7）营业场所不安全。（8）服务方式或商品包装不安全。（9）玩具质量不合格。

除此之外，网上信息不安全，个人消费信息泄密，消费者遭遇不期而至的服务，保护个人隐私的安全也提上日程。

【导入案例】中，赵文丽到超市购物，是一种消费行为。《消费者权益保障法》第18条规定："经营者应当保证其提供的商品或者服务符合保障人身、财产安全的要求。对可能危及人身、财产安全的商品和服务，应当向消费者作出真实的说明和明确的警示，并说明和标明正确使用商品或者接受服务的方法以及防止危害发生的方法。"由此可见，该超市对其向顾客提供的自动存衣柜负有一定的说明、注意、谨慎管理等义务。这也是本案界定超市责任时必须考虑的因素。

二、知悉真情权

消费者享有知悉其购买、使用的商品或接受的服务的真实情况的权利。它是消费者决定购买某种商品、接受某种服务的前提。消费者有权询问和了解商品的价格、产地、生产者、用途、性能、规格、等级、主要成分、生产日期、有效期限、检验合格证明、使用方法说明书、售后服务或服务的内容、规格、费用等有关情况。经营者提供商品或服务的情况必须真实。例如，医疗消费中，手术病人在手术前必须亲自签名同意实施手术，这就是知情权的一种体现。

三、自主选择权

消费者购买商品或者接受服务时享有自主选择商品或者服务的权利。消费者有权自主选择提供商品或者服务的经营者；有权自主选择商品品种或者服务方式；有权自主选择购买或者不购买任何一种商品、接受或者不接受任何一项服务；在选择商品或者服务时，有权进行比较、鉴别和挑选。

四、公平交易权

消费者在购买商品或接受服务时所享有的获得质量保障和价格合理、计量正确等公平交易条件的权利。消费者有权获得质量保障和价格合理、计量正确等公平交易条件；有权拒绝经营者的强制交易行为。

五、获得赔偿权

消费者因购买、使用商品或接受服务受到人身、财产损害时，享有依法获得赔偿的权利。在解决消费争议中，消费者作出的必要费用支出，也可通过法定途径要求赔偿。

六、依法结社权

消费者享有依法成立维护自身合法权益的社会团体的权利。目前，在我国主要是中国消费者协会和地方各级消费者协会。我国于1987年9月被接纳为国际消费者联盟的正式会员。

七、获取知识权

消费者享有获得有关消费和消费者权益保护方面知识的权利。与商品和服务有关的基本知识包括：正确选购、公平交易、合理使用等方面的知识；消费者权益保护方面的知识，包括明确消费者自身权利、维权途径以及在行使权利过程中应注意事项等。

八、人格尊严权

消费者在购买、使用商品和接受服务时，享有人格尊严、民族风俗习惯得到尊重的权利。人格尊严主要指公民的姓名权、名誉权、荣誉权、肖像权不受侵犯；消费者的民族风俗习惯（包括少数民族的饮食、服饰等）应当得到尊重。

九、监督批评权

消费者享有对商品或者服务以及保护消费者权益工作进行监督批评的权利。例如，对商品和服务的监督权；对保护消费者权益工作的监督权。消费者行使权利的方式有检举、控告、批评和建议。

第三节　经营者的义务

一、依法定或约定履行义务

法定义务是指国家立法机关制定的法律、法规中明确规定经营者所必须履行的义务，如保障产品质量。约定义务是经营者与消费者之间在购买商品或提供服务时就当事人之间的权利义务所作的约定，如送货上门。

二、接受消费者监督的义务

经营者应当听取消费者对其提供的商品或服务的意见，接受消费者的监督。这项义务与消费者的监督权对应。

三、保证商品和服务安全的义务

经营者应当保证其提供的商品或者服务符合保障人身、财产安全的要求。对可能危及人身、财产安全的商品和服务，应当向消费者作出真实的说明和明确的警示，并说明或者标明其正确的使用方法以及防止危害发生的方法。

经营者发现其提供的商品或者服务存在严重缺陷，即使正确使用商品或者接受服务仍然可能对人身、财产安全造成危害的，应当立即向有关行政部门报告和告知消费者，并采取防止危害发生的措施。

四、提供商品和服务真实信息的义务

经营者应当向消费者提供有关商品或者服务的真实信息，不得作引人误解的虚假宣传。经营者向消费者就其提供的商品或者服务的质量和使用方法等问题提出的询问，应当作真实、明确的答复。商店提供的商品应当明码标价。

五、标明真实名称和标记的义务

经营者应当标明其真实名称和标记。租赁他人柜台或场地的经营者应当标明真实名称和标记。

六、出具购货凭证或者服务单据的义务

购货凭证或服务单据是消费者与经营者之间交易行为的依据。经营者提供商品或服务的，应依法向消费者出具购货凭证或单据，消费者索要购货凭证或单据的，经营者必须出具。单据包括消费发票、收据、产品质量说明书、产品质量保修单等。

七、保证商品或者服务质量的义务

经营者应当保证在消费者正常使用商品或者接受服务的情况下，其所提供的商品或服务应当具有的质量、性能、用途和有效期限，但消费者事先已知道存在瑕疵的除外。经营者以广告、产品说明、实物样品或者其他方式表明商品或者服务的质量状况的，应当保证提供的商品或者服务的实际质量与表明的质量状况相符。

八、履行"三包"或其他责任的义务

"三包"是指包修、包换、包退。经营者对于实行"三包"的商品，如果在一定期限内质量发生问题，负有免费修理、更换、退货的义务；如果经营者不履行"三包"的义务，则应承担赔偿的民事责任。

九、不得以格式合同等方式排除或者限制消费者权利的义务

经营者不得以格式合同、通知、声明、店堂告示等方式作出对消费者不公平、不合理的规定，不得以上述等方式减轻、免除其损害消费者合法权益应当承担的民事责任。

十、不得侵犯消费者人格权的义务

经营者不得对消费者进行侮辱、诽谤，不得搜查消费者的身体及其携带的物品，不得侵犯消费者的人身自由。

第四节　消费者权益的法律保护

一、国家对消费者合法权益的保护

（一）立法保护

国家通过完善立法，对消费者权益的保护提供法律支持。

（二）行政保护

各级政府应当加强领导，组织、协调、监督有关行政部门做好保护消费者合法权益的工作，同时预防危害消费者人身、财产安全行为的发生，及时制止危害消费者人身、财产安全的行为。有关行政部门应当在各自的职责范围内，采取措施，保障消费者合法权益不受损害，对已出现的问题积极进行调查处理。

（三）司法保护

审判机关采取简易程序和集团诉讼等制度方便消费者提起诉讼，并依法惩处

侵犯消费者合法权益的违法犯罪行为。

二、消费者协会对消费者合法权益的保护

（一）消费者协会的设置

消费者协会，是依法成立的对商品和服务进行社会监督的保护消费者合法权益的社会团体。它经各级人民政府批准，设置在同级工商行政管理机关。

（二）消费者协会的职能

1. 向消费者提供消费信息和咨询服务；

2. 参与有关行政部门对商品和服务的监督、检查；

3. 就有关消费者合法权益问题，向有关行政部门反映、查询，提出建议；

4. 受理消费者投诉，并对投诉事项进行调查、调解；

5. 投诉事项涉及商品和服务质量问题，可提请鉴定部门鉴定，鉴定部门应告知鉴定结论；

6. 就损害消费者合法权益的行为，支持受损害的消费者提起诉讼；

7. 对损害消费者合法权益的行为，通过大众传播媒介予以揭露、批评。

另外，消费者组织不得从事商品经营和营利性服务，不得以牟利为目的向社会推荐商品和服务。

三、解决消费者权益争议的途径

在消费者权益遭到侵害时，消费者可以依法通过下述途径加以解决：（1）消费者与经营者协商和解；（2）请求消费者协会调解；（3）向有关行政部门申诉；（4）向仲裁机构申请仲裁；（5）向人民法院提起诉讼。

四、赔偿责任主体

消费者权益受到侵害时，可以根据下列不同情况确定赔偿责任主体。

1. 消费者在购买、使用商品时，其合法权益受到损害的，可以向销售者要求赔偿，销售者赔偿后，属于生产者的责任或其他销售者的责任的，销售者有权向生产者或其他销售者追偿。

2. 商品缺陷造成人身、财产损害的，可以向销售者要求赔偿，也可以向生产者要求赔偿；查清责任方后，已先赔偿的一方有权向责任方追偿。

3. 消费者在接受服务时，其合法权益受到损害的，可以向服务者要求赔偿。

4. 使用他人营业执照的违法经营者提供商品或者服务，损害消费者合法权益的，消费者可以向其要求赔偿，也可以向营业执照持有人要求赔偿。

5. 原企业分立、合并的，可向变更后承受其权利义务的企业要求赔偿。

6. 消费者在展销会、租赁柜台购买商品或者接受服务，其合法权益受到损

害的，可以向销售者或者服务者要求赔偿，展销会结束或者柜台租赁期满后，也可以向展销会的举办者、柜台的出租者要求赔偿。展销会的举办者、柜台的出租者赔偿后，有权向销售者或服务者追偿。

7. 消费者因经营者利用虚假广告提供商品或者服务，其合法权益受到损害的，可以向经营者要求赔偿。广告的经营者发布虚假广告的，消费者可以请求行政主管部门予以惩处。广告经营者不能提供经营者的真实名称、地址的，应当承担赔偿责任。

五、法律责任形式

（一）民事责任

1. 人身损害的民事责任。经营者提供商品或者服务造成消费者人身伤害的，应当支付医疗费、护理费、误工费；经营者提供商品或者服务造成消费者或其他人残疾的，除赔偿上述费用外，还应当支付残疾者生活自助具费、生活补助费、残疾赔偿金及由其扶养的人所必需的生活费等费用。经营者提供商品或者服务，造成消费者或其他人死亡的，还应当支付丧葬费、死亡赔偿金以及由死者生前扶养的人所必需的生活费用。

损害消费者的人格尊严或侵犯消费者人身自由时，应承担相应的民事责任。

2. 财产损害的民事责任。造成消费者财产损害的，应当按照消费者的要求，以修理、重作、更换、退货、补足商品数量、退还货款和服务费用或者赔偿损失等方式承担民事责任。消费者与经营者另有约定的，按照约定履行。

实行"三包"的商品，经营者应当负责修理更换或者退货。在保修期内两次修理仍不能正常使用的，经营者应当负责更换或者退货。

以邮购方式提供商品时，应按约定提供，未按约定提供的，应当按照消费者的要求履行约定或退回货款，并应承担消费者支付的合理费用。

以预收款方式提供商品或服务的，应当按约定提供。未按约定提供的，应当按照消费者的要求履行约定或者退回预付款，并承担预付款的利息及消费者支付的合理费用。

对依法认定为不合格的商品，消费者要求退货的，经营者应当负责退货。

3. 惩罚性赔偿金制度。经营者提供商品或者服务有欺诈行为的，应以消费者实际购买商品的价款或者接受服务的费用为标准，增加1倍的赔偿金额。

（二）行政责任

经营者违反《消费者权益保护法》的相关规定，有关法律、法规对处罚机关和处罚方式有规定的，依照法律、法规的规定执行；法律、法规未作规定的，由工商行政管理部门责令改正，可以根据情节单处或并处警告、没收违法所得、处以违法所得1倍以上5倍以下的罚款，没有违法所得的处以1万元以下的罚款；

情节严重的，责令停业整顿、吊销营业执照。

（三）刑事责任

经营者提供的商品或者服务，造成消费者或者其他受害人人身伤害或死亡，如果构成犯罪，依法追究刑事责任。

另外，以暴力、威胁等方法阻碍有关行政部门工作人员依法执行职务的；国家机关工作人员玩忽职守或者包庇经营者侵害消费者合法权益的行为，情节严重，构成犯罪的，依法追究刑事责任。

【有关热点问题的咨询】

1.《消费者权益保护法》自1994年1月1日实施以来，修订的问题获得社会广泛关注，《消费者权益保护法》应该从哪些方面进行修订？修订的基本原则是什么？

咨询意见：首先，《消费者权益保护法》的适用范围应明确和扩大。邱宝昌建议，《消费者权益保护法》应明确，凡是购买、使用商品或接受服务的自然人，就应该受《消费者权益保护法》的保护。同时，单位购买直接用于员工生活消费的商品或者服务也应该适用《消费者权益保护法》。吴景明认为，关于消费应借鉴其他国家的立法经验，摒弃我国目前以目的定义消费的做法，改为排除法定义消费，即"非为营业和职业而购买、使用商品或者接受服务"。医疗、教育、金融和保险服务机构是不是经营者？患者、学生以及购买金融、保险产品者是不是消费者？近年来这些领域纠纷、争议不断的现实亟待修法予以明确。其次，建立国家层面的消费政策协调机构。最后，明确消费者协会的性质。消费者协会不是"社会团体"，不应依附行政机关。

在修订过程中，要彻底转变"重生产轻消费"的理念。坚持与时俱进、科学发展的原则，突出共同保护、突出保护弱势群体的原则，突出和发展惩罚性赔偿的原则，切实增强可操作性原则。

2. 租用医院的场所进行个体医疗行为造成医疗事故，医院方是否承担责任？

咨询意见：根据法律规定，消费者在租赁场所接受服务，其合法权益受到损害的，可以向服务者即个体医生要求赔偿。如租赁期满后，也可以向场地的出租者院方要求赔偿。

3. 张三买了一辆汽车。张三是否属于《消费者权益保护法》中规定的消费者？

咨询意见：张三是否属于消费者，还得分析其买车的目的。如果张三买车是为个人消费使用，如家庭使用，则其是消费者；如果他买车用来生产使用，如跑运输，则他不是消费者，他属于用户。

4. 超市经常有这样的警示：洁身自好，偷一罚十；货经售出，概不退换。

这样的警示有法律效力吗？甚至有的超市抓到小偷，拍照后将其照片放大贴在超市门口提醒顾客，这种做法合法吗？

咨询意见：偷一罚十、概不退货等均属于"店堂告示"。这样的告示采用格式条款的形式排除或限制消费者的权益，因此，不具备法律效力。另外，超市和消费者属于平等的交易主体，超市并不具备行政罚款的权力；概不退货属于超市的单方告示，经营者没有履行其"三包"的义务，它侵犯了消费者的公平交易权。

本 章 小 结

在市场经济中，经营者为追求利益的最大化，往往对消费者权益构成侵害，如何保护消费者的合法权益就尤为重要。《消费者权益保护法》是我国保护消费者权益的核心法律规定。本章对消费者的具体范围作出界定，在此基础上明确消费者的权利和经营者的义务。当消费者权益纠纷产生时，应通过何种途径解决，同时应明确赔偿范围、赔偿责任主体以及责任形式的确定。通过本章学习，应在明确权利义务关系的基础上掌握消费争议的解决办法，并能正确维权。

思考题

1. 2011 年，消费者的投诉热点是网络购物、快递服务、汽车消费、食品安全、质量价格和计量、预付款消费、服装鞋帽的消费、空调的售后服务、电视机的售后服务、计算机售后维修拖延类的服务，你是否遇到过或听说过这样的问题？联系实际谈谈消费者权利受侵害的具体情形。

2. 眼镜行业有句行话：20 元进价，200 元卖给你是人情；300 元卖给你是交情；400 元卖给你是行情。作为眼镜消费者，你对此有何看法？

3. 有的饭店规定：进入本店只能接受最低消费水平以上的服务。此规定是否侵权？

实训题

实训目的：融通《产品质量法》和《消费者权益保护法》的内容，训练分析相关法律问题、法律关系的能力，找出解决问题方法的同时，形成相关法律文件，提升写作能力，导引实践中消费者维权的具体行为。

实训要求：阅读下列相关资料，为陈立国起草一份向消费者协会申诉的材料。具体要求如下。

1. 材料中需明确说明如下内容：(1) 事情经过；(2) 申诉理由（权利、义务关系）；(3) 申诉要求；(4) 相关证据。

2. 相关证据由本人根据资料内容设计，要求证据具有合法性、合理性、真实性，并依据下表格式总结，与相关证据附于申诉书之后。

编号	证据名称	证明事项	证据来源

3. 全部申诉材料及证据一律用 A4 纸打印或粘贴于 A4 纸上，标明页码，并按照下列顺序出示目录：申诉书，证据目录，证据。

阅读资料

车保养四小时后焚毁

1999 年 12 月，家住深圳益田村的陈立国购买了一辆 1.6 升排量家用轿车，一直按规定进行维护和保养，使用一直也很正常。2002 年 10 月 14 日，陈先生又将车送到汽车生产厂家特约服务站进行车辆的正常保养和检修，当日 15 点 30 分将保养、检修好的车从服务站开出。19 点 25 分左右，当陈先生开着车行驶至深圳梅观高速公路华为公司路口时，突然车辆发出焦煳味，陈先生发现发动机舱冒浓烟，随即燃烧起来。陈先生用随车灭火器灭火无效，于是便立即报警。深圳龙华消防队接警后到达现场将火扑灭，但车辆已经被焚毁，发动机附近的管路、电路、电池、仪表台等也被烧得面目全非。陈先生本人也在此事故中被烧成轻伤。

2002 年 11 月 21 日，深圳市道路运输车辆综合性能第二检测站为陈先生出具了鉴定意见书。鉴定书中说，该车"产生烟雾，最终导致燃烧的原因有：（1）汽油泄漏，汽油滴在排气管上，长时间后引起着火。（2）电线短路，电路过载，电路接触不良，造成烧线最后引燃汽油管。（3）有机油或动力转向油滴在排气管上，长时间后引起着火并引燃汽油管。（4）电子元件故障引起着火，并引燃汽油管路。鉴于该车烧毁严重，我站技术手段有限，无法确定判断故障的真正原因。建议委托消防部门进行技术鉴定"。2002 年 12 月 5 日，陈先生又向深圳市宝安区消防警察大队提出鉴定申请。2002 年 12 月 15 日，该大队复函陈先生说："由于距火灾发生时间已长达一个多月，且现场破坏严重，无法认定具体起火原因。"

权威部门没有明确车辆起火的原因，可陈先生不死心，他认为自己的车辆一直正常保养，正常使用，突然起火焚烧，不是车辆本身质量有问题，就是厂家指定的维修点保养维修有问题。他为此到处查找有关资料，并在网上发出寻求帮助的信息，请有关专家为他释疑解难。他共收集了轿车自燃的 100 多个案例，其中他所使用品牌轿车占多数，于是他更怀疑该车本身质量有缺陷。其间，他在网上结识了一位汽车电器专家，便致函向他求教。

这位汽车电器专家叫吴建刚，在江苏省常熟市汽车电器研究所任工程师，是中国电工技术学会会员、中国管理科学研究院特约研究员。吴建刚看了陈先生对自己车自燃情况的叙述以后，复函说，"汽车自燃主要有两种原因。（1）电路短路；（2）汽油管漏油——鉴于该车是刚做过保养的，汽油管漏油的可能性排除。而如果电路短路，由于短路电流比正常电流大得多，就会使导线过热直至起火，因此，无论什么电路都要设置保护装置，以防万一发生短路故障时，能及时切断电路，这样电路中没有电流通过，就不会过热甚至起火。而该车在电路设计上严重失误，因而留下起火隐患。"吴建刚为此还附上了该车发动机电路图，并加以说明，认为从图上可看出，发动机周围共有 13 条线路："只有仪表盘电路中设置了保险丝，其余 12 条支路没有保险丝，而这些电路都在发动机舱中，这里温度高，振动大，又会受到泥水侵袭，工作环境恶劣，是汽车上最容易发生短路故障的部位，恰恰在这里的电路中未设置保险丝，谁能保证这里的电路不会发生故障呢？由于发动机舱中的许多电路没有保险丝保护，万一发生短路故障，其后果必定是起火，这就是该车型频频发生自燃事故的原因。"

吴建刚工程师的分析，使陈先生更坚定地认为他所购买的轿车在质量上有缺陷，于是找到汽车生产厂家（深圳市 A 汽车制造厂）和厂家指定的服务单位（深圳市 B 汽车 4S 店），要求赔偿由于汽车燃烧给自己造成的损失，包括汽车价值、养护费用、医疗费、护理费、误工费、鉴定费等共计 89 万元。但遭到两单位的拒绝，有人向陈先生建议，可以向消费者协会申诉，主张自己的权利，陈先生准备试一试。

（根据杭州网—都市快报《汽车维修后 4 小时焚毁》一文改编）

第九章

反不正当竞争和反垄断法律制度

【导入案例一】哈药集团三精制药股份有限公司生产、销售的"三精"牌头孢氨苄片，是国家工商行政管理总局商标局认定的"三精"驰名商标的系列产品，多次获得名牌和著名商标等荣誉。康麦斯药业生产的"头孢氨苄甲氧苄啶片"，药品包装与"三精"牌头孢氨苄片包装和装潢近似，导致了购买者误认，给哈药集团三精公司造成了经济损失。

问题：康麦斯药业的行为是否构成了不正当竞争行为？如果构成，属于哪种不正当竞争行为？

【导入案例二】北京网通格式合同规定，户口不在北京的用户申请安装固定电话的，需办理相应的担保手续，或者办理预付费业务。然而，如果选择办理预付费业务，则不得享受网通推出的多款只针对后付费普通固定电话公众客户的资费优惠活动。为此，北京律师李方平状告北京网通户口歧视。

问题：网通的行为是否违反《反垄断法》？

第一节 概 述

一、什么是竞争法

国家用于调整竞争关系的法律规范称为竞争法。竞争法的产生背景：改革开放以前，在计划经济体制下，企业仅是执行指令性计划的工具，企业的行为均由国家计划决定，企业之间也就不存在竞争。改革开放来，尤其是近年来，随着市场主体的多元化、经济利益的独立化，市场主体为追求自身利益而相互展开激烈的竞争也就不可避免。人们也逐渐认识到，竞争是市场经济最基本的运行机制，它普遍作用于几乎所有的经济领域和环节。

面对激烈的市场竞争，经营者为了使自己能够在市场中生存、发展，就会利用各种手段来参与市场竞争。竞争机制对经济发展的作用具有双重性：一方面，市场竞争给经营者以压力和动力，促进生产技术水平的提高和社会经济的发展；

另一方面，经营者的不当垄断、限制竞争和不正当竞争不仅损害其竞争对手和消费者的正当利益，而且会导致整个市场秩序的紊乱，妨害经济的发展和技术进步。因此，世界各国都十分重视以法律的形式，借助国家强制力来规范、引导竞争机制，从而使其发挥积极作用。

从广义上说，反不正当竞争法和反垄断法都属于竞争法范畴。两者有相似之处，在推动和保护竞争、维护市场经济秩序方面相互交叉、互为补充。但同时两者又有很多不同之处，在一国的经济中发挥着不同的作用。

二、反垄断法与反不正当竞争法的联系

（一）反垄断法与反不正当竞争法同属竞争法范畴

其主体和客体也是相同的，规范的都是经营者在市场竞争中的竞争关系，两者有着密切的关系。反垄断法或是反不正当竞争法均以市场竞争关系为调整对象，旨在维护或营造自由和公平的竞争秩序，确保竞争机制正常发挥作用。同时垄断和不正当竞争都是竞争机制的两种消极后果；竞争过滥引发不正当竞争，限制竞争则引发垄断，垄断在限制竞争的同时加剧了不正当竞争手段的运用。这样一来，有时候，经营者的某些行为既含有垄断的性质又有不正当竞争行为，两者很难截然分开。而且，两者都强调市场竞争应遵循平等、自愿、公平、诚信等原则，两者都禁止损害竞争对手和消费者的正当权益，保护社会经济的健康发展。两法的目的一致，都是为促进和保护竞争，规范市场竞争秩序，保护消费者的合法权益。

（二）垄断和不正当竞争存在转化和因果关系

如不正当竞争行为可能会使竞争得到恶性发展，从而产生垄断，制止不正当竞争行为可以将一些垄断行为消灭在萌芽状态中。或许正是由于终极目的的统一性和行为的关联性，个别国家和地区如澳大利亚、匈牙利、中国台湾将反垄断和反不正当竞争合并立法。反不正当竞争法主要是以维护商业伦理和公平竞争为目的，反垄断法解决的是有无竞争的问题，目的在于通过消除限制竞争的现象，不管是经营者实施的限制竞争行为，还是使竞争无法展开的市场结构，以促进竞争自由，或者说使自由竞争得以实现，为经营者的自由竞争提供一个舞台。

三、反垄断法与反不正当竞争法的区别

（一）立法必要性不同

反垄断法从其调整对象和担负的责任角度来看自成体系，单独立法。反垄断法是调整涉及市场支配地位企业之间的竞争关系的，担负着维持企业自由和规范市场竞争秩序的双重保护任务，需要由专门机构和专门程序来适用它。因此，它需要不同于反不正当竞争法的独特的执法体系和机构。反不正当竞争法虽然单独

立法，但民法中的侵权行为法、商标法、广告法、产品责任法等都可以成为反不正当竞争法的主要法律渊源。

（二）法益目标不同

法益目标是法律首先追求和实现的利益。不同的法律部门有不同的法益目标。经济法的法益目标是社会公共利益，社会公共利益就是指那些广泛地被分享的利益。作为经济法的两个重要组成部分，反垄断法与反不正当竞争法在法益目标上有着根本的一致性，但由于它们在规范市场的过程中采用了不同的结构体系，因此，在立法目的和宗旨上便不可避免地产生了差距。

我国《反不正当竞争法》的目的是"鼓励和保护公平竞争，制止不正当竞争行为"（《反不正当竞争法》第1条）。《反垄断法》的法益目标是通过保护竞争或维护竞争秩序从宏观上来实现实质公平和社会整体效益。当今各国反垄断法均宣称把竞争作为自己的保护对象，从而导致竞争成为各国反垄断法基本价值的集中体现，是反垄断法判断规范对象的永恒尺度，因此，竞争构成反垄断法的特有的法价值。

（三）法律性质不同

反垄断法属于公法范畴，具有经济法性格，主要维护自由竞争的市场结构和公平竞争的机制；反不正当竞争法属于私法范畴，多被视为民法中的特别侵权法，主要维护商业伦理道德和保护经营者的合法权益。反垄断立法与执法具有宏观特点和政策性；反不正当竞争立法与执法则属于微观领域，限于经营者或消费者。

（四）保护对象不同

反不正当竞争法强调对竞争者本身私权利的保护，有利于保障静态的财产权和人身权，可以说是商事或经济领域的侵权法。反垄断法从根本上规制市场竞争秩序，因此，反垄断法有利于实现动态的交易安全，主要不是为了维护个别主体的具体权益。

（五）法律关系主体的权利义务不同

反垄断法律关系的主体有依法自由参与竞争并抗拒垄断行为的权利和不从事垄断行为的义务；反不正当竞争法律关系的主体则有依法从事正当竞争、抵制不正当竞争的权利和不从事不正当竞争活动的义务。

（六）启动程序不同

反垄断法在程序设计上一般由行政机关负责实施。与之同时，司法审查为反垄断法实施补充。反不正当竞争法的实施主要靠当事人向法院提起民事诉讼来实施，由法官在断案时对反不正当竞争法予以把握。司法途径为不正当竞争案件的主要处理程序。

（七）行为方式不同

垄断主要是企业（厂商）以独占、寡占及联合行为等控制市场，排斥或限制竞争，各种形式的垄断协议或垄断组织（托拉斯、卡特尔、辛迪加、康采恩等）是设置市场壁垒、阻碍他人进入市场的通常表现形式，因此，垄断常表现为一种合同行为；不正当竞争行为的形式多种多样，常表现为一种侵权行为。

（八）规范方式不同

反不正当竞争法的规定和适用较为具体。我国《反不正当竞争法》中对涉及的每一项不正当竞争行为都较为详细具体地规定了其构成要件。反垄断法的政策性较强，各国在不同的经济条件下对它的适用也不完全一致。因此，反垄断法的规定和适用较为笼统，灵活性较大。

（九）调整方法不同

反不正当竞争法主要是在当事人已经实施了不正当竞争行为或该行为已结束之后，才对权利受害人进行权利救济，主要是事后规制。反垄断法主要是事前管制，如调查市场结构、掌握和公布垄断情况及垄断企业名单、核准卡特尔等。

（十）救济和制裁不同

在制止不正当竞争行为中，多数情况下，有关市场参与人的个人控告是不可或缺的，就像在民事诉讼中一样。而反垄断法则相反，执法机构是必不可少的，它代表的是超个人的利益。不正当竞争行为相对于垄断行为来说，前者主要是侵害私人的利益，因而主要是通过私人诉讼来制止不正当竞争行为；而后者主要侵害的是公共利益，常通过行政程序来制止垄断行为，甚至用刑罚来惩罚严重垄断行为。

（十一）具体规定的变化不同

不正当竞争行为本身违法性是永恒的，在人类法律哲学和道德规范中永远也不会有正名的时候。而垄断等一些限制竞争行为的违法性是会反复的，体现的是国家在产业政策上的变化。这就决定了反垄断法律制度是相对多变、需要经常修正的，而且这样的修正并非只增不改，常常会改变原本违法的一些行为的性质，对它们放宽限制。

第二节 反不正当竞争法律制度

一、反不正当竞争法律制度概述

（一）不正当竞争行为的概念和类型

不正当竞争行为，是指经营者有悖于商业道德且违反法律规定的市场竞争行为。判断不正当竞争行为，可以从竞争性、反道德性和违法性方面分析。

不正当竞争行为的类型多样：（1）欺骗性标示行为；（2）侵犯商业秘密行为；（3）诋毁商誉行为；（4）商业贿赂行为；（5）不当附奖赠促销行为。

（二）不正当竞争行为的危害

不正当竞争行为侵犯竞争者和消费者的权利，损害市场机制，破坏市场秩序，危害信用和社会公德，因此，应当立法予以禁止。

（三）反不正当竞争法的概念

广义的反不正当竞争法是调整在制止不正当竞争过程中发生的社会关系的法律规范的总称。狭义的反不正当竞争法，是指有关反不正当竞争法的规范性法律文件。在我国是指全国人大常务委员会于 1993 年 9 月 2 日通过的《中华人民共和国反不正当竞争法》，该法共 5 章 33 条。该法的立法目的是保障社会主义市场经济健康发展，鼓励和保护正当竞争，制止不正当竞争，保护经营者和消费者的合法权益。另外，该法作为经济法的部门法，与《反垄断法》、《知识产权法》、《合同法》、《侵权行为法》等有密切的联系。

二、限制竞争行为及不正当竞争行为的表现形式

（一）限制竞争行为

1. 强制交易行为。根据《反不正当竞争法》第 6 条的规定，公用企业或者其他依法具有独占地位的经营者，不得限定他人购买其指定的经营者的商品，以排挤其他经营者的公平竞争。

这类限制竞争行为主体——公用企业或其他依法享有独占地位的企业，是指涉及公用事业的经营者，包括供水、供电、供热、供气、邮政、交通运输等行业的经营者。这些企业的竞争优势来源于其具有某种程度的垄断性。

公用企业或其他依法享有独占地位的经营者的限制竞争行为主要分为：

（1）限定用户或消费者只能购买和使用其附带提供的相关商品，而不得购买和使用其他经营者提供的符合技术标准的同类商品。

（2）限定用户或消费者只能购买和使用其指定的经营者生产或者经销的商品，而不得购买和使用其他经营者提供的符合技术标准的同类商品。

（3）强制用户、消费者购买其提供的不必要的商品及配件或指定的经营者提供的不必要的商品。

（4）以检验商品质量、性能为借口，阻碍用户、消费者购买或使用其他经营者提供的符合技术标准要求的其他商品。

（5）对不接受其不合理条件的用户、消费者，拒绝、中断或者削减供应相关商品，或者滥收费用。

2. 滥用行政权力强制交易行为。根据《反不正当竞争法》第 7 条的规定，政府及其所属部门不得滥用行政权力，限定他人购买其指定的经营者的商品，限制其他经营者正当的经营活动。政府及其所属部门不得滥用行政权力，限制外地商品进入本地市场或者本地商品流向外地市场。

政府及其所属部门限制竞争行为表现在：一方面是利用行政性强制行为，从消费者也就是商品输出终端上限制，即限定他人购买其指定的经营者的商品，限制其他经营者正当的经营活动；另一方面是行政性的地方保护，这是从商品输出的地域上进行限制，限制外地商品进入本地市场或者本地商品流向外地市场。

构成该行为的要素主要有主体、行为、结果。

（1）主体，是指政府及其所属部门，即除中央政府外的各级政府，中央机构中的各有关职能部门和地方各级政府的职能部门。

（2）行为，是指客观上有滥用行政权力的事实；

（3）结果，是指限制或排除了竞争，损害了外地经营者、本地消费者的合法权益。

政府及其所属部门不得滥用行政权力限定他人购买其指定的经营者的商品或者限制其他经营者正当的经营活动。政府及其所属部门不得滥用行政权力限制外地商品进入本地市场或者本地商品流向外地市场。

3. 搭售和附加不合理交易条件的行为。搭售和附加不合理交易条件，是指经营者利用其经济优势，违背交易相对人的意愿，在提供商品或服务时，搭售其他商品或附加其他不合理交易条件的行为。根据《反不正当竞争法》第12条的规定，经营者销售商品，不得违背购买者的意愿搭售商品或其他不合理的条件。

4. 串通勾结投标行为。串通投标行为是指投标者之间串通投标，抬高或压低标价，以及投标者为排挤竞争对手而与招标者相互勾结的行为。根据《反不正当竞争法》第15条的规定，投标者不得串通投标，不得抬高标价或者压低标价。投标者和招标者不得相互勾结，以排挤竞争对手的公平竞争。

（二）不正当竞争行为

1. 欺诈性市场行为。这是指经营者在市场经营活动中，以种种不实手法对自己的商品或服务作虚假表示、说明或承诺，或不当利用他人的智力劳动成果推销自己的商品或服务，使用户产生误解，扰乱市场秩序、损害同业竞争者的利益或消费者利益的行为。

具体行为包括：

（1）假冒他人的注册商标；

（2）擅自使用知名商品特有的名称、包装、装潢，或者使用与知名商品近似的名称、包装、装潢，造成和他人的知名商品相混淆，使购买者误认为是该知名商品；

（3）擅自使用他人的企业名称或者姓名，引人误认为是他人的商品；

（4）在商品上伪造或者冒用认证标志、名优标志等质量标志，伪造产地，对商品质量作引人误解的虚假表示。

〖导入案例一〗中，哈药集团三精制药股份有限公司生产的"三精"牌头孢氨苄片是知名商品，所使用的"三精"牌注册商标是驰名商标，其包装属知名商品的特有包装，受法律保护。判断被控侵权包装物与知名商品的特有包装近似，应当以相关公众的一般注意力为标准，既要进行对包装物的整体比对，又要进行对包装物主要部分的比对。对比两个公司的包装物，均使用于同类商品头孢类消炎药上，包装物总体设计构图、颜色组合和效果与哈药集团三精制药股份有限公司同类知名商品的特有包装，无论是主要部分还是整体对比均相似，足以造成消费者的混淆、误认。康麦斯药业已构成不正当竞争，应承担相应的民事责任。属于擅自使用知名商品特有的名称、包装、装潢，或者使用与知名商品近似的名称、包装、装潢，造成和他人的知名商品相混淆，使购买者误认为是该知名商品的欺诈性市场行为。

2. 商业贿赂行为。这是指经营者为争取交易机会，暗中给予交易对方有关人员和能够影响交易的其他相关人员以财务或其他好处的行为。经营者销售或者购买商品，可以以明示方式给对方折扣，可以给中间人佣金。经营者给对方折扣、给中间人佣金的，必须如实入账。接受折扣、佣金的经营者必须如实入账。经营者采用财物或者其他手段进行贿赂以销售或者购买商品，在账外暗中给予对方单位或者个人回扣的，以行贿论处；对方单位或者个人在账外暗中收受回扣的，以受贿论处。

3. 虚假宣传行为。这是指经营者利用广告或者其他方法对商品的质量、制作成分、性能、用途、生产者、有效期限、产地等作引人误解的虚假宣传。广告的经营者不得在明知或者应知的情况下，代理、设计、制作、发布虚假广告。特别需注意，构成虚假宣传必须要达到引起一般公众误解的程度。

4. 侵犯商业秘密行为。这是指以不正当手段获取、使用、披露或允许第三人使用他人商业秘密的行为。

商业秘密具有以下特征：（1）商业性，具有实用价值，能为经营者带来经济利益；（2）秘密性，不为公众所知悉，并且权利人采取了保密措施维持秘密性的技术信息和经营信息。

经营者有以下行为之一的，应被认定为侵犯商业秘密行为：（1）以盗窃、利诱、胁迫或者其他不正当手段获取权利人的商业秘密；（2）披露、使用或者允许他人使用以上述手段获取的权利人的商业秘密；（3）违反约定或者违反权利人有关保守商业秘密的要求，披露、使用或者允许他人使用其所掌握的商业秘密，第三人明知或者应知上述所列违法行为，获取、使用或者披露他人的商业秘密，视为侵犯商业秘密。

5. 低价倾销行为。这是指经营者以排挤竞争对手为目的，以低于成本的价格销售商品。根据《反不正当竞争法》第11条的规定，经营者不得以排挤竞争对手为目的，以低于成本的价格销售商品。有下列情形之一的，不属于不正当竞争行为：

（1）销售鲜活商品；

（2）处理有效期限即将到期的商品或者其他积压的商品；

（3）季节性降价；

（4）因清偿债务、转产、歇业降价销售商品。

6. 不正当有奖销售行为。这是指经营者在销售商品或提供服务时，以欺骗或其他不正当手段，附带提供给用户和消费者金钱、实物或其他好处，作为对交易的奖励。有奖销售既可以表现为奖励给所有购买者的附赠式有奖销售，也可以表现为奖励部分购买者的抽奖式有奖销售。法律禁止的仅是可能造成不良后果的有奖销售行为。不正当有奖销售行为具体有：

（1）采用谎称有奖或者故意让内定人员中奖的欺骗方式进行有奖销售；

（2）利用有奖销售的手段推销质次价高的商品；

（3）抽奖式的有奖销售，最高奖的金额超过 5000 元。

7. 诋毁商业信誉的行为。经营者在市场交易中，为了竞争的目的，通过捏造、散布虚伪事实的行为，故意损害竞争对手的商业信誉或商品声誉的行为。根据《反不正当竞争法》第 14 条的规定，经营者不得捏造、散布虚伪事实，损害竞争对手的商业信誉、商品声誉。

三、违反《反不正当竞争法》的监督检查及法律责任

（一）违反《反不正当竞争法》的监督检查

1. 监督检查的职能部门。我国县级以上人民政府工商行政管理部门及法律、法规规定的其他部门是对不正当竞争行为进行监督检查的部门。工商行政管理部门是最主要的执行机关，承担着反不正当竞争的主要职责。其他部门如中国人民银行、建设行政主管部门、卫生行政管理部门、价格主管部门等分别依照《商业银行法》、《建筑法》、《药品管理法》、《价格法》等对不正当竞争行为进行各行业的监督管理。对于限制竞争行为中的公用企业或其他依法享有独占地位的经营者的限制竞争行为由省级或设区的市监督检查部门查处，但是，被指定的经营者借此销售质次价高商品或滥收费的，仍按照一般规定确定监督检查部门。

2. 监督检查部门的职权。

（1）按照规定的程序询问被检查的经营者、利害关系人、证明人，并要求提供证明材料或者与不正当竞争行为有关的其他资料；

（2）查询、复制与不正当竞争行为有关的协议、账册、单据、文件、记录、业务函电和其他资料；

（3）检查与不正当竞争行为有关的财物，必要时可以责令被检查的经营者说明该商品的来源和数量，暂停销售，听候检查，不得转移、隐匿、销毁该财物。

监督检查部门的工作人员监督检查不正当竞争行为时，应当出示检查证件。

（二）违反《反不正当竞争法》的法律责任

1. 民事责任。经营者违反《反不正当竞争法》的规定，给被侵害的经营者造成损害的，应当承担损害赔偿责任。被侵害的经营者的损失难以计算的，赔偿额为侵权人在侵权期间因侵权所获得的利润，并应当承担被侵害的经营者因调查该经营者侵害其合法权益的不正当竞争行为所支付的合理费用。

2. 行政责任和刑事责任。

（1）经营者的行政责任和刑事责任。

①滥用独占地位的经营者，监督检查部门应责令停止违法行为，根据情节处以5万元以上20万元以下的罚款。被指定的经营者借此销售质次价高商品或者滥收费用的，监督检查部门应没收违法所得，可根据情节处以违法所得1倍以上3倍以下的罚款。

②串通招投标行为，其中标无效。监督检查部门可根据情节处以1万元以上20万元以下的罚款。

③欺诈性市场行为。经营者假冒他人的注册商标，擅自使用他人的企业名称或姓名，伪造或者冒用认证标志、名优标志等质量标志，伪造产地，对商品质量作引人误解的虚假表示的，根据《商标法》、《产品质量法》的规定处罚。

经营者擅自使用知名商品特有的名称、包装、装潢，或者使用与知名商品近似的名称、包装、装潢，造成和他人的知名商品相混淆，使购买者误认为是该知名商品的，监督检查部门应当责令停止违法行为，没收违法所得，可根据情节处违法所得1倍以上3倍以下的罚款；情节严重的，可以吊销营业执照；销售伪劣商品，构成犯罪的，依法追究刑事责任。

④商业贿赂行为，构成犯罪的，追究刑事责任；不构成犯罪的，监督检查部门可以根据情节处以1万元以上2万元以下的罚款，有违法所得的，予以没收。

⑤虚假宣传行为，监督检查部门应责令停止违法行为，消除影响，可根据情节处以1万元以上20万元以下的罚款。广告的经营者，在明知或应知的情况下，代理、设计、制作、发布虚假广告的，监督检查部门应责令停止违法行为，没收违法所得，并依法处以罚款。

⑥侵犯商业秘密行为，监督检查部门应责令停止违法行为，可以根据情节处以1万元以上20万元以下的罚款。

⑦不正当有奖销售的，监督检查部门应当责令停止违法行为，可以根据情节处以1万元以上10万元以下的罚款。

另外，经营者有违反被责令暂停销售和不得转移、隐匿、销毁与不正当竞争行为有关的财物的行为的，监督检查部门可以根据情节处以被销售、转移、销毁财物的价款1倍以上3倍以下的罚款。

（2）政府部门的行政责任。政府及其所属部门违法限定他人购买其指定的经营者的商品、限制其他经营者正当的经营活动，或者限制商品在地区之间正常流通的，由上级机关责令其改正；情节严重的，由同级或者上级机关对直接责任人员给予行政处分。被指定的经营者借此销售质次价高商品或者滥收费用的，监督检查部门应当没收违法所得，可以根据情节处以违法所得 1 倍以上 3 倍以下的罚款。

（3）监督检查部门工作人员的行政责任和刑事责任。监督检查部门的工作人员滥用职权、玩忽职守，构成犯罪的，依法追究刑事责任；不构成犯罪的，给予行政处分；徇私舞弊，对明知有违反法律规定构成犯罪的经营者包庇不使他受追诉的，依法追究其刑事责任。

第三节　反垄断法律制度

一、反垄断法律制度概述

（一）垄断的概念和特征

垄断，是指经营者或利益代表者，滥用已经具备的市场支配地位，或者通过协议、合并或其他方式谋求或者谋求并滥用市场支配地位，借以排除或限制竞争，牟取超额利益，依法应予规制的行为。简言之，垄断是指经营者或其利益代表者排除或限制竞争的违法行为。

垄断行为的特征可以概括为以下五个方面：（1）垄断的客观方面是垄断行为而非垄断结构；（2）垄断的主体是经营者或者其利益代表者；（3）垄断的主观方面是牟取超额利益；（4）垄断的后果是排除或限制竞争；（5）垄断具有违法性。

（二）反垄断法的概念

反垄断法，顾名思义就是反对垄断和保护竞争的法律制度。它是市场经济国家基本的法律制度。反垄断法是适应市场的需要产生的。其任务就是防止市场上出现垄断，以及对合法产生的垄断企业进行监督，防止它们滥用市场优势地位。反垄断法承担着禁止卡特尔、控制企业合并、禁止企业滥用市场支配地位、禁止行政垄断等职能。

美国是最早颁布反垄断法的国家，它的反垄断法历史可以追溯到一百多年前。19 世纪 80 年代，随着托拉斯的日益发展、扩张，抵制托拉斯的群众运动促成了 1890 年《谢尔曼法》的诞生。这是世界上最早的反垄断法。这部法案单独实行了半个多世纪。

直到第二次世界大战结束，反垄断法的制定才进入高潮。1947 年日本颁布《禁止私人垄断和确保公正交易法》，1957 年德国颁布《反对限制竞争法》。1989

年欧共体理事会颁布了《欧共体企业合并控制条例》，把控制企业合并作为欧共体竞争法的重要内容。

现在，经济合作与发展组织的所有成员都有反垄断法。

在长期的计划经济体制下，反垄断法在我国是一项难产的法律。"13 年磨一剑"的《反垄断法》于 2007 年 8 月 30 日第十届全国人民代表大会常务委员会第二十九次会议通过，被称为中国"经济宪法"的《反垄断法》2008 年 8 月 1 日正式开始实施。

（三）反垄断法的适用范围

中国反垄断法平等地适用于市场主体即经营者。对违反规定实施垄断行为的经营者、行政机关以及法律、法规授予的具有管理公共事务职能的组织滥用行政权力排除、限制竞争属于《反垄断法》的调整范围。在法律空间效力上，我国《反垄断法》既适用于在中国境内发生的垄断行为，也适用于在中国境外发生的对中国境内市场竞争产生排除、限制影响的垄断行为，即具有域外效力。在法律的时间效力上，按照"法不溯及既往"的一般原则，《反垄断法》对它生效以前的行为不具有溯及力。特别说明的是，《反垄断法》不直接规制垄断状态，而是规制垄断行为。

（四）反垄断法的地位

从法的体系来看，反垄断法是经济法体系中市场规制法的重要部门法之一。从法领域归属看，反垄断法属于公法。从法的作用看，反垄断法是保障市场竞争公平、自由和秩序的重要部门法，被称为"经济宪法"。

二、反垄断行为

（一）垄断协议行为

1. 垄断协议行为的概念。《反垄断法》第 13 条规定："本法所称垄断协议，是指排除、限制竞争的协议、决定或者其他协同行为。"垄断协议行为是指两个以上市场主体以合同、协议、企业团体的决议及企业间的协同行为等形式排斥、限制竞争的行为。

限制竞争协议主要包括限制价格竞争协议、限制市场供应或划分协议、联合抵制协议等。限制竞争协议可以分为横向垄断协议、纵向垄断协议。《反垄断法》对横向垄断协议和纵向垄断协议分别作出了禁止规定。

2. 横向垄断协议行为。横向垄断协议是指处于产业链同一环节的两个或两个以上经营者所为的垄断协议行为。比如彩电销售商之间固定价格、划分市场的行为。根据《反垄断法》第 13 条的规定，禁止具有竞争关系的经营者达成下列垄断协议：（1）固定或者变更商品价格；（2）限制商品的生产数量或者销售数量；（3）分割销售市场或者原材料采购市场；（4）限制购买新技术、新设备或者限制开发新技术、新产品；（5）联合抵制交易；（6）国务院反垄断执法机构认定的其他垄断协议。

3. 纵向垄断协议行为。纵向垄断协议是指处于同一产业链上、下环节（即有交易关系或供求关系）的两个或两个以上经营者所为的垄断协议行为。比如，电脑整机生产商和电脑整机销售商之间所为的垄断协议行为。根据《反垄断法》第 14 条的规定，禁止经营者与交易相对人达成下列垄断协议：（1）固定向第三人转售商品的价格；（2）限定向第三人转售商品的最低价格；（3）国务院反垄断执法机构认定的其他垄断协议。

4. 垄断协议行为的豁免。在实际生活中，部分垄断协议行为有利有弊，并且可能利大于弊，因此，经营者能够证明所达成的协议属于下列情形之一的，可以免予处罚：（1）为改进技术、研究开发新产品的；（2）为提高产品质量、降低成本、提高效率，统一产品规格、标准或者实行专业化分工的；（3）为提高中小经营者经营效率，增强中小经营者竞争力的；（4）为实现节约能源、保护环境、救灾救助等社会公共利益的；（5）因经济不景气，为缓解销售量严重下降或者生产明显过剩的；（6）为保障对外贸易和对外经济合作中的正当利益的；（7）法律和国务院规定的其他情形。

（二）滥用市场支配地位

所谓市场支配地位是指经营者在相关市场内具有能够控制商品价格、数量或者其他交易条件，或者能够阻碍、影响其他经营者进入相关市场能力的市场地位。而滥用市场支配地位是指具有市场支配地位的企业，利用这种支配地位危害竞争，对市场其他主体进行不公平交易，损害竞争对手和社会公共利益及其他私人利益的行为。

根据《反垄断法》第 17 条的规定，禁止具有市场支配地位的经营者从事下列滥用市场支配地位的行为：（1）以不公平的高价销售商品或者以不公平的低价购买商品；（2）没有正当理由，以低于成本的价格销售商品；（3）没有正当理由，拒绝与交易相对人进行交易；（4）没有正当理由，限定交易相对人只能与其进行交易或者只能与其指定的经营者进行交易；（5）没有正当理由搭售商品，或者在交易时附加其他不合理的交易条件；（6）没有正当理由，对条件相同的交易相对人在交易价格等交易条件上实行差别待遇；（7）国务院反垄断执法机构认定的其他滥用市场支配地位的行为。

【导入案例二】中，北京网通施行了差别待遇。对具有北京户籍的市民和没有北京户籍的市民分别提供"后付费业务"和"预付费业务"，导致没有北京户籍的市民在北京网通推广的一系列资费优惠活动中备受歧视。北京网通的格式合同违反了《反垄断法》的规定，属于没有正当理由对条件相同的交易相对人在交易价格等交易条件上实行差别待遇的情形。该案也成为"民间反垄断第一案"。

（三）经营者集中行为

经营者集中，是指经营者通过合并、收购、委托经营、联营或其他形式，集合经营者经济力，提高市场地位的行为。包括经营者合并和经营者控制。经营者集中是获得市场支配地位最常见的途径之一。因此，经营者集中行为的规制制度也就成为反垄断规制制度的一项重要内容。

根据《反垄断法》第20条的规定，经营者集中包括三种情形：（1）经营者合并；（2）经营者通过取得股权或者资产的方式取得对其他经营者的控制权；（3）经营者通过合同等方式取得对其他经营者的控制权或者能够对其他经营者施加决定性影响。

1. 经营者合并。经营者合并，是指两个或两个以上经营者合并为一个经营者，从而导致经营者集中的行为。

根据参与合并的经营者在产业链上的关系，经营者可以分为横向合并和纵向合并。横向合并，是指处于同一产业链同一环节的经营者之间的合并；纵向合并，是指处于同一产业链上、下环节的经营者之间的合并。

2. 经营者控制。经营者控制是指经营者通过收购、委托经营、联营和其他方式控制其他经营者，从而导致经营者集中的行为。

根据获得控制权的途径，经营者控制可以分为股权式控制、联营式控制和债权式控制。根据控制的内容，经营者控制可以分为财产型控制、业务型控制和人事型控制。根据控制和被控制的经营者所处的产业链关系，经营者控制又可以分为横向控制和纵向控制。基于上述控制关系，形成紧密的经济关系，使参与者迅速提高市场支配地位，为实施滥用市场支配地位行为提供了前提，因此，经营者合并和经营者控制都需要进行规制。

经营者集中，有利于提高企业的规模经济，促进企业间的人力、物力、财力以及技术方面的合作，从而有利于提高企业效率和竞争力。然而，过度的经营者集中可能产生或者加强市场支配地位，导致排除或限制竞争。因此，《反垄断法》鼓励经营者通过依法实施集中等方式做大做强，同时依法规制经营者集中行为，规定经营者集中达到国务院规定的申报标准的，应当事先向国务院反垄断执法机构申报，未申报的不得实施集中。根据《反垄断法》等相关法律制度的规定，参与集中的所有经营者上一会计年度在全球范围内的营业额合计超过100亿元人民币，并且其中至少两个经营者上一会计年度在中国境内的营业额均超过4亿元人民币；参与集中的所有经营者上一会计年度在中国境内的营业额合计超过20亿元人民币，并且其中至少两个经营者上一会计年度在中国境内的营业额均超过4亿元人民币。上述两项标准之间是并列关系，经营者集中达到其中一项标准即应当事先向国务院反垄断执法机构申报。

根据《反垄断法》第22条的规定，下列两种情形的经营者可以不向国务院反垄断执法机构申报：（1）参与集中的一个经营者拥有其他每个经营者50%以上有表决权的股份或者资产的；（2）参与集中的每个经营者50%以上有表决权的股份或者资产被同一个未参与集中的经营者拥有的。

对于禁止集中及除外规定，《反垄断法》第28条规定："经营者集中具有或者可能具有排除、限制竞争效果的，国务院反垄断执法机构应当作出禁止经营者集中的决定。但是，经营者能够证明该集中对竞争产生的有利影响明显大于不利影响，或者符合社会公共利益的，国务院反垄断执法机构可以作出对经营者集中不予禁止的决定。"

（四）行政性垄断

1. 行政性垄断的概念。行政性垄断是指行政机关和法律、法规授权的具有管理公共事务的职能的组织，滥用行政权力，违反法律规定实施的排除、限制竞争的行为。

2. 行政性垄断的表现。

（1）行政性强制交易。所谓行政性强制交易，是指行政机关滥用行政权力，违反法律规定，限定或者变相限定经营者、消费者经营、购买、使用其指定的经营者提供的商品。

（2）行政性限制市场准入。所谓行政性限制市场准入，是指行政机关滥用行政权力，违反法律规定，妨碍商品和服务在地区之间的自由流通，排除或限制市场竞争的行为。包括：①对外地商品设定歧视性收费项目、实行歧视性收费标准，或者规定歧视性价格；②对外地商品规定与本地同类商品不同的技术要求、检验标准，或者对外地商品采取重复检验、重复认证等歧视性技术措施，限制外地商品进入本地市场；③采取专门针对外地商品的行政许可，限制外地商品进入本地市场；④设置关卡或者采取其他手段，阻碍外地商品进入或者本地商品运出；⑤滥用行政权力，以设定歧视性资质要求、评审标准或者不依法发布信息等方式，排斥或者限制外地经营者参加本地的招标投标活动；⑥妨碍商品和服务在地区之间自由流通的其他行为。

（3）行政性强制经营者限制竞争。所谓行政性强制经营者限制竞争，是指行政机关滥用行政权力，违反法律规定，强制经营者从事《反垄断法》所禁止的排除或限制市场竞争的行为。例如，强制本地区、本部门的企业合并，或者通过经营者控制组建企业集团；强制经营者通过协议等方式固定价格、划分市场、联合抵制等。

三、违反《反垄断法》的监督检查及法律责任

（一）违反《反垄断法》的监督检查

1. 反垄断法的监督检查机构。我国反垄断法的监督检查机构主要为行政机

构，即商务部、国家工商行政管理总局、国家发展和改革委员会。省、自治区、直辖市行政区域内，与商务部、国家工商行政管理总局、国家发展改革委员会三家中央机构有垂直关系的相关机构经国务院反垄断执法机构的授权后可以成为反垄断的监督检查机构。

2. 监督检查机构的职责。商务部主要负责依法对经营者集中行为进行反垄断审查，指导企业在国外的反垄断应诉工作，开展双、多边竞争政策交流与合作。国家工商行政管理总局在反垄断方面的主要职责是负责垄断协议、滥用市场支配地位、滥用行政权力排除限制竞争方面的反垄断执法工作。依法查处不正当竞争、商业贿赂等经济违法行为。国家发改委的负责依法查处价格违法行为和价格垄断行为等。

（二）违反《反垄断法》的法律责任

1. 经营者实施垄断行为的法律责任。

（1）民事责任。《反垄断法》明确规定了实施垄断行为的经营者应该承担民事责任。《反垄断法》第50条规定，经营者实施垄断行为，给他人造成损失的，依法承担民事责任。由于《反垄断法》没有对民事责任作出具体规定，按照一般法与特别法的关系原则，特别法有不同规定的，特别法优先；特别法缺乏规定的，参照一般法进行补充。在民事责任的承担上，可以参照《反不正当竞争法》的规定执行。即：经营者违反法律规定，给被侵害的经营者造成损害的，应当承担损害赔偿责任，被侵害的经营者的损失难以计算的，赔偿额为侵权人在侵权期间因侵权所获得的利润，并应承担被侵害的经营者因调查该不正当竞争行为所支付的合理费用。

（2）行政责任。

①制止违法行为、没收违法所得。《反垄断法》第46条、47条、48条分别对违法达成并实施垄断协议、违法滥用市场支配地位、违法实施集中的经营者作了责令停止违法行为、没收违法所得以及责令停止实施集中、限期处分股份或者资产的规定。

②拆分企业。拆分企业是对违法的经营者集中采取的行政责任承担方式。《反垄断法》第48条规定："经营者违反本法规定实施集中的，由国务院反垄断执法机构责令停止实施集中、限期处分股份或者资产、限期转让营业以及采取其他必要措施恢复到集中前的状态……"

③罚款。罚款是《反垄断法》规定的违法经营者承担行政法律责任的重要形式。根据《反垄断法》第46条的规定，经营者违反规定，达成并实施垄断协议的……并处上一年度销售额1%以上10%以下的罚款；尚未实施所达成的垄断协议的，可以处50万元以下的罚款。第3款是对达成垄断协议的行业协会罚款的规定，行业协会违反规定，组织本行业的经营者达成垄断协议的，反垄断执法机

构可以处 50 万元以下的罚款。对滥用市场支配地位的违法经营者，《反垄断法》第 48 条规定了上一年度销售额 1%～10% 范围内的罚款。对违法实施集中的经营者，没有规定罚款的百分比，而是直接规定可以处 50 万元以下的罚款。

④撤销登记。《反垄断法》规定，社会团体登记管理机关对于违法组织本行业的经营者达成垄断协议，情节严重的行业协会可以依法撤销登记。

根据《反垄断法》第 53 条的规定，当事人对反垄断执法机构就经营者集中作出的决定不服的，可以先依法申请行政复议；对行政复议决定不服的，可以依法提起行政诉讼。对其他决定不服的，可以依法申请行政复议或者提起行政诉讼。

2. 滥用行政权力排除、限制竞争的法律责任。

（1）责令改正。行政机关和法律、法规授权的具有管理公共事务职能的组织滥用行政权力，实施排除、限制竞争行为的，由上级机关责令改正。

（2）行政处分。对滥用行政权力排除、限制竞争的行政机关和法律、法规授权的具有管理公共事务职能的组织中的直接负责的主管人员和其他直接责任人员依法给予处分。

（3）行政建议。反垄断执法机构可以向滥用行政权力排除、限制竞争的行政机关和法律、法规授权的具有管理公共事务职能组织的有关上级机关提出依法处理的建议。

需要注意的是，滥用行政权力排除、限制竞争的行政机关和具有管理公共事务职能的组织在《反垄断法》中承担的均为行政责任，没有承担民事责任的法律规定。

3. 经营者妨碍执法的法律责任。按照《反垄断法》第 52 条的规定，对反垄断执法机构依法实施的审查和调查，拒绝提供有关材料、信息，或者提供虚假材料、信息，或者隐匿、销毁、转移证据，或者有其他拒绝、阻碍调查行为的，由反垄断执法机构责令改正，对个人可以处 2 万元以下的罚款，对单位可以处 20 万元以下的罚款；情节严重的，对个人处 2 万元以上 10 万元以下的罚款，对单位处 20 万元以上 100 元以下的罚款；构成犯罪的，依法追究刑事责任。

4. 反垄断执法人员执法过程中违法行为的法律责任。反垄断执法机构工作人员滥用职权、玩忽职守、徇私舞弊或者泄露执法过程中知悉的商业秘密，构成犯罪的，依法追究刑事责任；尚不构成犯罪的，依法给予行政处分。

【有关热点问题的咨询】

1. 有人认为，石油、电力等垄断行业被以"国家安全"的名义豁免在《反垄断法》之外，国家靠什么来约束这些行业哄抬物价、操控市场、获取暴利等不正当经营行为？

咨询意见：《反垄断法》第 7 条规定："国有经济占控制地位的关系国民经济命脉和国家安全的行业以及依法实行专营专卖的行业，国家对其经营者的合法经营活动予以保护，并对经营者的经营行为及其商品和服务的价格依法实施监管和调控，维护消费者利益，促进技术进步……前款规定行业的经营者应当依法经营，诚实守信，严格自律，接受社会公众的监督，不得利用其控制地位或者专营专卖地位损害消费者利益。"可见，石油、电力等垄断行业依然属于《反垄断法》的调整范围。对于它们哄抬物价、操控市场、获取暴利等不正当经营行为可以由《反垄断法》进行调控。

2. 公民可否直接起诉垄断企业？其法律依据是什么？

咨询意见：最高人民法院 2012 年 5 月 8 日对外公布了《关于审理因垄断行为引发的民事纠纷案件应用法律若干问题的规定》。根据该司法解释，公民可直接起诉垄断企业。这是最高人民法院在反垄断审判领域出台的第一部司法解释，对于指导人民法院正确适用《反垄断法》、依法制止垄断行为、保护和促进市场公平竞争具有重要意义。

这部总共 16 条的司法解释于 2012 年 6 月 1 日起实施，其中规定了起诉、案件受理、管辖、举证责任分配、诉讼证据、民事责任及诉讼时效等问题，建立了我国反垄断民事诉讼的基本框架。

司法解释规定，起诉垄断行为无需行政认定。因垄断行为受到损失以及因合同内容、行业协会的章程等违反反垄断法而发生争议的自然人、法人或者其他组织，都可向人民法院提起民事诉讼，要求垄断行为人承担民事责任。因垄断行为受到损失后，直接向法院提起民事诉讼的，或者在反垄断执法机构认定构成垄断行为的处理决定发生法律效力后起诉的，只要符合法律规定的其他受理条件，法院应当受理。这意味着，只要原告有证据证明受到损失，均可以提起诉讼，要求垄断企业承担侵权责任，反垄断民事诉讼不需要以行政执法程序前置为条件。

司法解释规定，垄断民事纠纷案件集中管辖。对于垄断民事纠纷案件，由省、自治区、直辖市政府所在地的市、计划单列市中级人民法院及最高院指定的中级人民法院管辖，这意味着，除特殊指定外，垄断民事案件主要由省会城市和直辖市的中级人民法院审理。

此外，对于群体诉讼案件，法院可以合并审理。如果有两个或两个以上原告因同一垄断行为向有管辖权的同一法院分别提起诉讼，法院可以合并审理。在不同法院起诉的，后立案的法院在得知有关法院先立案的情况后，应当在 7 天内裁定将案件移送先立案的法院，先立案的法院可以合并审理。

司法解释规定，破解举证难题被告责任倒置。从诉讼实践来看，原告取证难、证明垄断行为难已经成为反垄断民事司法的难题。如果不缓解这一难题，受害人的权益就难以得到保护，为此，司法解释对于举证责任分配、免证事实、专家证据等问题作了解释和细化。

比如，对几个企业约定联合提价等行为，司法解释规定，属于《反垄断法》第13条第1款第1项至第5项规定的垄断协议的，被告应对该协议不具有排除、限制竞争的效果承担举证责任。这意味着，垄断企业对固定或者变更商品价格、限制商品的生产数量或者销售数量、分割销售市场或者原材料采购市场、限制购买新技术、新设备或者限制开发新技术、新产品等行为将要承担举证倒置责任。

最高院法官表示，司法解释对于公用企业以及具有独占经营资格的经营者滥用市场支配地位的案件，也适当减轻了原告的举证责任。比如，对社会公认的时间较长的垄断企业，原告就不再对被告的垄断地位承担举证责任。

（资料来源：http://www.chinanews.com/fz/2012/05 - 09/3873690.shtml）

本 章 小 结

本章对反不正当竞争法、反垄断法的联系和区别进行了详细分析，阐述了限制竞争行为以及不正当竞争行为以及反不正当竞争法的监督检查和违反反不正当竞争法的法律责任。对于反垄断法，从立法概况、适用范围、垄断行为、监督检查、违反反垄断法的法律责任等各个方面对反垄断法进行注解。

思考题

1. 经营者举办的"买一赠一"活动通常并不标明赠品是什么，而实际上消费者一旦购买了商品之后，才发现赠品的价值微不足道或者是劣质商品。那么，"买一赠一"一定是价格欺诈行为吗？如果构成价格欺诈，消费者的权益应如何救济？

2. 北京很多小区只有地下车位，开发商出卖或者租赁的定价完全没有制约，除非业主不在小区停车，否则就得无条件接受。开发商这种自由定价的行为是否构成垄断行为？是否属于《反垄断法》的调整范围？

实训题

1. 实训项目：搜集、讨论并分析现实生活中的不正当竞争行为。

2. 实训目的：通过实训，加深学生对反不正当竞争法的理解，有能力识别实践中的相关违法行为，提高学生运用法律知识解决实际问题的能力。

3. 实训内容：将学生分为若干组，每组设组长一名，负责组织本组成员进行实训。每组同学收集现实生活中发生的不正当竞争行为，并对属于哪种不正当竞争行为进行分析。小组内部进行交流讨论后，在全班进行交流，由其他组同学进行评议。教师针对每组的展示情况进行点评与指导，并进行考核评分。

4. 实训考核：考核分为三个部分，即小组自评、小组互评、教师评定，按照确定的比例进行打分。

第十章

劳动合同法律制度

【导入案例一】2009 年 6 月 1 日，李某到公司入职，公司告知他有 3 个月的试用期，但是没有与李某签订书面的劳动合同。2009 年 8 月 1 日，公司通知李某，由于他在试用期表现不佳，公司决定辞退他。李某觉得自己在试用期内表现很好，不应被辞退。于是，李某向区劳动争议仲裁委员会申请仲裁。

问题：根据《劳动合同法》的规定，该公司的做法是否合法？李某可向劳动争议仲裁委员会提出哪些仲裁请求？

【导入案例二】员工李某受了工伤，在医院治疗并做了伤残等级鉴定，为八级伤残。李某喜欢集邮，有一天去集邮市场发现一本集邮册里有很多他非常喜欢、价值也很高的邮票，趁摊主没太在意，李某就把这本集邮册夹在腋下跑了。后来摊主发现追上了李某，并报了警。经过物价部门核准，李某偷的这本集邮册价值 2 万多元。最后经过法院审判，判了李某有期徒刑。李某所在的企业一看李某被判了有期徒刑，就与他解除了劳动合同。李某不同意，说："我是工伤啊，是八级伤残，你们怎么能解除我的合同啊？"

问题：根据《劳动合同法》的规定，企业能否解除与李某的劳动合同？

第一节　劳动合同法律制度概述

一、劳动合同的概念和特征

（一）劳动合同的概念

劳动合同是劳动者和用人单位之间依法确立劳动关系、明确双方权利义务的书面协议。

（二）劳动合同的特征

与一般民事合同相比，劳动合同有其自身独特的特征。

1. 劳动合同的主体具有特定性。劳动合同的主体由特定的用人单位和劳动者双方构成：劳动合同当事人的一方必须是国家机关、企业事业单位、社会团体和私人雇主等；另一方是劳动者本人。

2. 劳动合同的内容具有较强的法定性。合同的基本要义在于当事人双方的合意，劳动合同也是如此。但劳动合同由于涉及财产和人身关系，劳动者在签订劳动合同后，在与用人单位的劳动关系中处于相对弱势地位，为保护其权益，法律规定了较多的强制性规范，因此，劳动合同的内容具有较强的法定性。

3. 劳动者在签订和履行劳动合同过程中的地位在发生变化。劳动者与用人单位在协商、订立劳动合同的时候，是以平等的缔约主体的身份进行的；但在履行劳动合同的过程中，用人单位与劳动者就具有了支配与被支配、管理与服从的从属关系。

二、劳动合同法的适用范围

劳动合同法，是指关于劳动合同的法律，其有广义和狭义之分。广义上的劳动合同法一般是指所有关于劳动合同的法律规范的总称；狭义上的劳动合同法就是指现行的《中华人民共和国劳动合同法》，它于 2007 年 6 月 29 日第十届全国人民代表大会常务委员会第 28 次会议通过，自 2008 年 1 月 1 日起施行。

全国人大常务委员会 2012 年 12 月 28 日第 7 届全国人大常务委员会第 30 次会议修订了《劳动合同法》该法自 2013 年 7 月 1 日旅行。劳动合同法的适用范围为：

1. 中华人民共和国境内的企业、个体经济组织、民办非企业单位、依法成立的会计师事务所、律师事务所等合伙组织和基金会等组织（简称用人单位）与劳动者建立劳动关系，订立、履行、变更、解除或者终止劳动合同，适用劳动合同法。

2. 国家机关、事业单位、社会团体和与其建立劳动关系的劳动者，订立、履行、变更、解除或者终止劳动合同，依照劳动合同法执行。

3. 事业单位与实行聘用制的工作人员订立、履行、变更、解除或者终止劳动合同，法律、行政法规或者国务院另有规定的，依照其规定；未作规定的，依照劳动合同法有关规定执行。

第二节　劳动合同的订立

一、劳动合同订立的概念和原则

（一）劳动合同订立的概念

劳动合同的订立是劳动者和用人单位经过相互选择和平等协商，就劳动合同的各项条款协商一致，并以书面形式明确规定双方权利、义务及责任，从而确立劳动关系的法律行为。

（二）劳动合同订立的原则

劳动合同订立应遵循合法、公平、平等自愿、协商一致以及诚实信用的原则。

二、劳动合同订立的主体

（一）劳动合同订立主体的资格要求

1. 劳动者需年满 16 周岁（只有文艺、体育、特种工艺单位录用人员可以例外），有劳动权利能力和行为能力。

2. 用人单位有用人权利能力和行为能力。用人单位设立的分支机构，依法取得营业执照或者登记证书的，可以作为用人单位与劳动者订立劳动合同；未依法取得营业执照或者登记证书的，受用人单位委托可以与劳动者订立劳动合同。

（二）劳动合同订立主体的义务

1. 用人单位的义务和责任。

（1）用人单位招用劳动者时，应当如实告知劳动者工作内容、工作条件、工作地点、职业危害、安全生产状况、劳动报酬，以及劳动者要求了解的其他情况。

（2）用人单位招用劳动者，不得扣押劳动者的居民身份证和其他证件，不得要求劳动者提供担保或者以其他名义向劳动者收取财物。

2. 劳动者的义务。用人单位有权了解劳动者与劳动合同直接相关的基本情况，劳动者应当如实说明。

三、劳动合同订立的形式

（一）书面形式

用人单位自用工之日起即与劳动者建立劳动关系。建立劳动关系，应当订立书面劳动合同。

对于已建立劳动关系，未同时订立书面劳动合同的，应当自用工之日起 1 个月内订立书面劳动合同。用人单位与劳动者在用工前订立劳动合同的，劳动关系自用工之日起建立。

针对现实生活中存在的用人单位与劳动者已建立劳动关系但却未同时订立书面劳动合同的情形，《劳动合同法》也进行了详细的规定。

1. 自用工之日起 1 个月内，经用人单位书面通知后，劳动者不与用人单位订立书面劳动合同的，用人单位应当书面通知劳动者终止劳动关系，无须向劳动者支付经济补偿，但是，应当依法向劳动者支付其实际工作时间的劳动报酬。

2. 用人单位自用工之日起超过 1 个月不满 1 年未与劳动者订立书面劳动合同的，应当依照《劳动合同法》第 82 条的规定向劳动者每月支付 2 倍的工资，并与劳动者补订书面劳动合同；劳动者不与用人单位订立书面劳动合同的，用人单位应当书面通知劳动者终止劳动关系，并依照《劳动合同法》第 47 条的规定支付经济补偿。

用人单位向劳动者每月支付 2 倍工资的起算时间为用工之日起满 1 个月的次日，截止时间为补订书面劳动合同的前一日。

3. 用人单位自用工之日起满一年未与劳动者订立书面劳动合同的，自用工之日起满 1 个月的次日至满 1 年的前一日应当依照《劳动合同法》的规定向劳动者每月支付 2 倍的工资，并视为自用工之日起满 1 年的当日已经与劳动者订立无固定期限劳动合同，应当立即与劳动者补订书面劳动合同。

〖导入案例一〗中，公司未与李某签订劳动合同的做法是违法的。根据《劳动合同法》的规定，建立劳动关系，应当订立书面劳动合同。已建立劳动关系，未同时订立书面劳动合同的，应当自用工之日起 1 个月内订立书面劳动合同。由于公司截止到 8 月 1 日仍然未与李某签订书面的劳动合同，违反了法律规定，根据规定，用人单位应当向劳动者每月支付 2 倍的工资。所以公司应当向李某支付 7 月份的双倍工资。另外，根据《劳动合同法》的规定，试用期包含在劳动合同期限内。劳动合同仅约定试用期的，试用期不成立，该期限为劳动合同期限。所以公司与李某口头约定的试用期是无效的。在此情况下，公司无权以李某在试用期表现不佳为由进行辞退。因此，公司辞退李某是一种违法的行为，按照《劳动合同法》的规定，李某可以要求继续履行劳动合同，如果李某不要求继续履行劳动合同，用人单位应当按照经济补偿标准的 2 倍向李某支付赔偿金。

（二）例外情况

非全日制用工双方当事人可以订立口头协议。

四、劳动合同的类型

劳动合同分为固定期限劳动合同、无固定期限劳动合同、以完成一定工作任务为期限的劳动合同。

（一）固定期限劳动合同

固定期限劳动合同，是指用人单位与劳动者约定合同终止时间的劳动合同。

用人单位与劳动者协商一致，可以订立固定期限劳动合同。

（二）无固定期限劳动合同

无固定期限劳动合同，是指用人单位与劳动者约定无确定终止时间的劳动合同。

用人单位与劳动者协商一致，可以订立无固定期限劳动合同。有下列情形之一，劳动者提出或者同意续订、订立劳动合同的，除劳动者提出订立固定期限劳动合同外，应当订立无固定期限劳动合同。

1. 劳动者在该用人单位连续工作满10年的；

2. 用人单位初次实行劳动合同制度或者国有企业改制重新订立劳动合同时，劳动者在该用人单位连续工作满10年且距法定退休年龄不足10年的；

3. 连续订立二次固定期限劳动合同，且劳动者没有下述情形，续订劳动合同的：

（1）严重违反用人单位的规章制度的；

（2）严重失职，营私舞弊，给用人单位造成重大损害的；

（3）劳动者同时与其他用人单位建立劳动关系，对完成本单位的工作任务造成严重影响，或者经用人单位提出，拒不改正的；

（4）因法定劳动合同规定无效的情形致使劳动合同无效的；

（5）被依法追究刑事责任的；

（6）劳动者患病或者非因工负伤，在规定的医疗期满后不能从事原工作，也不能从事由用人单位另行安排的工作的；

（7）劳动者不能胜任工作，经过培训或者调整工作岗位，仍不能胜任工作的；

连续工作满10年的起始时间，应当自用人单位用工之日起计算，包括《劳动合同法》施行前的工作年限。

劳动者非因本人原因从原用人单位被安排到新用人单位工作的，劳动者在原用人单位的工作年限合并计算为新用人单位的工作年限。原用人单位已经向劳动者支付经济补偿的，新用人单位在依法解除、终止劳动合同计算支付经济补偿的工作年限时，不再计算劳动者在原用人单位的工作年限。

但连续订立固定期限劳动合同的次数，应当自《劳动合同法》2008年1月1日施行后，续订固定期限劳动合同时开始计算。例如，王某2006年大学毕业后就进入一家房地产公司上班，2年间签过两份固定期限劳动合同，2008年再与单位签劳动合同的时候，王某提出应签订无固定期限合同，王某的要求不应该得到支持。因为根据《劳动合同法》的规定，连续订立固定期限劳动合同的次数，应当自《劳动合同法》2008年1月1日施行后，续订固定期限劳动合同时开始计算。由于王某此前两次签订的合同在2008年1月1日之前，因此，王某的要求不能得到支持。

用人单位自用工之日起满1年不与劳动者订立书面劳动合同的，视为用人单位与劳动者已订立无固定期限劳动合同。

地方各级人民政府及县级以上地方人民政府有关部门为安置就业困难人员提供的给予岗位补贴和社会保险补贴的公益性岗位，其劳动合同不适用《劳动合同法》有关无固定期限劳动合同的规定以及支付经济补偿的规定。

（三）以完成一定工作任务为期限的劳动合同

以完成一定工作任务为期限的劳动合同，是指用人单位与劳动者约定以某项工作的完成为合同期限的劳动合同。

用人单位与劳动者协商一致，可以订立以完成一定工作任务为期限的劳动合同。

五、劳动合同的效力

（一）劳动合同的生效

劳动合同由用人单位与劳动者协商一致，并经用人单位与劳动者在劳动合同文本上签字或者盖章生效。

劳动合同依法订立即生效，具有法律约束力。除非当事人对劳动合同生效有特殊约定，如约定须经公证或鉴证方可生效的劳动合同，其生效时间始于公证、鉴证手续办理完毕之日。

（二）无效劳动合同

无效劳动合同是指劳动合同虽然已经成立，但因违反了法律、行政法规的强制性规定而被确认为无效的劳动合同。下列劳动合同无效或者部分无效：（1）以欺诈、胁迫的手段或者乘人之危，使对方在违背真实意思的情况下订立或者变更劳动合同的。（2）用人单位免除自己的法定责任、排除劳动者权利的。例如，赵某与公司签订的劳动合同中约定，赵某可以从产品销售利润中提取60％的提成，本人的病、伤、残、亡等企业均不负责。根据《劳动合同法》的规定，用人单位免除自己的法定责任，排除劳动者权利的，属于劳动合同的无效或者部分无效。赵某与公司订立的劳动合同中规定公司不负担赵某任何伤残待遇费的条款属于用人单位免除自己的法定责任，内容明显违法。因此，这一条款是无效的。（3）违反法律、行政法规强制性规定的。对劳动合同的无效或者部分无效有争议的，由劳动争议仲裁机构或者人民法院确认。

（三）无效劳动合同的法律后果

无效劳动合同，从订立时起就没有法律约束力。劳动合同部分无效，不影响其他部分效力的，其他部分仍然有效。

第三节 劳动合同的主要内容

一、劳动合同必备条款

1. 用人单位的名称、住所和法定代表人或者主要负责人。用人单位的名称应当是用人单位报有关职能部门登记注册的名称。住所，如果单位是法人，则一般是指主要办事机构所在地，有几个办事机构的，则以起决策作用的主要办事机构所在地为其住所。具备法人资格的用人单位，要注明单位的法定代表人；不具备法人资格的用人单位，则应写明该单位的主要负责人。

2. 劳动者的姓名、住址和居民身份证或者其他有效身份证件号码。劳动者的姓名应当是本人有效身份证件中载明的姓名；劳动者的住址为户籍所在的居住地，经常居住地与户籍所在地不一致的，以经常居住地为住址；中国劳动者应载明居民身份证号码，境外劳动者应载明护照等其他有效身份证件号码。

3. 劳动合同期限。劳动合同期限是双方当事人相互享有权利、履行义务的时间界限，可分为固定期限、无固定期限和以完成一定工作任务为期限。

4. 工作内容和工作地点。工作内容即劳动者具体从事的职业、工种或岗位，还包括工作任务、劳动定额和职责等。工作地点是指劳动者所在岗位的具体地理位置，实质上就是合同履行地。

5. 工作时间和休息休假。

（1）工作时间是指劳动者为履行劳动义务，在法律规定的标准下，根据劳动合同和集体合同的规定提供劳动的时间，即劳动者在一昼夜或一周内从事生产或工作的时间，也就是劳动者每天应工作的时数或每周应工作的天数。

（2）休息休假是指劳动者在任职期间，在国家规定的法定工作时间以外，不从事生产和工作而自行支配的休息时间和法定节假日。

6. 劳动报酬。

（1）劳动报酬与支付。劳动报酬是指用人单位根据劳动者劳动的数量和质量，以货币形式支付给劳动者的工资。工资总额由计时工资、计件工资、奖金、津贴和补贴、加班加点工资以及特殊情况下支付的工资六部分构成。

工资应当以法定货币支付，不得以实物及有价证券替代货币支付。工资必须在用人单位与劳动者约定的日期支付。如遇节假日或休息日，则应提前在最近的工作日支付。工资至少每月支付一次，施行周、日、小时工资制的可按周、日、小时支付工资。对完成一次性临时劳动或某项具体工作的劳动者，用人单位应按有关协议或合同规定在其完成劳动任务后即支付工资。

（2）特殊情况下的工资支付。在法定休假日和婚丧假期间以及劳动者依法参加社会活动期间，用人单位应当依法支付工资。用人单位在劳动者完成劳动定额或规定的工作任务后，根据实际需要安排劳动者在法定标准工作时间以外工作的，应当按照国家标准支付加班加点工资：①用人单位依法安排劳动者在日标准工作时间以外延长工作时间，按照不低于劳动合同规定的劳动者本人小时工资标准的150%支付劳动者工资；②用人单位依法安排劳动者在休息日工作，不能安排补休的，按照不低于劳动合同规定的劳动者本人日或者小时工资标准的200%支付劳动者工资；③用人单位依法安排劳动者在法定休假日工作的，按照不低于劳动合同规定的劳动者本人日或者小时工资标准的300%支付劳动者工资。

实行计件工资的劳动者，在完成定额任务后，由用人单位安排延长工作时间的，根据上述原则，分别按照不低于其本人法定工作时间计件单价的 150%、200%、300% 支付其工资。

（3）最低工资制度。国家实行最低工资保障制度。最低工资的具体标准由各省、自治区、直辖市人民政府规定，报国务院备案。

劳动合同履行地与用人单位注册地不一致的，有关劳动者的最低工资标准、劳动保护、劳动条件、职业危害保护和本地区上年度职工月平均工资标准等事项，按照劳动合同履行地的有关规定执行；用人单位注册地的有关标准高于劳动合同履行地的有关标准，且用人单位与劳动者约定按照用人单位注册地的有关规定执行的，从其约定。

7. 社会保险。社会保险包括养老保险、失业保险、医疗保险、工伤保险、生育保险五项。参加社会保险、缴纳社会保险费是用人单位与劳动者的法定义务，双方都必须履行。

8. 劳动保护、劳动条件和职业危害防护。劳动保护，是指用人单位为了防止劳动过程中的事故，减少职业危害，保障劳动者的生命安全和健康而采取的各种措施。劳动条件，是指用人单位为劳动者提供正常工作所必需的条件，包括劳动场所和劳动工具。职业危害保护，是对工作可能产生的危害的防护措施。

9. 法律、法规规定应当纳入劳动合同的其他事项。

二、劳动合同约定条款

劳动合同除前款规定的必备条款外，用人单位与劳动者可以约定试用期、培训、保守秘密、补充保险和福利待遇等其他事项。但约定事项不能违反法律、行政法规的强制性规定，否则，该约定无效。

（一）试用期

试用期是用人单位和劳动者双方相互了解、确定对方是否符合自己的招聘条件或者求职条件而约定的考察期。

1. 试用期期限的强制性规定。劳动合同期限 3 个月以上不满 1 年的，试用期不得超过 1 个月；劳动合同期限 1 年以上不满 3 年的，试用期不得超过 2 个月；3 年以上固定期限和无固定期限的劳动合同，试用期不得超过 6 个月。例如，小王与某公司于 2009 年 3 月签订了 1 年期的劳动合同，合同规定试用期为 3 个月，该试用期约定不能生效。根据《劳动合同法》的规定，劳动合同期限 1 年以上不满 3 年的，试用期不得超过 2 个月。

同一用人单位与同一劳动者只能约定一次试用期。

以完成一定工作任务为期限的劳动合同或者劳动合同期限不满 3 个月的，不得约定试用期。

试用期包含在劳动合同期限内。劳动合同仅约定试用期的，试用期不成立，该期限为劳动合同期限。

用人单位违反规定与劳动者约定试用期的，由劳动行政部门责令改正；违法约定的试用期已经履行的，由用人单位以劳动者试用期满月工资为标准，按已经履行的超过法定试用期的期间向劳动者支付赔偿金。

2. 试用期工资的强制性规定。《劳动合同法》的规定，劳动者在试用期的工资不得低于本单位相同岗位最低档工资或者劳动合同约定工资的80%，并不得低于用人单位所在地的最低工资标准。

3. 试用期内劳动合同的解除。

（1）劳动者有法律规定的下列情形之一的，用人单位可以解除劳动合同，但应当向劳动者说明理由：

①劳动者在试用期间被证明不符合录用条件的；

②劳动者严重违反用人单位的规章制度的；

③劳动者严重失职，营私舞弊，给用人单位造成重大损害的；

④劳动者同时与其他用人单位建立劳动关系，对完成本单位的工作任务造成严重影响，或者经用人单位提出，拒不改正的；

⑤劳动者以欺诈、胁迫的手段或者乘人之危，使用人单位在违背真实意思的情况下订立或者变更劳动合同的；

⑥劳动者被依法追究刑事责任的；

⑦劳动者患病或者非因工负伤，在规定的医疗期满后不能从事原工作，也不能从事由用人单位另行安排的工作的；

⑧劳动者不能胜任工作，经过培训或者调整工作岗位，仍不能胜任工作的。

（2）劳动者在试用期内提前3日通知用人单位，可以解除劳动合同。

（二）服务期

1. 服务期的含义。服务期是指劳动者因享受用人单位给予的特殊待遇而作出的劳动履行期限承诺。

用人单位为劳动者提供专项培训费用，对其进行专业技术培训的，可以与该劳动者订立协议，约定服务期。

2. 劳动者违反服务期的违约责任。劳动者违反服务期约定提前终止劳动合同的，应当按照约定向用人单位支付违约金。违约金的数额不得超过用人单位提供的培训费用。对已经履行部分服务期限的，用人单位要求劳动者支付的违约金不得超过服务期尚未履行部分所应分摊的培训费用。

一般而言，只有劳动者在服务期提出与单位解除劳动关系时，用人单位才可以要求其支付违约金。不过，为了防止可能出现的规避赔偿责任，如果劳动者因下列违纪等重大过错行为而被用人单位解除劳动关系的，用人单位仍有权要求其支付违约金：

（1）劳动者严重违反用人单位的规章制度的；

（2）劳动者严重失职，营私舞弊，给用人单位造成重大损害的；

（3）劳动者同时与其他用人单位建立劳动关系，对完成本单位的工作任务造成严重影响，或者经用人单位提出，拒不改正的；

（4）劳动者以欺诈、胁迫的手段或者乘人之危，使用人单位在违背真实意思的情况下订立或者变更劳动合同的；

（5）劳动者被依法追究刑事责任的。

3. 劳动者解除劳动合同不属于违反服务期约定的情形。在特定情形下，劳动者可以在服务期内依照法律规定解除劳动合同，用人单位不得要求劳动者支付违约金。

（1）用人单位未按照劳动合同约定提供劳动保护或者劳动条件的；

（2）用人单位未及时足额支付劳动报酬的；

（3）用人单位未依法为劳动者缴纳社会保险费的；

（4）用人单位的规章制度违反法律、法规的规定，损害劳动者权益的；

（5）用人单位以欺诈、胁迫的手段或者乘人之危，使劳动者在违背真实意思的情况下订立或者变更劳动合同的；

（6）用人单位在劳动合同中免除自己的法定责任、排除劳动者权利的；

（7）用人单位违反法律、行政法规强制性规定的；

（8）法律、行政法规规定劳动者可以解除劳动合同的其他情形。

（三）保守商业秘密和竞业限制

用人单位与劳动者可以在劳动合同中约定保守用人单位的商业秘密和与知识产权相关的保密事项。

对负有保密义务的劳动者，用人单位可以在劳动合同或者保密协议中与劳动者约定竞业限制条款，并约定在解除或者终止劳动合同后，在竞业限制期限内按月给予劳动者经济补偿。劳动者违反竞业限制约定的，应当按照约定向用人单位支付违约金。

竞业限制的人员限于用人单位的高级管理人员、高级技术人员和其他负有保密义务的人员。竞业限制的范围、地域、期限由用人单位与劳动者约定，竞业限制的约定不得违反法律、法规的规定。

在解除或者终止劳动合同后，禁止竞业限制人员到与本单位生产或者经营同类产品、从事同类业务的有竞争关系的其他用人单位，或者自己开业生产或者经营同类产品、从事同类业务的竞业限制期限，不得超过2年。

三、医 疗 期

医疗期是指企业职工因患病或非因工负伤停止工作，治病休息，但不得解除劳动合同的期限。

企业职工因患病或非因工负伤，需要停止工作，进行医疗时，根据本人实际参加工作年限和在本单位工作年限，给予 3～24 个月的医疗期。

企业职工在医疗期内，其病假工资、疾病救济费和医疗待遇按照有关规定执行。病假工资或疾病救济费可以低于当地最低工资标准支付，但最低不能低于最低工资标准的 80%。

医疗期内用人单位与职工不得解除劳动合同。医疗期内合同终止，则合同必须延续至医疗期满，职工仍然享受医疗期内待遇。

第四节　劳动合同的履行和变更

一、劳动合同的履行

劳动合同的履行是指劳动合同生效后，双方当事人按照劳动合同的约定，完成各自承担的义务和实现各自享受的权利，使双方当事人订立合同的目的得以实现的法律行为。

用人单位与劳动者应当按照劳动合同的约定全面履行各自的义务。

用人单位应当按照劳动合同的约定和国家规定，向劳动者及时足额支付劳动报酬。用人单位拖欠或者未足额支付劳动报酬的，劳动者可以依法向当地人民法院申请支付令，人民法院应当依法发出支付令。例如，某建筑公司聘用了一批农民工，由于开发商拖欠建筑公司的工程款，致使建筑公司无法按时向农民工发放工资，建筑公司老板在工资发放日不得已给农民工写了工资欠条。农民工小张家里有事想尽快拿到工资后回家，觉得劳动仲裁太耽误时间。小张可以依据《劳动合同法》的条款，向人民法院申请支付令。使用支付令的好处是法院受理后就启动了法律程序，不需要开庭处理，并且从受理、审查到发出支付令不超过 15 天，债务人提出异议的期限也是 15 天，期间债务人不提出书面异议又不履行支付令的，债权人可以向法院申请强制执行。

用人单位应当严格执行劳动定额标准，不得强迫或者变相强迫劳动者加班。用人单位安排加班的，应当按照国家有关规定向劳动者支付加班费。

劳动者拒绝用人单位管理人员违章指挥、强令冒险作业的，不视为违反劳动合同。劳动者对危害生命安全和身体健康的劳动条件，有权对用人单位提出批评、检举和控告。

用人单位变更名称、法定代表人、主要负责人或者投资人等事项，不影响劳动合同的履行。

用人单位发生合并或者分立等情况，原劳动合同继续有效，劳动合同由承继其权利和义务的用人单位继续履行。

二、劳动合同的变更

劳动合同的变更是指在劳动合同开始履行但尚未完全履行完毕之前，因订立劳动合同的主客观条件发生了变化，当事人依照法律规定的条件和程序，对原合同中的某些条款修改、补充的法律行为。

用人单位与劳动者协商一致，可以变更劳动合同约定的内容。变更劳动合同，应当采用书面形式。

第五节　劳动合同的解除和终止

一、劳动合同的解除

劳动合同解除是指在劳动合同订立后、劳动合同期限届满之前，因出现法定的情形，一方单方通知终止劳动关系或用人单位与劳动者双方协商提前终止劳动关系的法律行为。它分为协商解除和法定解除两种情况。

（一）协商解除

协商解除，又称意定解除，是指劳动合同订立后，用人单位和劳动者因某种原因，在完全自愿的基础上协商一致，合意解除劳动合同，提前终止劳动合同的效力。

由用人单位提出解除劳动合同而与劳动者协商一致的，必须依法向劳动者支付经济补偿。由劳动者主动辞职而与用人单位协商一致解除劳动合同的，用人单位无须向劳动者支付经济补偿。

（二）法定解除

法定解除是指在出现国家法律、法规或劳动合同规定的可以解除劳动合同的情形时，无须双方当事人一致同意，劳动合同效力可以自然或由单方提前终止。

法定解除又可分为用人单位的单方解除和劳动者的单方解除。

1. 劳动者可单方面解除劳动合同的情形。

（1）提前通知解除的情形。

①劳动者在试用期内提前3日通知用人单位，可以解除劳动合同；

②劳动者在非试用期提前30日以书面形式通知用人单位，可以解除劳动合同。

在此情形下，劳动者不能获得经济补偿，而且劳动者必须履行法定的通知程序。劳动者没有履行通知程序，则属于违法解除，因此对用人单位造成损失的，劳动者应对用人单位的损失承担赔偿责任。

（2）可随时通知解除的情形。

①用人单位未按照劳动合同的约定提供劳动保护或者劳动条件的；

②用人单位未及时足额支付劳动报酬的；

③用人单位未依法为劳动者缴纳社会保险费的；

④用人单位的规章制度违反法律、法规的规定，损害劳动者权益的；

⑤用人单位以欺诈、胁迫的手段或者乘人之危，使劳动者在违背真实意思的情况下订立或者变更劳动合同的；

⑥用人单位在劳动合同中免除自己的法定责任、排除劳动者权利的；

⑦用人单位违反法律、行政法规强制性规定的；

⑧法律、行政法规规定劳动者可以解除劳动合同的其他情形。

（3）无须事先告知即可解除的情形。

①用人单位以暴力、威胁或者非法限制人身自由的手段强迫劳动者劳动的；

②用人单位违章指挥、强令冒险作业危及劳动者人身安全的。

在上述两种情形中，劳动者可以立即解除劳动合同，无须事先通知用人单位。

对于劳动者无须事先告知即可解除劳动合同的，用人单位需向劳动者支付经济补偿。

例如，小吴与一家新成立的广告公司签订了 3 年的劳动合同，月薪为 4000 元，双方按国家规定参加社会保险。两个月过去了，小吴发现公司并未给员工办理社会保险手续，公司解释说新成立忙不过来，以后会补上。又过了半年，公司仍未为员工缴纳社会保险。此时，小吴的一个朋友介绍他到另一家公司上班，月薪 6000 元。于是小吴第二天向公司递交了辞职报告，并说当天就离开公司。公司认为小吴须提前 30 日通知公司。根据《劳动合同法》的规定，劳动者单方解除劳动合同，需要提前 30 日以书面形式通知用人单位。但是，用人单位未依法为劳动者缴纳社会保险费的，劳动者可以随时通知解除，不需要提前通知企业。因此，小吴以公司未缴纳社会保险为理由通知解除劳动合同的要求，是符合《劳动合同法》规定的。小吴同时可以要求公司为其补交社会保险费和给予经济补偿。

2. 用人单位可单方面解除劳动合同的情形。

（1）提前通知解除的情形，即用人单位可以提前 30 日以书面形式通知劳动者本人或者额外支付劳动者 1 个月工资后，可以解除劳动合同的情形。

①劳动者患病或者非工负伤，在规定的医疗期满后不能从事原工作，也不能从事由用人单位另行安排的工作的；

②劳动者不能胜任工作，经过培训或者调整工作岗位，仍不能胜任工作的；

③劳动合同订立时所依据的客观情况发生重大变化，致使劳动合同无法履行，经用人单位与劳动者协商，未能就变更劳动合同内容达成协议的。

用人单位依照《劳动合同法》的规定，选择额外支付劳动者 1 个月工资解除劳动合同的，其额外支付的工资应当按照该劳动者上一个月的工资标准确定。

如果在合法解除劳动合同的同时，用人单位应当却没有及时向劳动者支付经济补偿的，用人单位应按应付经济补偿金额 50% 以上 100% 以下的标准向劳动者加付赔偿金。

例如，小李是甲企业的员工，患病住院治疗，医疗期满后，不能从事原来的岗位，甲企业重新安排后，小李仍不能适应工作。甲企业遂决定即时解除与小李的劳动合同，同时支付小李 1 个月的工资作为解除合同通知金。但是，企业在办理离职手续的时候没有及时给小李经济补偿。甲企业的做法是否合法？按照《劳动合同法》的规定，劳动者患病，在规定的医疗期满后不能从事原工作，也不能从事由用人单位另行安排的工作的，用人单位提前 30 日以书面形式通知劳动者本人或者额外支付劳动者 1 个月工资后，可以解除劳动合同。该案中，甲企业以额外支付 1 个月工资来即时解除合同是合法的，但没有在解除劳动合同的同时进行支付补偿，属于延迟支付，应当按照应付经济补偿金额的 50% 以上 100% 以下的标准向小李加付赔偿金。

（2）可随时通知劳动者解除的情形。

①劳动者在试用期间被证明不符合录用条件的；

②劳动者严重违反用人单位的规章制度的；

③劳动者严重失职，营私舞弊，给用人单位造成重大损害的；

④劳动者同时与其他用人单位建立劳动关系，对完成本单位的工作任务造成严重影响，或者经用人单位提出，拒不改正的；

⑤劳动者以欺诈、胁迫的手段或者乘人之危，使用人单位在违背真实意思的情况下订立或者变更劳动合同的；

⑥劳动者被依法追究刑事责任的。

依据上述情形解除劳动合同的，用人单位无须向劳动者支付经济补偿。

例如，程某在一家企业试用期间，忽然被人事告知，公司已经决定与他解除劳动合同，至于解聘的原因，人事经理解释说："你虽然工作没什么错误，但是在试用期嘛，根据《劳动合同法》的规定，公司可以随时跟你解除劳动合同。"公司的做法是否合法？根据《劳动合同法》的规定，劳动者在试用期内提前 3 日通知用人单位，可以解除劳动合同。但是，用人单位却没有这样的权利。用人单位在试用期间证明劳动者不符合其录用条件以后，可以单方面解除劳动合同，而不是不讲任何理由就可以随意让员工离开的。因此，该公司的做法是不正确的。

（3）用人单位可以裁减人员的情形。有下列情形之一，需要裁减人员 20 人以上或者裁减不足 20 人但占企业职工总数 10% 以上的，用人单位提前 30 日向工会或者全体职工说明情况，听取工会或者职工的意见后，裁减人员方案经向劳动行政部门报告，可以裁减人员：

①依照《企业破产法》的规定进行重整的；

②生产经营发生严重困难的；

③企业转产、重大技术革新或者经营方式调整，经变更劳动合同后，仍需裁减人员的；

④其他因劳动合同订立时所依据的客观经济情况发生重大变化，致使劳动合同无法履行的。

裁减人员不足 20 人且占企业职工总数不足 10% 的，无需执行上述程序。

裁减人员时，应当优先留用下列人员：

①与本单位订立较长期限的固定期限劳动合同的；

②与本单位订立无固定期限劳动合同的；

③家庭无其他就业人员，有需要扶养的老人或者未成年人的。

用人单位裁减人员后，在 6 个月内重新招用人员的，应当通知被裁减的人员，并在同等条件下优先招用被裁减的人员。

（4）用人单位不得解除劳动合同的情形。劳动者有下列情形之一的，用人单位不得解除劳动合同：

①从事接触职业病危害作业的劳动者未进行离岗前职业健康检查，或者疑似职业病病人在诊断或者医学观察期间的；

②在本单位患职业病或者因工负伤并被确认丧失或者部分丧失劳动能力的；

③患病或者非因工负伤，在规定的医疗期内的；

④女职工在孕期、产期、哺乳期的；

⑤在本单位连续工作满 15 年，且距法定退休年龄不足 5 年的；

⑥法律、行政法规规定的其他情形。

【导入案例二】中，企业能够解除与李某的劳动合同。《劳动合同法》规定，无论员工是工伤，还是孕期、产期、哺乳期的女职工，或者是医疗期未满的职工，员工没有过错，企业就不能单方解除合同。但是，如果员工有严重违纪行为，有被依法追究刑事责任的行为，或者营私舞弊，给用人单位造成重大损害的，等等，过错性解除合同的条件就成立了，企业仍然可以单方面解除合同。因此，由于李某偷窃被追究刑事责任，企业可以依法解除与李某的劳动合同。

二、劳动合同的终止

劳动合同终止是指劳动合同订立后，因出现某种法定的事实，导致用人单位与劳动者之间形成的劳动关系自动归于消灭，或导致双方劳动关系的继续履行成为不可能而不得不消灭的情形。

（一）劳动合同终止的情形

1. 劳动合同期满的；

2. 劳动者开始依法享受基本养老保险待遇的；

3. 劳动者达到法定退休年龄的；

4. 劳动者死亡，或者被人民法院宣告死亡或者宣告失踪的；

5. 用人单位被依法宣告破产的；

6. 用人单位被吊销营业执照、责令关闭、撤销或者用人单位决定提前解散的；

7. 法律、行政法规规定的其他情形。

（二）劳动合同终止的限制性规定

一般劳动合同期满，劳动合同就终止，但在下列情形中，用人单位既不得解除劳动合同也不得终止劳动合同，劳动合同应当续延至相应的情形消失时终止：

1. 从事接触职业病危害作业的劳动者未进行离岗前职业健康检查，或者疑似职业病病人在诊断或者医学观察期间的；

2. 在本单位患职业病或者因工负伤并被确认丧失或者部分丧失劳动能力的；

3. 患病或者非因工负伤，在规定的医疗期内的；

4. 女职工在孕期、产期、哺乳期的；

5. 在本单位连续工作满 15 年，且距法定退休年龄不足 5 年的；

6. 法律、行政法规规定的其他情形。

三、劳动合同解除和终止的法律后果与责任

1. 劳动合同的解除和终止，只对未履行的部分发生效力，即双方不再继续履行劳动合同。

2. 用人单位单方解除劳动合同，应当事先将理由通知工会。用人单位违反法律、行政法规规定或者劳动合同约定的，工会有权要求用人单位纠正。用人单位应当研究工会的意见，并将处理结果书面通知工会。

3. 用人单位违反规定解除或者终止劳动合同，劳动者要求继续履行劳动合同的，用人单位应当继续履行；劳动者不要求继续履行劳动合同或者劳动合同已经不能继续履行的，用人单位应当依照《劳动合同法》规定的经济补偿标准的 2 倍向劳动者支付赔偿金。

用人单位依照《劳动合同法》的规定应当向劳动者每月支付 2 倍的工资或者应当向劳动者支付赔偿金而未支付的，劳动行政部门应当责令用人单位支付。逾期不支付的，责令用人单位按应付金额 50% 以上 100% 以下的标准向劳动者加付赔偿金。

用人单位应当在解除或者终止劳动合同时向劳动者支付经济补偿的，在办结工作交接时支付。劳动者应当按照双方约定，办理工作交接。

4. 用人单位应当在解除或者终止劳动合同时出具解除或者终止劳动合同的证明，并在 15 日内为劳动者办理档案和社会保险关系转移手续。用人单位违反

《劳动合同法》的规定未向劳动者出具解除或者终止劳动合同的书面证明，由劳动行政部门责令改正；给劳动者造成损害的，应当承担赔偿责任。

用人单位对已经解除或者终止的劳动合同的文本，至少保存 2 年备查。

劳动者依法解除或者终止劳动合同，用人单位扣押劳动者档案或者其他物品的，由劳动行政部门责令限期退还劳动者本人，并依照有关法律规定给予处罚。

四、劳动合同解除和终止的经济补偿

（一）经济补偿的概念

经济补偿是按照《劳动合同法》的规定，在劳动者无过错的情况下，用人单位与劳动者解除或者终止劳动合同而依法应给予劳动者的经济上的补助，也称经济补偿金。

（二）用人单位应当向劳动者支付经济补偿的情形

1. 由用人单位提出解除劳动合同并与劳动者协商一致而解除劳动合同的；

2. 劳动者符合随时通知解除和不需事先通知即可解除劳动合同的规定情形而解除劳动合同的；

3. 用人单位符合提前 30 日以书面形式通知劳动者本人或者额外支付劳动者 1 个月工资后可以解除劳动合同的规定情形而解除劳动合同的；

4. 用人单位符合可裁减人员规定而解除与劳动者的劳动合同的；

5. 除用人单位维持或者提高劳动合同约定条件续订劳动合同，劳动者不同意续订的情形外，劳动合同期满终止固定期限劳动合同的；

6. 以完成一定工作任务为期限的劳动合同因任务完成而终止的；

7. 用人单位被依法宣告破产终止劳动合同的；

8. 用人单位被吊销营业执照、责令关闭、撤销或者用人单位决定提前解散而终止劳动合同的；

9. 法律、行政法规规定解除或终止劳动合同应当向劳动者支付经济补偿的其他情形。

（三）经济补偿的支付标准

经济补偿一般根据劳动者在用人单位的工作年限和工资标准来计算具体金额，并以货币形式支付给劳动者。

经济补偿金的计算公式为：

$$\text{经济补偿金} = \text{劳动合同解除或终止前劳动者在本单位的工作年限} \times \text{每工作一年应得的经济补偿}$$

或者简写为：

$$\text{经济补偿金} = \text{工作年限} \times \text{月工资}$$

1. 补偿年限的计算标准。

（1）经济补偿按劳动者在本单位工作的年限，每满 1 年支付 1 个月工资的标准向劳动者支付。6 个月以上不满 1 年的，按 1 年计算；不满 6 个月的，向劳动者支付半个月工资的经济补偿。

（2）劳动者非因本人原因从原用人单位被安排到新用人单位工作的，劳动者在原用人单位的工作年限合并计入新用人单位的工作年限。原用人单位已经向劳动者支付经济补偿的，新用人单位在依法解除、终止劳动合同计算支付经济赔偿的工作年限时，不再计算劳动者在原用人单位的工作年限。

2. 补偿基数的计算标准。

（1）月工资按照劳动者应得工资计算，包括计时工资或者计件工资以及奖金、津贴和补贴等货币性收入。

（2）月工资是指劳动者在劳动合同解除或者终止前 12 个月的平均工资。劳动者在劳动合同解除或者终止前 12 个月的平均工资低于当地最低工资标准的，按照当地最低工资标准计算。劳动者工作不满 12 个月的，按照实际工作的月数计算平均工资。

（3）劳动者月工资高于用人单位所在直辖市、设区的市级人民政府公布的本地区上年度职工月平均工资 3 倍的，向其支付经济补偿的标准按职工月平均工资 3 倍的数额支付，支付经济补偿的年限最高不超过 12 年。

例如，小马于 2001 年 7 月 1 日到某公司任职，2009 年 4 月 30 日公司与其协商解除劳动合同，请问公司应当给予小马多少经济补偿？

【解析】按照《劳动合同法》的规定，公司解除劳动合同的，应当支付经济补偿。小马从 2001 年 7 月 1 日到 2009 年 4 月 30 日在公司任职，年限为 7 年 10 个月，因此，公司应该支付给小马的经济补偿为 8 个月 × 月工资（劳动合同解除前 12 个月的月平均工资）。

再如，员工王某 2008 年之前在某公司工作了 6 年，2008 年之后又工作了 2 年。此时企业解除了与王某的劳动合同。王某离职前的 12 个月的月平均工资是 1.2 万元，当地社会月平均工资为 2500 元。那么，按照规定，企业要支付给王某多少经济补偿？

【解析】应分段计算经济补偿，由于王某的 1.2 万元的月薪超过了当地社会平均工资的 3 倍，因此，按照《劳动合同法》的规定，2008 年 1 月 1 日前超过社会平均工资的 3 倍也不封顶，王某在这之前的工作年限是 6 年，应取得的经济补偿金 = 1.2 × 6 = 7.2（万元）。2008 年 1 月 1 日之后超过社会平均工资 3 倍的，向其支付经济补偿的标准按当地社会职工月平均工资 3 倍的数额支付，即之后两年的经济补偿金 = 2 × 0.25 × 3 = 1.5（万元）。所以王某应得到的解除劳动合同的补偿金 = 7.2 + 1.5 = 8.7（万元）。

第六节　劳动争议的解决

一、劳动争议及解决方法

劳动争议是指劳动者与用人单位因订立、履行、变更、解除或者终止劳动合同发生争议。

劳动争议的范围主要是指中华人民共和国境内的用人单位与劳动者发生的下列劳动争议：

（1）因确认劳动关系发生的争议；

（2）因订立、履行、变更、解除和终止劳动合同发生的争议；

（3）因除名、辞退和辞职、离职发生的争议；

（4）因工作时间、休息休假、社会保险、福利、培训以及劳动保护发生的争议；

（5）因劳动报酬、工伤医疗费、经济补偿或者赔偿金等发生的争议；

（6）法律、法规规定的其他劳动争议。

劳动者与用人单位发生劳动争议，劳动者可以与用人单位协商，也可以请工会或者第三方共同与用人单位协商，达成和解协议；当事人不愿协商、协商不成或者达成和解协议后不履行的，可以向调解组织申请调解；不愿调解、调解不成或者达成调解协议后不履行的，可以向劳动争议仲裁委员会申请仲裁；对仲裁裁决不服的，除《劳动合同法》另有规定的外，可以向人民法院提起诉讼。

例如，小何在王先生家做保姆，在服务过程中将王先生的一件贵重物品损坏，王先生便扣了小何当月的工资。双方发生争执，小何向劳动争议仲裁委员会提起申诉。劳动争议仲裁委员会以该案不属于劳动争议为由，对其申诉请求不予受理。因为小何与王先生之间是家政服务人员与个人之间的关系，这是司法解释明确排除的不属于劳动争议的范围。

再如，小徐在赵某经营的个体餐厅打工。赵某经常无故拖欠小徐的工资。小徐于是向劳动仲裁委员会申请仲裁，要求赵某按约定每月支付其工资。但赵某却称自己是个体户，他与小徐只是服务合同关系，不受《劳动合同法》的约束。该如何处理？小徐在赵某的餐厅打工，赵某的餐厅属于个体经济组织，《劳动合同法》明确规定，劳动者与个体经济组织之间也使用该法，因此，赵某拖欠小徐工资的争议属于劳动争议。

二、劳动调解

（一）劳动争议调解组织

发生劳动争议，当事人可以到下列调解组织申请调解：

1. 企业劳动争议调解委员会；

2. 依法设立的基层人民调解组织；

3. 在乡镇、街道设立的具有劳动争议调解职能的组织。

（二）调解员

1. 对于设有劳动争议调解委员会的企业，其调解委员会由职工代表和企业代表组成。职工代表由工会成员担任或者由全体职工推举产生，企业代表由企业负责人指定。企业劳动争议调解委员会主任由工会成员或者双方推举的人员担任。

2. 劳动争议调解组织的调解员应当由公道正派、联系群众、热心调解工作并具有一定法律知识、政策水平和文化水平的成年公民担任。

（三）劳动调解程序

1. 当事人申请劳动争议调解可以书面申请，也可以口头申请。口头申请的，调解组织应当当场记录申请人基本情况、申请调解的争议事项、理由和时间。

2. 调解劳动争议，应当充分听取双方当事人对事实和理由的陈述，耐心疏导，帮助其达成协议。

3. 经调解达成协议的，应当制作调解协议书。调解协议书由双方当事人签名或者盖章，经调解员签名并加盖调解组织印章后生效，对双方当事人具有约束力，当事人应当履行。达成调解协议后，一方当事人在协议约定期限内不履行调解协议的，另一方当事人可以依法申请仲裁。因支付拖欠劳动报酬、工伤医疗费、经济补偿或者赔偿金事项达成调解协议，用人单位在协议约定期限内不履行的，劳动者可以持调解协议书依法向人民法院申请支付令。人民法院应当依法发出支付令。

4. 自劳动争议调解组织收到调解申请之日起 15 日内未达成调解协议的，当事人可以依法申请仲裁。

三、劳动仲裁

劳动仲裁是指劳动争议仲裁委员会对当事人申请仲裁的劳动争议居中公断与裁决。

（一）劳动仲裁参加人、劳动仲裁机构和劳动仲裁管辖

1. 劳动仲裁参加人。

（1）当事人。发生劳动争议的劳动者和用人单位为劳动争议仲裁案件的双方当事人。

劳务派遣单位或者用工单位与劳动者发生劳动争议的，劳务派遣单位和用工单位为共同当事人。

（2）当事人代表。发生争议的劳动者一方在 10 人以上，并有共同请求的，劳动者可以推举 3~5 名代表人参加仲裁活动。

（3）第三人。与劳动争议案件的处理结果有利害关系的第三人，可以申请参加仲裁活动或者由劳动争议仲裁委员会通知其参加仲裁活动。

（4）代理人。当事人可以委托代理人参加仲裁活动。委托他人参加仲裁活动，应当向劳动争议仲裁委员会提交有委托人签名或者盖章的委托书，委托书应当载明委托事项和权限。

丧失或者部分丧失民事行为能力的劳动者，由其法定代理人代为参加仲裁活动；无法定代理人的，由劳动争议仲裁委员会为其指定代理人。劳动者死亡的，由其近亲属或者代理人参加仲裁活动。

2. 劳动仲裁机构。劳动仲裁机构是劳动争议仲裁委员会。劳动争议仲裁委员会按照统筹规划、合理布局和适应实际需要的原则设立。省、自治区人民政府可以决定在市、县设立；直辖市人民政府可以决定在区、县设立。直辖市、设区的市也可以设立一个或者若干个劳动争议仲裁委员会。劳动争议仲裁委员会不按行政区划层层设立。

劳动争议仲裁委员会由劳动行政部门代表、工会代表和企业方面代表组成。劳动争议仲裁委员会组成人员应当是单数。

劳动争议仲裁委员会应当设仲裁员名册。仲裁员应当公道正派并符合下列条件之一：

（1）曾任审判员的；

（2）从事法律研究、教学工作并具有中级以上职称的；

（3）具有法律知识、从事人力资源管理或者工会等专业工作满 5 年的；

（4）律师执业满 3 年的。

3. 劳动仲裁管辖。劳动争议仲裁委员会负责管辖本区域内发生的劳动争议。劳动争议由劳动合同履行地或者用人单位所在地的劳动争议仲裁委员会管辖。双方当事人分别向劳动合同履行地和用人单位所在地的劳动争议仲裁委员会申请仲裁的，由劳动合同履行地的劳动争议仲裁委员会管辖。

（二）申请和受理

1. 申请时效。

（1）劳动争议申请仲裁的时效期间为 1 年。自当事人知道或者应当知道其权利被侵害之日起计算。

（2）时效的中断。劳动仲裁时效，因当事人一方向对方当事人主张权利，或者向有关部门请求权利救济，或者对方当事人同意履行义务而中断。从中断时起，仲裁时效期间重新计算。

（3）时效的中止。因不可抗力或者有其他正当理由，当事人不能在仲裁时效期间申请仲裁的，仲裁时效中止。从中止时效的原因消除之日起，仲裁时效期间继续计算。

2. 仲裁申请。申请人申请仲裁应当提交书面仲裁申请，并按照被申请人人数提交副本。书写仲裁申请确有困难的，可以口头申请，由劳动争议仲裁委员会记入笔录，并告知对方当事人。

3. 仲裁受理。劳动争议仲裁委员会收到仲裁申请之日起 5 日内，认为符合受理条件的，应当受理，并通知申请人；认为不符合受理条件的，应当书面通知申请人不予受理，并说明理由。对劳动争议仲裁委员会不予受理或者逾期未作出决定的，申请人可以就该劳动争议事项向人民法院提起诉讼。

劳动争议仲裁委员会受理仲裁申请后，应当在 5 日内将仲裁申请书副本送达被申请人。

被申请人收到仲裁申请书副本后，应当在 10 日内向劳动争议仲裁委员会提交答辩书。劳动争议仲裁委员会收到答辩书后，应当在 5 日内将答辩书副本送达申请人。被申请人未提交答辩书的，不影响仲裁程序的进行。

（三）开庭和裁决

1. 基本制度。劳动争议仲裁委员会裁决劳动争议案件实行仲裁庭制。仲裁庭由 3 名仲裁员组成，设首席仲裁员。简单劳动争议案件可以由 1 名仲裁员独任仲裁。

2. 开庭程序。仲裁庭应当在开庭 5 日前，将开庭日期、地点书面通知双方当事人。当事人有正当理由的，可以在开庭 3 日前请求延期开庭。是否延期，由劳动争议仲裁委员会决定。

申请人收到书面通知，无正当理由拒不到庭或者未经仲裁庭同意中途退庭的，可以视为撤回仲裁申请。被申请人收到书面通知，无正当理由拒不到庭或者未经仲裁庭同意中途退庭的，可以缺席裁决。

3. 裁决。

（1）和解。当事人申请劳动争议仲裁后，可以自行和解。达成和解协议的，可以撤回仲裁申请。

（2）调解。仲裁庭在作出裁决前，应当先行调解。申请人收到书面通知，无正当理由拒不到庭或者未经仲裁庭同意中途退庭的，可以视为撤回仲裁申请。

被申请人收到书面通知，无正当理由拒不到庭或者未经仲裁庭同意中途退庭的，可以缺席裁决。调解不成或者调解书送达前，一方当事人反悔的，仲裁庭应当及时作出裁决。

（3）裁决。裁决应当按照多数仲裁员的意见作出，少数仲裁员的不同意见应当记入笔录。仲裁庭不能形成多数意见时，裁决应当按照首席仲裁员的意见作出。

裁决书应当载明仲裁请求、争议事实、裁决理由、裁决结果和裁决日期。裁决书由仲裁员签名，加盖劳动争议仲裁委员会印章。对裁决持不同意见的仲裁员，可以签名，也可以不签名。

下列劳动争议，除法律另有规定外，仲裁裁决为终局裁决，裁决书自作出之日起发生法律效力：

①追索劳动报酬、工伤医疗费、经济补偿或者赔偿金，不超过当地月最低工资标准12个月金额的争议。

②因执行国家的劳动标准在工作时间、休息休假、社会保险等方面发生的争议。

当事人对上述终局裁决情形之外的其他劳动争议案件的仲裁裁决不服的，可以自收到仲裁裁决书之日起15日内提起诉讼。期满不起诉的，裁决书发生法律效力。

（四）执行

当事人对发生法律效力的调解书、裁决书，应当依照规定的期限履行。一方当事人逾期不履行的，另一方当事人可以依照《民事诉讼法》的有关规定向人民法院申请执行。受理申请的人民法院应当依法执行。

四、劳动诉讼

劳动诉讼依照《民事诉讼法》的规定执行。

第七节　违反《劳动合同法》的法律责任

一、用人单位违反《劳动合同法》的法律责任

用人单位的规章制度违法，或者订立、履行、解除和终止劳动合同违法，应承担法律责任。

（一）用人单位规章制度违法的法律责任

用人单位直接涉及劳动者切身利益的规章制度违反法律、法规规定的，由劳动行政部门责令改正，给予警告；给劳动者造成损害的，应当承担赔偿责任。

（二）用人单位订立劳动合同违法的法律责任

1. 用人单位提供的劳动合同文本未载明《劳动合同法》规定的劳动合同必备条款或者用人单位未将劳动合同文本交付劳动者的，由劳动行政部门责令改正；给劳动者造成损害的，应当承担赔偿责任。

2. 用人单位自用工之日起超过1个月不满1年未与劳动者订立书面劳动合同的，应当向劳动者每月支付2倍的工资。

3. 用人单位违反规定不与劳动者订立无固定期限劳动合同的，自应当订立

无固定期限劳动合同之日起向劳动者每月支付 2 倍的工资。

4. 用人单位违反规定与劳动者约定试用期的，由劳动行政部门责令改正；违法约定的试用期已经履行的，由用人单位以劳动者试用期满月工资为标准，按已经履行的超过法定试用期的期间向劳动者支付赔偿金。

5. 用人单位违反规定，扣押劳动者居民身份证等证件的，由劳动行政部门责令限期退还劳动者本人，并依照有关法律规定给予处罚。

6. 用人单位违反《劳动合同法》的规定，以担保或者其他名义向劳动者收取财物的，由劳动行政部门责令限期退还劳动者本人，并以每人 500 元以上 2000 元以下的标准处以罚款；给劳动者造成损害的，应当承担赔偿责任。

7. 劳动合同依照法律规定被确认无效，给劳动者造成损害的，用人单位应当承担赔偿责任。

（三）用人单位履行劳动合同违法的法律责任

1. 用人单位有下列情形之一的，由劳动行政部门责令限期支付劳动报酬、加班费或者经济补偿；劳动报酬低于当地最低工资标准的，应当支付其差额部分；逾期不支付的，责令用人单位按应付金额 50% 以上 100% 以下的标准向劳动者加付赔偿金。

（1）未按照劳动合同的约定或者国家规定及时足额支付劳动者劳动报酬的；

（2）低于当地最低工资标准支付劳动者工资的；

（3）安排加班不支付加班费的；

（4）解除或者终止劳动合同，未依照《劳动合同法》的规定向劳动者支付经济补偿的。

2. 用人单位有下列情形之一的，依法给予行政处罚；构成犯罪的，依法追究刑事责任；给劳动者造成损害的，应当承担赔偿责任。

（1）以暴力、威胁或者非法限制人身自由的手段强迫劳动的；

（2）违章指挥或者强令冒险作业危及劳动者人身安全的；

（3）侮辱、体罚、殴打、非法搜查或者拘禁劳动者的；

（4）劳动条件恶劣、环境污染严重，给劳动者身心健康造成严重损害的。

（四）用人单位违法解除和终止劳动合同的法律责任

用人单位违反规定解除或者终止劳动合同的，应当依照《劳动合同法》规定的经济补偿标准的 2 倍向劳动者支付赔偿金。

用人单位违反规定未向劳动者出具解除或者终止劳动合同的书面证明，由劳动行政部门责令改正；给劳动者造成损害的，应当承担赔偿责任。

劳动者依法解除或者终止劳动合同，用人单位扣押劳动者档案或者其他物品的，由劳动行政部门责令限期退还劳动者本人，并以每人 500 元以上 2000 元以下的标准处以罚款；给劳动者造成损害的，应当承担赔偿责任。

（五）其他法律责任

用人单位招用与其他用人单位尚未解除或者终止劳动合同的劳动者，给其他用人单位造成损失的，应当承担连带赔偿责任。

对不具备合法经营资格的用人单位的违法犯罪行为，依法追究法律责任；劳动者已经付出劳动的，该单位或者其出资人应当依照《劳动合同法》的有关规定向劳动者支付劳动报酬、经济补偿、赔偿金；给劳动者造成损害的，应当承担赔偿责任。

个人承包经营违反《劳动合同法》的规定招用劳动者，给劳动者造成损害的，发包的组织与个人承包经营者承担连带赔偿责任。

二、劳动者违反《劳动合同法》的法律责任

1. 劳动合同被确认无效，给用人单位造成损失的，有过错的劳动者应当承担赔偿责任。

2. 劳动者违反劳动合同中约定的保密义务或者竞业限制，劳动者应当按照劳动合同的约定，向用人单位支付违约金；给用人单位造成损失的，应当承担赔偿责任。

3. 劳动者违反《劳动合同法》的规定解除劳动合同，违反保密协议和竞业限制，违反培训协议或者因劳动者过错导致劳动合同无效时应承担法律责任。

4. 劳动者违反培训协议，未满服务期解除或者终止劳动合同的，或者因劳动者严重违纪，用人单位与劳动者解除约定服务期的劳动合同的，劳动者应当按照劳动合同的约定向用人单位支付违约金。

【有关热点问题的咨询】

1. 某公司准备聘用一部分在校大学生到公司实习。请问，这部分实习生是否也适用《劳动合同法》？是否必须要签订劳动合同？这部分实习生在公司工作期间发生伤亡事故，是否要进行工伤认定？公司是否要承担工伤待遇的支付责任？

咨询意见：根据《劳动合同法》第2条的相关规定，该法适用于建立劳动关系的主体双方。因此，要适用《劳动合同法》，该主体必须符合建立劳动关系的主体资格。而《劳动部关于贯彻执行〈中华人民共和国劳动法〉若干问题的意见》第12条规定，在校生勤工助学的，不视为就业，未建立劳动关系，可以不签订劳动合同。据此，公司招用在校大学生实习，不属于建立劳动关系，也就不适用《劳动合同法》，不一定要签订劳动合同。

根据国家及地方的有关规定，工伤针对的是建立劳动关系的用人单位和劳动者。因此，对于不视为建立劳动关系的在校大学生实习，工作期间发生伤亡事

故，不适用有关工伤的规定。这类人员适用的是最高人民法院于 2003 年公布的《关于审理人身损害赔偿案件适用法律若干问题的解释》第 11 条的相关规定。因此，这部分实习生在工作期间发生伤亡事故，无须进行工伤认定，公司也无须承担工伤待遇的赔偿责任。

当然，有部分企业在与实习生的实习协议中约定，实习期间发生伤亡事故时，由实习生本人承担责任，公司不承担任何责任。这一约定属于免责条款，与上述最高法院的司法解释相冲突，应属无效条款。根据上述最高法院司法解释的规定，雇员在从事雇佣活动中遭受人身损害，雇主应当承担赔偿责任。可见，不管雇主是否存在过错，不管双方是否存在约定，最终作为雇主的用人单位都是要承担赔偿责任的。

2. 某公司和王某签订了无固定期限劳动合同，听说在一般情况下公司是不能与劳动者解除劳动合同的。那么，在什么特殊情况下可以解除劳动合同呢？

咨询意见：无固定期限劳动合同和固定期限劳动合同在解除劳动合同方面并没有任何区别。两者的区别是在劳动合同的终止方面，即固定期限劳动合同可以到期终止，而无固定期限劳动合同不存在到期终止的情形。这是就劳动合同方面两者存在的唯一区别。

根据《劳动合同法》第 39 条、40 条、41 条的规定，这些解除劳动合同的规定适用于"劳动者"，并未限制为"签订固定期限劳动合同的劳动者"。同时，依据这些条款解除的是"劳动合同"，而不是"固定期限劳动合同"。根据该法第 12 条的规定，劳动合同分为固定期限劳动合同、无固定期限劳动合同和以完成一定工作任务为期限的劳动合同。因此，前述几个解除劳动合同的依据同样适用于无固定期限劳动合同。

因此，无固定期限劳动合同并非不能解除，只要符合法律规定的情况，公司完全可以解除这样的劳动合同。

3. 上个月某建筑公司与一些外来务工人员签订了劳动合同，公司按照本地的有关规定为他们办理了社会保险缴纳手续，并按时为他们缴纳保险费。可是由于社保地域性强，这些员工担心他们在离开本地时保险可能会断掉，因此，向公司提出申请，要求不缴社保费，而以现金形式发放，并且要求与公司签订书面协议，协议不缴社保费。这样做是否可行？

咨询意见：《劳动合同法》规定，"用人单位和劳动者必须依法参加社会保险，缴纳社会保险费。"参加社会保险、缴纳社会保险费是用人单位的义务，同时也是劳动者的权利和义务。而社会保险的有关法规规定，用人单位和劳动者缴纳的社会保险费中有一部分是要提存为社会统筹基金的。因此，不缴纳社会保险费是会损害社会公共利益的。

在该公司的案件中，虽然从形式上来看，公司与员工自愿协议不缴纳社保费用是符合合同生效要件的，但是，从实质上来看，合同生效要件必须是合法的，是不损害社会公共利益的。公司若与员工自愿协议不缴纳社会保险费用，将会侵害社会公共利益，因此，该协议是无效的。

综上所述，公司与员工协议不缴纳社会保险费用是不合法的，公司应当按照原有的政策继续执行，为员工按时依法缴纳社会保险费用。

4. 甲公司因业务特殊，采取的是每天四班轮换的工作制度，每一班的工作人员每天工作 6 小时，每周工作 6 天，保证员工每周休息一日。现在有一名员工决定辞职，同时向公司提出了要求支付每周六加班的工资。甲公司觉得工时制度并没有违反《劳动合同法》的有关规定，这些员工周六上班应该不属于加班。请问甲公司是否要向该员工支付加班费？

咨询意见：甲公司的员工虽然每周工作 6 天，但是每天工作的时间只有 6 小时，每周的工作时间仅为 36 小时，并不超过 40 小时，同时公司保证了员工每周有一个休息日。因此，根据《劳动合同法》的有关规定，甲公司的做法是不违法的，无须向该员工支付加班费。

5. 2013 年劳动合同法的新变化体现在哪些方面？

（1）对劳务派遣单位进行规范。经营劳务派遣业务的单位应当向劳动行政部门申请行政许可，办理公司登记。并且，注册资本不得少于 200 万元，具有与开展业务相适应的固定经营场所和设施，有符合法律法规规定的劳务派遣管理制度。修改前，经营劳务派遣业务的单位仅需要注册资本 50 万元，不需要行政许可，对经营场所和设施以及相关配套制度没有作规定。对于此前存续经营劳务派遣业务的单位，应当在一年内依法取得行政许可并依法变更工商登记，方可经营新的劳务派遣业务。

（2）明确保障同工同酬，杜绝报酬内外有别。《劳动合同法》修正案明确规定，被派遣员工的劳动报酬，应当与用工单位同岗位员工一致，实行相同的分配办法，用工单位没有同类岗位的，派遣员工的劳动报酬应当根据单位所在地相近或者相同岗位劳动者的劳动报酬确定。在派遣协议以及劳动合同中，均需要载明或者约定有关同工同酬的内容。如果此前订立的劳动合同和劳务派遣协议的内容违反同工同酬原则的，应当根据修正案进行相应调整。

（3）严格限制劳务派遣用工范围。《劳动合同法》虽然规定劳务派遣用工适用于临时性、辅助性和替代性的工作岗位，但没有对临时性、辅助性和替代性进行明确，所以立法后该条没有得到很好的贯彻。而《劳动合同法》修正案对临时性、辅助性和替代性进一步进行了明确和解释，统一执法尺度。

（4）增加处罚措施，提高违法成本。对未经许可经营劳务派遣业务的，由劳动行政部门责令停止违法行为，没收违法所得，并处于违法所得一倍以上 5 倍以下罚款，没有违法所得的，可以处以 5 万元以下的罚款。对于劳务派遣单位和用工单位违反劳动合同法有关规定的，应当在一定期限内改正，逾期不改的，可以按照每人伍仟元以上1万元以下的标准罚款，还可以吊销劳务派遣单位的经营许可资格。跟派遣员工造成损失的，仍需承担连带损害赔偿责任。

本 章 小 结

劳动合同不同于一般的民事合同，有着特定的适用范围、订立、履行程序以及劳动争议解决方式。本意介绍了劳动合同的特征、劳动合同的适用范围、劳动合同订立的主体、形式、内容、解除、终止等。劳动合同的订立是建立劳动合同法律关系的起点，劳动合同条款构成劳动合同的主要内容，劳动合同履行过程中会出现合同的变更，解除和终止等法律问题。解决劳动争议的方式有和解、调解、仲裁、诉讼等方式。违反劳动合同法应当承担相应的法律责任。

思考题

1. 朱某是某公司的项目经理，在与公司签订的劳动合同中约定，如严重违反劳动纪律或公司规章制度，公司可以立即解除劳动合同。2007年6月12日，朱某接到公司的辞职通知书，理由是朱某违反了公司的规章制度，至少3次对客户不礼貌，严重影响公司声誉；因酒醉擅离职守，致使在客户发生事故时不能及时到位，给公司造成重大的名誉损失；至少1次散布谣言损害同事名誉，以至于该同事要求辞职，给公司项目运营造成极大的负面影响。

朱某认为，公司辞退他没有正当理由，双方发生争议，朱某向当地劳动争议仲裁委员会提出申请，要求公司支付他解除合同的经济补偿金、因没有提前30日通知解除劳动合同而造成的损失等。

问题：

（1）劳动者严重违反用人单位的规章制度，用人单位是否可以解除劳动合同？为什么？

（2）本案中，用人单位解除劳动合同是否需要向劳动者支付经济补偿金？为什么？

2. 焦某是一家中外合资企业的职工。2007年"五一"劳动节，因为一位当班的职工请婚假回家结婚，公司和工会与焦某本人协商后安排他5月1~3日加班3天。事后，焦某发现单位发给他的加班工资是按照他本人日平均标准工资的200%计算的。于是焦某找企业领导反映问题。企业领导对此解释说，《劳动法》的确规定，休息日安排劳动者工作又不能安排补休的，支付不低于工资的200%的工资报酬；而法定休假日安排劳动者工作的，支付不低于工资的300%的工资报酬。根据国家有关规定，劳动者在休息日休息是没有工资的，所以休息日加班工资应该在按月发放的正常工资之外另按日工资标准的200%支付。但是，国家规定法定节假日期间，用人单位应该向劳动者支付工资，也就是说，单位按月发放的工资中已经包括了法定节假日的工资，所以单位在支付法定节假日加班工资时只需另外支付日工资标准的200%，加上包含在按月发放的正常工资中的法定节假日工资，就符合了《劳动法》规定的"支付不低于工资的300%的工资报酬"。

问题：

（1）用人单位安排劳动者加班应当遵守什么规定？

（2）本案中，用人单位应当按照什么标准向朱某支付加班工资？为什么？

3. 自 2006 年 10 月以来，张某等人先后被某股份有限公司聘为保安，负责公司的安全保卫工作。当事人双方口头约定，张某等人的月工资为 1200 ～ 1500 元不等，自用工以来，当事人双方并没有签订书面劳动合同，而且用工单位在用工期间，以保安服装担保金为名，从张某等人的工资中每人扣除 500 元押金。2008 年 4 月，双方解除劳动关系后，该股份有限公司一直未将保安服装押金退还张某等人，为此，当事人之间就有关工资支付和保安服装押金问题产生争议。2008 年 4 月 1 日，张某等人向当地劳动争议仲裁机构申请劳动争议仲裁，要求用人单位依法支付其 2008 年 2 月 1 日～3 月 31 日 2 个月的 2 倍工资，并返还服装押金。

问题：

（1）本案中，该股份有限公司在用工期间，以保安服装担保金为名，从张某等人的工资中每人扣除 500 元押金是否合法？为什么？

（2）自用工以来，当事人双方并没有签订书面劳动合同是否合法？为什么？

（3）张某等人要求该股份有限公司依法支付其 2008 年 2 月 1 日～3 月 31 日 2 个月的 2 倍工资并返还押金是否合法？为什么？

实训题：掌握劳动合同书的制作

实训目的：充分了解劳动合同书主要包含的内容；掌握劳动合同书的填写；熟悉在填写劳动合同书时如何做好相应的法律风险控制。

实训要求：以严谨、认真的态度来对待，可以独立进行或分组进行，但必须确保每个人都能参与实训的大部分内容。

实训内容：

1. 通过书籍、杂志或上网下载等途径找到一份完整的劳动合同书。

2. 了解劳动合同书所必须包含的要素，主要有订立合同双方、劳动合同期限、工作内容、劳动报酬、保险与福利、劳动纪律，劳动合同的变更、终止、解除和续订等相关规定，以及违约责任等其他问题。

3. 根据所学知识，填写劳动合同书，并注意在填写过程中分析劳动合同规定的风险性是否合理。

4. 在以上内容的基础上，掌握劳动合同书的制作。

第十一章

经济纠纷的解决途径

【导入案例】2009 年 10 月 5 日，万方有限责任公司（以下简称万方公司）与南方家禽养殖场（以下简称南方养殖场）签订合同，合同约定，南方养殖场在 2010 年 2 月向万方公司提供家禽 1 万只；万方公司支付预付款 10 万元；如有纠纷，提交 A 市仲裁机构裁决，双方签订了仲裁协议。2003 年 10 月 10 日，万方公司按期支付预付款 10 万元。

2010 年 2 月，因南方养殖场所在地发生禽流感，南方养殖场的家禽被全部扑杀。万方公司闻讯后通知南方养殖场解除合同，返还预付款并承担违约责任。南方养殖场认为，造成不能履行合同的原因为不可抗力，不同意返还预付款，也不承担违约责任。双方争执不下，无奈，万方公司向 A 市仲裁机构申请仲裁。

A 市仲裁委员会依据合同的仲裁条款予以受理。双方当事人各自选定一名仲裁员和仲裁委员会指定的首席仲裁员共同组成了仲裁庭，负责审理该案，开庭审理时仲裁庭听取了当事人的各自陈述，经过调查取证，作出如下裁决：由于造成双方不能履行合同的原因为不可抗力所致，南方养殖场不承担违约责任，但应向万方公司返还预付款 10 万元。

南方养殖场不服该仲裁裁决，向 A 市人民法院提起诉讼，A 市人民法院不予受理。

问题：A 市仲裁委员会与 A 市人民法院对该案的处理是否正确？

经济纠纷是指在市场经济条件下，不同的市场主体在经济活动中产生的经济权益争议。经济纠纷发生后，只有通过合法有效的途径及时解决，才能保护当事人的合法权益，维持社会经济秩序，确保各项经济活动顺利进行。在我国，解决经济纠纷的途径和方式主要有协商解决、调解解决、仲裁解决、诉讼解决等。本章仅就仲裁和诉讼两种解决途径作进一步的介绍。

第一节　仲　裁

一、仲裁的概念和适用范围

（一）仲裁的概念

仲裁即"公断"，是指当事人双方发生经济纠纷后，根据仲裁协议，将争议的事项提交选定的仲裁机构，请求依照法定程序和仲裁规则作出裁决的活动。

从仲裁的概念可以看出，仲裁具有三个要素：一是仲裁活动以双方当事人自愿协商为基础，在自愿的基础上订立仲裁协议；二是由双方当事人自愿选择的中立第三者进行裁判；三是仲裁的裁决对双方当事人都具有约束力。

（二）仲裁的适用范围

平等主体的公民、法人和其他组织之间发生的合同纠纷和其他财产权益纠纷，可以仲裁。而关于婚姻、收养、监护、抚养、继承纠纷和依法应当由行政机关处理的行政争议则不能仲裁。劳动争议和农业集体经济组织内部的农业承包合同纠纷的仲裁，不属于《仲裁法》规定的仲裁范围。

二、仲裁的基本原则

仲裁的基本原则是指在仲裁活动中仲裁机构以及双方当事人及其参与人必须遵循的准则。主要包括以下方面。

（一）自愿原则

自愿原则是仲裁的基本原则，主要体现在：经济纠纷发生后，是否选择仲裁解决是以双方当事人的自愿为前提；选择哪家仲裁机构进行仲裁由当事人双方自愿决定；仲裁组织和仲裁员由双方当事人协议选择；仲裁事项由当事人双方自主决定等。

（二）以事实为根据、以法律为准绳原则

仲裁庭在审理经济纠纷案件时，在查清事实的基础上，在符合法律规定的前提下，公平合理地确定各方当事人的权利和义务。

（三）仲裁独立原则

仲裁独立原则体现在：第一，仲裁机构独立于行政机关，与行政机关没有隶属关系，不受行政机关、社会团体和个人的干涉；第二，仲裁独立于审判，与审判机关无隶属关系。

三、仲裁的基本制度

（一）协议仲裁制度

当事人采用仲裁方式解决纠纷，应当由双方自愿达成仲裁协议。没有仲裁协

议，一方申请仲裁的，仲裁机构不予受理。仲裁协议是仲裁制度的核心，是自愿原则最根本的体现，也是自愿原则在仲裁过程中得以实现的最根本保证。

（二）或裁或审制度

仲裁与诉讼是两种不同的争议解决方式。当事人发生争议只能在仲裁与诉讼两种方式中选择一种方式解决争议，两者不可并用。当事人达成仲裁协议的，应当向仲裁机构申请仲裁，不能向法院起诉。一方向法院起诉的，人民法院不予受理。如果没有仲裁协议或仲裁协议无效，当事人可以直接向人民法院起诉。

（三）一裁终局制度

仲裁实行一裁终局制度，即仲裁机构对经济合同纠纷的仲裁只进行一次，仲裁的结果是终局的，裁决作出后，当事人不能再要求仲裁机构进行仲裁。仲裁决定一经作出即发生法律效力。当事人对同一纠纷再申请仲裁或者向人民法院起诉的，仲裁机构和人民法院不予受理。一裁终局制度，既排除了对仲裁裁决不服向人民法院起诉的可能性，也排除了对仲裁裁决不服向行政机关进行复议的可能性。这一制度的设立缩短了仲裁时间，提高了办案效率，有力地维护了当事人的权益。

〖导入案例〗中，A市人民法院不予受理南方养殖场的诉讼请求符合法律规定，因为仲裁的裁决是终局的，当事人对同一纠纷再申请仲裁或者向人民法院起诉的，仲裁机构和人民法院不予受理。

（四）回避制度

回避制度是指为了保证案件的公开审理，而要求与案件有一定的利害关系的仲裁人员不得参与本案的仲裁活动的制度。根据《仲裁法》的规定，仲裁员有下列情形之一的，必须回避，当事人有权提出回避申请：（1）是本案当事人或当事人、代理人的近亲属；（2）与本案有利害关系；（3）与本案当事人、代理人有其他关系，可能影响公正仲裁的；（4）私自会见当事人、代理人，或者接受当事人、代理人的请客送礼的。仲裁员是否回避，由仲裁委员会主任决定；仲裁委员会主任担任仲裁员的，由仲裁委员会集体决定。

四、仲 裁 协 议

（一）仲裁协议的概念

仲裁协议是指当事人自愿把它们之间已经发生或者将来可能发生的财产性权益争议提交仲裁解决的书面协议。仲裁协议体现为仲裁条款、仲裁协议书以及信函、电报、传真等书面材料中包含的仲裁协议等。

（二）仲裁协议的内容

根据《仲裁法》的规定，仲裁协议应当具有以下内容：（1）请求仲裁的意思表示；（2）仲裁事项；（3）选定的仲裁委员会。仲裁协议对仲裁事项或者仲裁委员会没有约定或者约定不明确的，当事人可以补充协议；达不成补充协议的，仲裁协议无效。

（三）仲裁协议的效力

仲裁协议一经依法成立，即具有法律约束力。仲裁协议独立存在，合同的变更、解除、终止或者无效，不影响仲裁协议的效力。

仲裁庭有权确认合同的效力。当事人对仲裁协议的效力有异议的，可以请求仲裁委员会作出决定或者请求人民法院作出裁定。一方请求仲裁委员会作出决定，另一方请求人民法院作出裁定的，由人民法院裁定。当事人对仲裁协议的效力有异议，应当在仲裁庭首次开庭前提出。

当事人达成仲裁协议，一方向人民法院起诉未声明有仲裁协议，人民法院受理后，另一方在首次开庭前提交仲裁协议的，人民法院应当驳回起诉，但仲裁协议无效的除外；另一方在首次开庭前对人民法院受理该案提出异议的，视为放弃仲裁协议，人民法院应当继续审理。

（四）仲裁协议的无效

根据《仲裁法》的规定，有下列情形之一的，仲裁协议无效：（1）约定的仲裁事项超出法律规定的仲裁范围的；（2）无民事行为能力人或者限制民事行为能力人订立的仲裁协议；（3）一方采取胁迫手段，迫使对方订立仲裁协议的。

五、仲裁程序

（一）申请与受理

仲裁不实行级别管辖和地域管辖，当事人可以向双方约定的仲裁委员会申请仲裁。根据《仲裁法》的规定，仲裁委员会可以在直辖市和省、自治区人民政府所在地的市设立，也可以根据需要在其他设区的市设立，不按行政区划层层设立。当事人申请仲裁应当符合以下条件：（1）有仲裁协议；（2）有具体的仲裁请求、事实和理由；（3）属于仲裁委员会受理的范围。

仲裁委员会在收到仲裁申请书之日起5日内，经审查认为符合受理条件的，应当受理，并通知当事人；认为不符合受理条件的，应当书面通知当事人不予受理，并说明理由。

〖导入案例〗中，万方公司向A市仲裁委员会申请仲裁，符合申请仲裁的条件，即有仲裁协议，有具体的仲裁请求、事实、理由，属于仲裁委员会的受理范围。A市仲裁委员会应当受理。

（二）做好开庭前的准备工作

仲裁委员会受理仲裁申请后，应当在仲裁规则规定的期限内将仲裁规则和仲裁员名册送达申请人和被申请人，并通知被申请人在规定的期限内提交答辩书。

仲裁委员会应当根据当事人的选择或委托指定仲裁员，依法组成仲裁庭。仲裁庭可以由 3 名仲裁员或 1 名仲裁员组成。由 3 名仲裁员组成的，设首席仲裁员。当事人约定由 3 名仲裁员组成仲裁庭的，应当各自选定或者各自委托仲裁委员会主任指定 1 名仲裁员，第三名仲裁员由当事人共同选定或者共同委托仲裁委员会主任指定。第三名仲裁员是首席仲裁员。仲裁庭组成后，仲裁委员会应将仲裁庭组成情况书面通知当事人。

〖导入案例〗中，A 市仲裁委员会组成了 3 人的仲裁庭，组成程序符合法律规定。

（三）开庭与裁决

1. 开庭。仲裁应当开庭进行。当事人协议不开庭的，仲裁庭可以根据仲裁申请书、答辩书及其他材料作出裁决。仲裁一般不公开进行，当事人协议公开的，可以公开进行，但涉及国家秘密的除外。所谓不公开进行，是指仲裁庭在审理案件时不对社会公开，不允许群众旁听，也不允许新闻记者采访和报道。

2. 裁决。当事人申请仲裁后，可以自行和解。达成和解协议的，可以请求仲裁庭根据和解协议作出裁决书，也可以撤回仲裁申请。

仲裁庭在作出裁决前，可以先行调解。当事人自愿调解的，仲裁庭应当调解。调解达成协议的，仲裁庭应当制作调解书或者根据协议的结果制作裁决书。调解书与裁决书具有同等法律效力。调解不成或者在调解书签收前当事人反悔的，仲裁庭应当及时作出裁决。裁决书自作出之日起发生法律效力。

六、仲裁裁决的执行

仲裁裁决作出后，当事人应当履行仲裁裁决。一方当事人不履行的，另一方当事人可以依照《民事诉讼法》的规定，向仲裁机构所在地人民法院申请执行，受裁决执行申请的人民法院应当予以执行。

第二节　诉　　讼

一、诉讼的概念

诉讼，俗称"打官司"，是指国家审判机关即人民法院依照法律规定，在当事人和其他诉讼参与人的参加下，依法解决诉争的活动。诉讼是解决经济纠纷的一种有效途径。

二、人民法院审判制度

（一）合议制度

合议制度是指由三名以上审判人员组成审判组织，代表人民法院行使审判权，对案件进行审理并作出裁判的制度。合议制度是相对于独任制度而言的。独任制度是指由一名审判员独立地对案件进行审理和裁判的制度。人民法院审理第一审民事案件，除了适用简易程序审理的民事案件由审判员一人独任审理外，一律由审判员、陪审员共同组成合议庭或者由审判员组成合议庭。人民法院审理第二审民事案件，由审判员组成合议庭。合议庭的成员，应当是 3 人以上的单数。

（二）回避制度

回避制度是指承办人员遇有法律规定的情形时，退出对某一案件的审理或诉讼活动的制度。当事人认为审判人员、书记员、翻译人员、鉴定人、勘验人与本案有利害关系或者有其他关系可能影响公正审判，有权申请上述人员回避。上述人员认为自己与本案有利害关系或者有其他关系，应当申请回避。

（三）公开审判制度

公开审判制度是指人民法院的审判活动依法向社会公开的制度。法律规定，人民法院审理经济纠纷案件，除涉及国家秘密、个人隐私或者法律另有规定的以外，应当公开进行。公开审理案件，应当在开庭前公告当事人姓名、案由和开庭的时间、地点，以便群众旁听。人民法院不论是否公开审理案件，一律公开宣告判决。

（四）两审终审制度

两审终审制度是指一个诉讼案件经过两级人民法院审判后即终结的制度。按照两审终审制，一个案件经第一审人民法院审判后，当事人如果不服，有权在法定期限内向上一级人民法院提起上诉，由该上一级人民法院进行第二审。二审人民法院的判决、裁定是终审的判决、裁定。由于最高人民法院是国家最高审判机关，没有自己的上一级人民法院，因此，最高人民法院的一审判决、裁定为终审判决、裁定。此外，适用特别程序、督促程序、公示催告程序和企业法人破产还债程序审理的案件，实行一审终审。

三、诉 讼 管 辖

诉讼管辖是指各级人民法院之间以及不同地区的同级人民法院之间受理第一审经济纠纷案件的职权范围和具体分工。诉讼管辖可以分为级别管辖、地域管辖、专属管辖等。

（一）级别管辖

级别管辖是根据案件性质、案情繁简、影响范围来确定上下级法院受理第一审案件的分工和权限。具体分为：最高人民法院管辖在全国有重大影响的案件，以及它认为应当由其审理的第一审经济纠纷案件；高级人民法院管辖在本辖区有重大影响的第一审经济纠纷案件；中级人民法院管辖重大涉外案件，在本辖区有重大影响的案件，最高人民法院确定由中级人民法院管辖的案件；基层人民法院管辖除上级人民法院管辖以外的所有第一审经济纠纷案件，法律另有规定的除外。

（二）地域管辖

地域管辖是指同级人民法院之间受理第一审经济纠纷案件的分工和权限。具体分为一般地域管辖和特殊地域管辖。

1. 一般地域管辖。一般地域管辖即由被告住所地人民法院管辖，也就是我们通常所说的"原告就被告"的原则。即原告应到被告住所地的人民法院起诉。

2. 特殊地域管辖。特殊地域管辖是指以诉讼标的所在地或者引起法律关系发生、变更、消灭的法律事实所在地为标准划分管辖法院。根据《民事诉讼法》的规定，因合同纠纷、票据纠纷、保险合同纠纷、侵权行为等提起的诉讼均适用特殊地域管辖。具体规定如下：

（1）因合同纠纷提起的诉讼，由被告住所地或者合同履行地人民法院管辖。合同的当事人可以在书面合同中协议选择被告住所地、合同履行地、合同签订地、原告住所地、标的物所在地人民法院管辖，但该约定不得违反级别管辖和专属管辖的规定。

（2）因票据纠纷提起的诉讼，由票据支付地或者被告住所地人民法院管辖。

（3）因保险合同纠纷提起的诉讼，由被告住所地或者保险标的物所在地人民法院管辖。

（4）因侵权行为提起的诉讼，由侵权行为地或者被告住所地人民法院管辖。

3. 专属地域管辖。专属地域管辖是指根据案件的特定性质，法律规定某类案件必须由一定地区的人民法院管辖。例如，因不动产纠纷提起的诉讼，由不动产所在地人民法院管辖。

四、诉讼程序

经济纠纷诉讼按照审级不同，可分为第一审程序、第二审程序、审判监督程序和执行程序。

（一）一审普通程序

经济纠纷案件进行诉讼的一审普通程序，包括起诉和受理、开庭审理、判决等阶段。

1. 起诉和受理。起诉是指公民、法人和其他组织认为自己的民事、经济权益受到侵害或者与他人发生争议，以自己的名义请求人民法院给予法律保护的行为。起诉必须符合下列条件：第一，原告是与本案有直接利害关系的公民、法人和其他组织；第二，有明确的被告；第三，有具体的诉讼请求和事实、理由；第四，属于人民法院受理民事诉讼的范围和受诉人民法院管辖。

人民法院接到原告起诉后经审查，认为符合法律规定的起诉条件的，应当在

7 日内立案，并通知当事人；认为不符合条件的，应当在 7 日内裁定不予受理，并通知原告人，说明原因和理由，原告对裁定不服的，可以提起上诉。

2. 开庭审理。人民法院应当在立案之日起 5 日内将起诉状副本发送被告，告知被告在收到之日起 15 日内提出答辩。被告不提出答辩的，不影响人民法院的开庭审理。人民法院审理案件，除涉及国家机密或法律另有规定的以外，一律进行公开审理。在审理过程中，应严格按照规定程序进行。开庭前书记员应当查明当事人和其他诉讼参与人是否到庭，宣布法庭纪律。开庭审理时，由审判长核对当事人，宣布案由，宣布审判人员、书记员名单，告知当事人有关的诉讼权利义务，询问当事人是否提出回避申请。然后进行法庭调查，法庭调查按照当事人陈述；告知证人的权利义务，证人作证，宣读未到庭的证人证言；出示书证、物证和视听资料；宣读鉴定结论；宣读勘验笔录，顺序进行。调查完毕进行法庭辩论，原告及其诉讼代理人发言；被告及其诉讼代理人答辩；如果有第三人参加，第三人及其诉讼代理人发言或者答辩；原告、被告、第三人互相辩论。法庭辩论终结，法庭可进行调解，当事人不愿意调解或调解不成的，由审判长按照原告、被告、第三人的先后顺序征询当事人最后意见。

3. 判决。经过开庭预备、法庭调查、法庭辩论等程序后，事实清楚、证据充分、责任明确的，人民法院应及时作出判决。

人民法院对案件进行调解，调解达成协议的，制作调解书，双方签收后，发生法律效力。对于达不成协议或一方当事人在调解书送达前反悔的，应及时依法作出判决。判决一律公开宣判。

当事人对一审判决不服的，可以在判决书送达之日起 15 日内向上一级人民法院提起上诉。

（二）二审程序

二审程序是指当事人对一审法院的判决或裁定不服而上诉至上一级人民法院进行审理所适用的程序。二审人民法院对上诉案件应当由审判员组成合议庭进行审理，根据情况分别采用直接审理或书面审理。上诉法院经审理后，根据不同情况，作出维持原判、依法改判、发回重审等判决或裁定。

（三）审判监督程序

审判监督程序也称再审程序，是指人民法院对已经发生法律效力的判决、裁定发现确有错误，依法对案件进行再次审理的程序。再审程序的提起通常有四种情况：一是由本院院长提出，提交审判委员会讨论决定；二是由最高人民法院、上级人民法院提审或指令下级人民法院再审；三是由最高人民检察院、上级人民检察院按审判监督程序提起诉讼；四是由当事人申请，经人民法院审查决定是否再审。

再审案件的程序由原审级决定。原来是第一审的，按照第一审程序审理，所作出的判决、裁定，当事人不服可以上诉；原来是二审的，或者是上级人民法院提审的，按照第二审程序审理，所作的判决裁定是终审的判决、裁定。

（四）执行程序

执行是指人民法院对已经发生法律效力的判决、裁定、调解协议和其他具有执行效力的法律文书，由于一方当事人无理拒绝履行，根据对方当事人的申请，依法强制执行的诉讼活动。《民事判决书》申请执行的期间为 2 年。申请执行期间，从法律文书规定履行期间的最后一日起计算；法律文书规定分期履行的，从规定的每次履行期间的最后一日起计算；法律文书未规定履行期间的，从法律文书生效之日起计算。

人民法院自收到申请执行书之日起超过 6 个月未执行的，申请执行人可以向上一级人民法院申请执行。上一级人民法院经审查，可以责令原人民法院在一定期限内执行，也可以决定由本院执行或者指令其他人民法院执行。

被执行人不履行法律文书确定的义务的，人民法院可以对其采取或者通知有关单位协助采取限制出境、在征信系统记录、通过媒体公布不履行义务信息以及法律规定的其他措施。

五、诉讼时效

诉讼时效，是指权利人在法定期间内不行使权利而失去诉讼保护的制度。诉讼时效期间是指权利人请求人民法院或仲裁机关保护其民事权利的法定期间。

诉讼时效期间届满，权利人丧失的是胜诉权，即丧失依诉讼程序强制义务人履行义务的权利；权利人的实体权利并不消灭，债务人自愿履行的，不受诉讼时效限制。

诉讼时效期间是法定的，根据法律对诉讼时效期间的不同规定，诉讼时效期间可分为以下两种。

（一）普通诉讼时效期间

普通诉讼时效期间，也称一般诉讼时效期间，是指由民事普通法规定的具有普遍意义的诉讼时效期间。根据《民法通则》的规定，除法律另有规定外，一般诉讼时效期间为 2 年。

（二）特别诉讼时效期间

特别诉讼时效期间，也称特殊诉讼时效期间，是指由民事普通法或特别法规定的仅适用于特定民事法律关系的诉讼时效期间。如身体受到伤害要求赔偿的、出售质量不合格的商品未声明的、延付或者拒付租金的、寄存财物被丢失或者损毁的，诉讼时效期间为 1 年。

不论是普通诉讼时效期间，还是特别诉讼时效期间，均从权利人知道或者应当知道权利被侵害时起计算。但是，从权利被侵害之日起超过 20 年的，人民法院不予保护。

【有关问题咨询】

1. 甲、乙两公司因装修工程施工合同发生纠纷，甲向某仲裁委员会申请仲裁，乙向人民法院提起诉讼。据了解，双方没有签订仲裁协议。请分析甲、乙解决纠纷的途径是什么？仲裁委员会和人民法院对甲、乙的请求作出什么样的处理？

咨询意见：由于甲、乙之间没有签订仲裁协议，所以不能通过仲裁方式解决纠纷，只能通过民事诉讼方式解决争议。对甲公司的仲裁申请，仲裁委员会不予受理。对乙公司的起诉，人民法院应予受理。

2. 2010年2月1日，张某与某房地产公司签订购房合同，约定房屋价款50万元，加收采暖设备费8000元。同年5月10日，房地产公司按时向张先生交付了房屋。同年12月，某报刊登出了张先生居住的小区《开发商重复收费，业主讨回20万》的新闻报道后，张某才知道其所缴纳的采暖设备款属重复收费且其他业主的该款项已经得到返还。同月，张某要求房地产公司返还采暖设备费8000元，遭到物业公司的拒绝。2013年4月，张某在朋友的鼓励下，向某市人民法院提起诉讼，起诉要求房地产公司退还采暖设备费8000元。最后的一审结果是法院以超过诉讼时效为由驳回张某的诉讼请求。张某不服上诉，二审法院维持了原判。一审、二审法院的判决是否正确？

咨询意见：法院的判决正确。根据法律规定，普通诉讼时效的期间是2年，从权利人知道或者应当知道权利被侵害时起计算。本案中，张某自知道其权利被侵害之日起，2年的时间里未能起诉或者通过其他方式主张自己的权利，超过了2年的诉讼时效，所以张某的诉讼请求被法院驳回。

3. 甲县与乙、丙、戊三县相邻。甲县某加工厂和丁县某食品厂于2009年9月10日在乙县签订了一份真空食品袋加工承揽合同。其中约定，运输方式为加工厂代办托运；履行地点为加工厂在丙县的仓库。"发生纠纷的解决方式：在丙县仲裁委员会仲裁，也可以向戊县的人民法院起诉。"合同签订后，加工厂按照合同的约定发货。丁县食品厂收货后即投入使用。因真空食品袋质量不合格，致使食品厂已封装入库和销售出去的袋装食品大量腐烂变质，损失5万多元。两厂几经协商未果。食品厂的法定代表人即找到律师刘某咨询，最后提出一个要求："怎么诉都可以，但必须在我们丁县法院打官司，你能办到就委托你，否则我们另请高明。"就上述情况，请回答：

（1）按我国现行法律规定，此纠纷应通过仲裁解决还是应通过诉讼解决？为什么？

（2）甲、乙、丙、戊县法院是否有管辖权？为什么？

（3）如果你是刘律师，能否满足食品厂的要求？

咨询意见：（1）应通过诉讼而不应通过仲裁解决。因为《仲裁法》规定县（市）不设仲裁委员会，合同中丙县仲裁委员会不存在，无法按《仲裁法》执行。（2）甲县法院有管辖权。因为甲县是被告所在地，且合同选择管辖条款无效。乙县法院有管辖权。因为乙县是合同签订地，且该选择管辖协议无效。丙县法院有管辖权。因为合同约定履行地为丙县，且合同选择管辖条款无效。戊县法院无管辖权。因为戊县既不是原告、被告所在地也不是合同签订地、履行地或标的物所在地，合同选择戊县法院管辖不合法。（3）能满足食品厂的要求。按产品质量侵权纠纷起诉。因产品质量侵权纠纷引起的诉讼，侵权行为地法院有管辖权。丁县是侵权行为地，故丁县法院有管辖权。

本 章 小 结

仲裁是指当事人双方发生经济纠纷后，根据仲裁协议，将争议的事项提交选定的仲裁机构，请求依照法定程序和仲裁规则作出裁决的活动。仲裁适用于平等主体的公民、法人和其他组织之间发生的合同纠纷和其他财产权益纠纷。仲裁实行协议仲裁制度、或裁或审制度、一裁终局制度和回避制度。人民法院审判案件实行合议制度、回避制度、公开审判制度、两审终审制度。案件一般由被告住所地人民法院管辖，也就是我们通常所说的"原告就被告"的原则；诉讼具有一定的时效，权利人在法定期间内不行使权利就会失去诉讼保护。一般诉讼时效期间为 2 年，从权利人知道或者应当知道权利被侵害时起计算。但是，从权利被侵害之日起超过 20 年的，人民法院不予保护。

思考题

1. 我国《仲裁法》的适用范围是什么？
2. 我国仲裁制度与诉讼制度的区别是什么？
3. 仲裁协议应包括哪些内容？
4. 如何确认仲裁协议的效力？
5. 仲裁委员会仲裁案件和人民法院审理案件的程序是怎样的？
6. 我国的审判制度包括哪些内容？
7. 经济纠纷的诉讼管辖是如何规定的？如何确定诉讼管辖？
8. 如何理解诉讼时效期间的概念？

实训题

1. 实训项目：案例分析及相关法律文书的写作。
2. 实训目的：通过实训掌握诉讼的基本程序，练习起草诉讼过程中的相关法律文书，从而增强法律文书撰写能力、文字表达能力以及对法律知识的灵活运用和实践操作能力。

3. 实训内容。

（1）案情介绍：某市长风有限责任公司（甲）与该市某机械设备厂（乙）于2009年7月1日签订了承揽合同一份。合同规定，由甲方提供设计图纸，委托乙方制造 YA－10 液压船台用小车 10 辆；每辆造价5.5 万元，共计 55 万元；合同签订后 10 日内，甲方支付 15 万元订金款，2009 年 10 月 10 日再支付 15 万元预付款；2009 年 12 月底前，乙方交付全部 10 辆液压船台用小车，甲方验收后支付剩余款项 25 万元；如合同双方发生争议，双方均有权向本市经济仲裁委员会申请仲裁或向本市人民法院起诉。

合同订立后，甲方于 7 月 10 日向乙方汇款 15 万元，同年 9 月 26 日，乙方给甲方来函，称原材料价格急剧上涨，需要提高船台用小车的造价。甲方于 10 月 10 日复函表示拒绝。同年 10 月 20 日，甲方将合同约定 15 万元预付款汇出，乙方于 10 月 31 日将 13.5 万元返还甲方。并通知甲方，因甲方迟延交付第二笔预付款，已构成违约，乙方被迫终止合同。乙方已生产的三辆船台用小车，因甲方交付 15 万元订金和扣除第二笔 1.5 万元，而由甲方取回，双方终止执行合同，不再存有原合同关系。

甲方回函表示，不同意乙方意见。双方产生争议。甲方准备申请仲裁或起诉。

（2）实训问题。

①甲方可否申请仲裁？为什么？

②班上同学分成两部分：一方代表长风有限责任公司准备仲裁或起诉意见；另一方代表机械设备厂准备答辩意见。

③代表长风有限责任公司准备仲裁或起诉意见的同学，参照起诉书格式每人书写一份《起诉书》；代表机械设备厂准备答辩意见的同学，参照答辩书一般格式每人书写一份《答辩书》。

④全班同学讨论案例中案件应如何处理。

（3）实训书写参照格式。

①起诉书格式。

起 诉 书

原告：（单位全称）

　　住所：　　　　　　　　　　　　　　　　　邮编：

　　法定代表人：

　　联系电话：

被告：（单位全称）

　　住所：　　　　　　　　　　　　　　　　　邮编：

　　法定代表人：

　　联系电话：

案由：合同纠纷

诉讼请求：

    1. _____

    2. _____

    3. _____

    ……

事实和理由：

（能支持诉讼请求的事实依据）

_____

_____

_____

……

     此致

某市某区人民法院

                 具状人：（盖章、签字）

                    年　月　日

②答辩书的一般格式。

答　辩　书

答辩人：（单位全称）

    住所：   邮编：

    法定代表人：

    联系电话：

被答辩人：（原告单位全称）

　　　　住所：　　　　　　　　　　　　　　　　　邮编：

　　　　法定代表人：

　　　　联系电话：

就原告起诉我公司合同纠纷一案不同意原告诉讼请求，现陈述如下答辩意见：

1. _____

2. _____

3. _____

……

综上，我公司要求（答辩人对纠纷的处理请求）_____

_____

……

　　　此致
某市某区人民法院

　　　　　　　　　　　　　　　　　　答辩人：（盖章、签字）

　　　　　　　　　　　　　　　　　　　　年　　月　　日

　4. 实训考核：案例分析部分占40%，法律文书写作占60%，由教师根据学生的表现评定分数。

参 考 文 献

［1］财政部会计资格评价中心：《经济法基础》，经济科学出版社 2013 年版。

［2］财政部会计资格评价中心：《经济法》，经济科学出版社 2013 年版。

［3］陈恩才：《经济法》，人民邮电出版社 2012 年版。

［4］殷洁：《经济法》（第三版），法律出版社 2012 年版。

［5］潘慧明、吴红玲：《经济法》（第 4 版），浙江大学出版社 2012 年版。

［6］万国华：《经济法学》，清华大学出版社 2012 年版。

［7］王富国、杭瑞友：《经济法基础》，中国农业出版社 2012 年版。

［8］林红珍：《经济法》，立信会计出版社 2012 年版。

［9］张思明：《经济法概论》，机械工业出版社 2012 年版。

［10］宋跃晋：《经济法原理与实务》，北京师范大学出版社 2012 年版。

［11］隋秀娟：《经济法基础与实务》，上海财经大学出版社有限公司 2012 年版。

［12］宋秉斌、聂志平：《经济法学》，人民邮电出版社 2012 年版。

［13］邓春蕾等：《经济法》，大连理工大学出版社 2012 年版。

［14］霍中文、毛立新：《经济法概论》，北京大学出版社 2012 年版。

［15］刘文华：《经济法》（第四版），中国人民大学出版社 2012 年版。

［16］郭声龙、江晓波：《经济法基础》，武汉大学出版社 2012 年版。

［17］会计从业资格考试教材编委会：《财经法规与会计职业道德》，中国财政经济出版社 2013 年版。

［18］李建人：《经济法》，南开大学出版社 2011 年版。

［19］裴斐、辛丽燕：《实用经济法教程》，机械工业出版社 2011 年版。

［20］胡德华：《经济法基础与实务》，人民邮电出版社 2011 年版。

［21］杨紫烜：《经济法》（第四版），北京大学出版社 2010 年版。

［22］杨映忠、孙顺强、刘新智：《经济法》，清华大学出版社 2010 年版。

［23］漆多俊：《经济法学》，复旦大学出版社 2010 年版。

［24］李新：《经济法实务》，中国人民大学出版社 2010 年版。

［25］王平：《新编经济法教程》，首都经济贸易大学出版社 2009 年版。

［26］王学梅：《经济法基础教程》，经济科学出版社 2005 年版。

［27］柯芳枝：《公司法论》，中国政法大学出版社 2004 年版。

［28］肖江平：《经济法案例教程》，北京大学出版社 2004 年版。

［29］李昌麒：《经济法》，法律出版社 2004 年版。

［30］肖可义、樊明达：《经济法概论》，中国农业出版社 2004 年版。

［31］王金荣、钟亚华：《经济法基础》，电子工业出版社 2003 年版。

［32］宋彪：《经济法概论》，中国人民大学出版社 2003 年版。

［33］杨紫烜、徐杰：《经济法学》（第三版），北京大学出版社 2003 年版。

［34］李黎明、于颖：《商法教程》，首都经济贸易大学出版社 2002 年版。